本书第四章部分内容系 2018 年山东省哲学社会科学规划项目
"先秦儒家的'化'之观念及其当代启示研究"（项目编号：18CZXJ08）的成果。
本书受贵州师范大学全国重点马克思主义学院建设经费资助出版。

奚彦辉 —— 著

传统思想
与中国本土心理学的
发展研究

Research on
the Development of Traditional

THOUGHT

and Indigenous Psychology in China

社会科学文献出版社
SOCIAL SCIENCES ACADEMIC PRESS (CHINA)

前　言

中国本土心理学研究是中国自主知识体系建构的一部分，是我国心理学寻求自身学术实践主体性的重要努力。作为心理学本土化运动下的一种探索实践，中国本土心理学已走过四十余年的发展历程。在这四十余年的发展历程中，中国本土心理学取得一系列重要成就，在这一过程中，本土学者对中国心理学的自性及使命也有了更清晰的认知。在当代背景下，依据我国自身的文化传统及思想资源而建构中国自主知识体系依然任重而道远。在这四十余年的历程中，几代心理学人对中国本土心理学的文化心理阐释、理论建构、实证研究均做出重要努力，取得了一系列重要成果。但是，这并不代表着中国本土心理学的学术使命已然完成。在新的时代背景下，我们依然有必要依据传统思想资源推动中国本土心理学的健康发展及自我挺立。

就中国本土心理学而言，要想实现自身的新发展就必然要在思想诠释及理论建构上下功夫，就需要进行传统思想的精微探索。中国本土心理学的发展既不能止于细微的实证累积，也不能止于与西方心理学的简单比较，需要对中国本土心理学的知识体系进行整体性的反思，需要进行理论建构，同时更需对中国本土心理学发展过程中的根本问题进行省思。

中国本土心理学理论诠释及理论建构的根本资源在于我国的传统思想。在今天，中国本土心理学仍然需要依靠传统思想实现自身理论的新发展。如是，就有必要系统梳理中国本土心理学发展过程中对于传统思想的研究方式；有必要梳理中国本土心理学发展过程中到底挖掘出了哪些资源、建构出了哪些理论；有必要反思中国本土心理学对于传统思想的挖掘、梳理、诠释及建构有哪些值得借鉴之处。同时也需要了解中国本土心理学发展过程中所借鉴的传统思想主要有哪些类型，需要反思在今日不断加速的社会背景下，传统思想和文化心理变迁会给中国本土心理学带来怎样的影响。如是，就有必要系统探索传统思想与中国本土心理学发展的关系，需要从整体上反思二者的关系。

正因如此，本研究重点对儒家心理学研究的困境进行了反思，并对道家心理学进行了新的诠释，还对俗民语境中民众的"随"之观念进行了阐释与分析。此外，本研究还重点对全球化给中国本土心理学发展带来的挑战进行了反思，并对中国本土心理学未来的发展前景进行了展望。当然，为了更好地厘清传统思想与中国本土心理学发展的关系，本研究还重点对西方心理学历史演进的三重脉络进行了分析和阐释，意在通过这三重脉络为中国本土心理学的理论探索提供新的可比较的借镜。

总之，本研究是对传统思想与中国本土心理学发展关系的一种初步探讨，希望通过这种探索能为中国本土心理学的新发展贡献一份绵薄之力。同时也希望本研究能起到抛砖引玉的作用，希望未来学界在这方面能有更多优秀的作品问世。

目 录

| 第一章 |
中国本土心理学研究的历史回顾

"本土心理学"在当下已是学界耳熟能详的一个概念。要之,"本土心理学"乃是在后现代思潮、文化多样性及去学术殖民化运动的影响下,在世界各边缘国家及地域兴起的心理学本土化浪潮下所开展的一种寻求自身学术实践主体性的实践。中国本土心理学的产生既是基于自身文化主体性的内在需求,同时亦与港台地区社会科学本土化运动的影响及助推有关。四十余年来,中国本土心理学研究取得一系列成就,但与此同时也面临诸多新的困境与挑战。在此新的转折点上,吾辈更应从根本处省思中国本土心理学研究的困境和不足,并从中国传统思想中汲取成长与发展的智慧源泉。此处首先有必要系统回顾中国本土心理学产生及发展的历史,并系统梳理中国本土心理学研究的标志性成就。

一 本土心理学的缘起与内涵

就多数国家而言,本土心理学的产生都是与心理学本土化运动紧密相连的,或者可以说,本土心理学乃是心理学本土化运动的结果。而心理学本土化运动本身即因对西方科学主义心理学的不满而产生的。本土化过程本身就伴随着自身文化主体意识的觉醒,代表着一种自觉心之努力。

(一)本土心理学的产生与背景分析

本土心理学最早产生于美国以外的国家和地区,这些国家和地区在长期接受美国心理学影响的过程中，逐渐感受到基于美国文化特质、哲学理念、价值预设的心理学概念、理论及方法很难与本国及本地民众的文化与心理相契合，难以真正反映本地民众的心理，进而导致边缘国家和地区学者的困惑与质疑。心理学本土化运动亦是与这些国家和地区的民族独立、经济崛起及文化自觉相伴而生的。

1. "本土心理学"的产生与发展

本土心理学主要兴起于英国、菲律宾、印度、韩国、中国等地。这些国家充分认识到完全模仿、照搬美国科学主义心理学的弊端与不足，看到美式心理学很难完全契合本国民众的文化和心理。"从 20 世纪 70 年代起，中国、墨西哥、菲律宾、加拿大等国的心理学家就开始陆续地进行本土心理学方面的研究。"[①] 1981 年，英国学者希勒斯（P. Heelas）和洛克共同主编的《本土心理学——自我的人类学》一书的出版，标志着本土心理学的产生。1982 年英国爱丁堡举办了本土心理学研讨会，相关论文在《国际心理学期刊》结集出版（1984）。此后，许多发展中国家的学者都开始致力于本土心理学研究。

到了 20 世纪 90 年代，本土心理学又取得新的进展。1993 年，金（U. Kim）和柏利（J. W. Berry）出版了《本土心理学：文化背景下的研究和经验》一书。20 世纪 90 年代初菲律宾心理学者安瑞克茨（V. C. Enriquez）等人编辑的《东南亚——本土心理学论文选集》，是本土心理学研究的又一进展。仅 1996 年至 2000 年，美国 UMI 数据库就收录本土心理学的相关论文 50 多篇，研究主题涉及本土心理学的基本理论以及不同文化环境中一些民族的心理及行为研究[②]。1997～2000 年，是国外本土心理学研究的又一高峰。这段时间，"本土心理学研究的著名人物如阿代尔（J. C. Adair）、珀庭格（Y. H. Poortinga）、迪阿兹－拉文（Diaz－loving）、豪（D. Y. P. Ho）、金以及布吉（S. E. Buggie）等发表了大量论文并结集出版。他们的研究成果反映了本土心理学发展的最新动态和未来的方向"[③]。

---

① 张秀琴、叶浩生：《本土心理学评析》，《心理学探新》2008 年第 1 期。
② 参见车文博主编《中外心理学比较思想史》（第 3 卷），上海教育出版社，2009，第 496 页。
③ 车文博主编《中外心理学比较思想史》（第 3 卷），上海教育出版社，2009，第 496 页。

2. 心理学本土化及本土心理学产生的背景

"本土心理学"思潮在国际上的兴起,有其特定的思想及学科背景。"本土心理学产生的思想基础是后现代主义思潮和多元文化的理念,其直接的推动力是来自于心理学内部对严格的行为主义的局限的批判和对具有文化契合性的心理学的倡导以及心理学应用方面的需要。"① 在思想背景上,后现代主义思潮对"本土心理学"的产生具有相当大的作用。后现代主义反对实证主义的科学观,主张任何理论与方法都不具有普适性。后现代主义反对基础主义、宏大叙事,倡导多元文化理念,而多元文化理念正是本土心理学产生的思想前提。要之,后现代心理学作为一种心理学思潮反对文化中心主义,意在颠覆西方心理学的话语霸权,消解将"科学"作为学术意识形态的唯一标准的观念。这些都在客观上促进了本土心理学研究的文化自觉,促进了心理学的文化转向。

对本土心理学兴起产生重要影响的另一思潮是多元文化论。早在 18 世纪,多元文化论思想就已萌芽,只不过在此后的两个多世纪没有产生广泛影响。20 世纪后半叶以来,"针对西方心理学发展中的文化中心主义特点与通用主义研究模式,西方心理学界出现了强调研究的文化多样性、差异性与平等性的多元文化论的研究取向"。"西方心理学研究中的多元文化论的中心思想是'去中心、多元化'。"② 这与美国社会不同族群人口构成的变化有关。由于美国和加拿大都是移民国家,在早期的人口构成中,其主体多是来自欧洲的讲英语的白人。但是近些年来,随着白人人口生育率的下降以及墨西哥和其他各地移民数量的增加,白人人口比重逐渐变小,而少数族群在全国总人口的比重增加。如 1970 年,美国的西班牙裔人口"仅占美国总人口的 4.7%,到了 2006 年则为 14.9%。非洲裔美国人的比例从 1967 年的 11.1%,增加到 2006 年的 13.2%,而(非西班牙裔)白人(盎格鲁人)则从 83% 减少到 65.4%"③。这种人口构成的变化自然会在其

---

① 郑荣双:《国外本土心理学研究进展》,《心理科学进展》2002 年第 4 期。

② 高媛媛:《西方心理学的多元文化论视角下的本土心理学研究》,《山东教育学院学报》2006 年第 5 期。

③ 〔美〕康拉德·菲利普·科塔克:《文化人类学:欣赏文化差异》,周云水译,中国人民大学出版社,2012,第 159 页。

他各方面有所反映，而多元文化论正是在此背景下产生的。多元文化论主张"去中心"，所谓"去中心"就是反对将西方心理学作为唯一的主导话语，主张消除唯"科学"马首是瞻的研究模式。而所谓"多元化"则是指应当对不同文化背景进行同等对待，强调文化的多样性与平等性，强调在多元文化样式下应当进行多种心理学的探索。多元文化论主张，即便是在美国也有多种文化，不同文化中的心理观念与心理理解应当有所不同。美国心理学研究中的多元文化论，为其他国家的心理学本土化运动提供了借鉴。

在社会及政治背景方面，20 世纪中期以来世界格局发生重要变化，许多殖民地国家相继独立，民族意识日益觉醒。在民族意识与文化自觉的影响下，许多非欧美国家的心理学工作者自然萌生了从事本土心理学研究的决心。就中国本土心理学研究而言，同样受此背景的影响。"中国本土心理学"的兴起有其特殊的国际与国内背景。从表面来看，它受当时世界一些国家的心理学本土化运动的影响。但从深层次看，它乃是中国与西方接触下，国人产生强烈的艳羡心态与不足心理导致的严重的西化倾向。但是过度的西化倾向，尤其是学术上过度的西化倾向激起了国内学者在面对"强大他者"时的羞愤心态与自卑心理。在此情景下，他们继而寻找能够摆脱在强势"他者"面前"羞赧""不如"心理的途径，继而寻求"自强"及"自我挺立"的根据。而社会及行为科学研究的本土化运动正是在这种强烈的"我"—"他"接触时所激发的差距意识下进行的寻求"自我"挺立的图存行动。当然，中国本土心理学研究中的这种心态，正在随着时代、社会、文化变迁及国力对比变化而逐渐发生变化。

在学科背景方面，本土心理学的产生，主要是由于科学主义心理学普适模式的弊端在非西方国家愈发显现。科学主义心理学具有明显的"去文化"的特点，它忽视甚至漠视不同"文化"及文化的特殊性。然而在不同文化背景下，人的生活习惯、思维方式和行为模式都会体现出明显的差异。越来越多的研究者意识到心理学研究缺乏生态效度，开始对盲目套用美欧心理学理论、方法进行反思，继而对西方科学主义心理学的普适性产生怀疑，而"对主流心理学的客观主义倾向和缺乏文化敏感性的不满"则是"本土心理学产生的直接原因"①。

（二）"本土心理学"及相关概念简释

"本土心理学"是与"心理学本土化"相对的一个概念。"心理学本土化"是 20 世纪 70 年代起在许多国家发起的社会及行为科学研究的本土化背景下，各国家、地区心理学所萌生的一种追求自身学术实践主体性的运动。"本土心理学"是与"心理学本土化"密切相关的，"心理学本土化"最终所要达到的目标状态是"本土心理学"。为了确保论述的清晰，首先有必要对"心理学本土化"进行一番介绍，继而在此基础上阐释"本土心理学"的概念、内涵及特征。

1. 两种"心理学本土化"的区分

为了厘清"心理学本土化"的概念，有必要对现存两种不同类型的"心理学本土化"进行区分。其中一种可以称之为原生性的本土化（或内生性的本土化），另一种则可以称之为反应性的本土化。就时间顺序而言，是先有反应性的本土化，后有原生性的本土化。

（1）第一种心理学本土化

依照杨国枢先生的观点，第一种心理学本土化是指美国心理学的本土化，它是美国心理学相较于早期欧洲的心理学而言。此种心理学本土化可谓最成功且最具典范意义的本土化。由于心理学产生于欧洲，早期美国并没有产生自己的心理学，美国心理学在发展早期确实曾借鉴并学习了欧洲的心理学，在这个意义上，美国心理学确实经历了一种"本土化"的转变历程。

众所周知，无论是社会学、心理学，还是其他人文社会科学的现代学术建制多诞生于欧洲。欧洲既是近代自然科学诞生的原初沃土，也是现代意义上人文社会科学的故乡。近现代以来，随着一系列国际交流渠道的打开，许多非欧洲国家逐渐引进源自欧洲的自然科学、人文科学及社会科学。作为欧洲移民国家的美国，它的很多学科同样源自欧洲，是对欧洲的学习、引进、借鉴，美国的社会学、心理学同样经历了这一历程。

---

① 张秀琴、叶浩生：《本土心理学评析》，《心理学探新》2008 年第 1 期。

　　许多美国著名的社会学家、心理学家早年多有在欧洲留学的经历。然而，美国作为一个移民国家虽然保有欧洲的文化特质，但在不同民族融合过程中逐渐产生新的文化特质。因此，完全照搬欧洲的理论未必适用于美国本土。不得不承认，美国的社会学、心理学及其他人文社会科学确曾经历过"本土化"的过程。只不过，美国心理学的"本土化"过程与近几十年来世界各地的"本土化"运动不可同日而语。美国心理学在机能主义处就开始获得了自己独立的生命，并在此后的发展过程中逐渐占据世界性的主导地位，成为心理学的"正根儿"。

　　以心理学为例，美国心理学之所以能够免于沦为欧洲心理学的学术殖民地，主要是由于"美国心理学之父"詹姆斯的独特贡献。当然，美国心理学的早期成功也与其他心理学家的作用密不可分，无论是杜威、米德、鲍德温、桑代克、霍尔、奥尔波特，还是行为主义的代表人物华生、赫尔、托尔曼等，都有着独特的贡献。美国早期的心理学家依据实用主义哲学及本土文化特点，创造出具备自身特质的美国心理学。具体而言，美国本土心理学主要采用实用主义哲学，借鉴进化论的躯壳，是注重实用及适应的机能主义心理学。此后，华生创立的行为主义心理学更是成为科学心理学的典范，而科学心理学自行为主义诞生遂在世界范围内扩展开来，成为半个多世纪以来主导性的心理学潮流。

　　总之，美国心理学正是承接实用主义的哲学传统，结合美国的文化精神，以自身的传统为研究开展的根本。在此方面，在地化、本土化资源对于"美国本土心理学"的发展起到了重要作用。

　　（2）第二种心理学本土化

　　第二种心理学本土化，即近几十年来在世界范围内兴起的心理学本土化运动，它同样是与在地化、本土化的思想资源分不开的。虽然此种心理学本土化运动与美国本土心理学的发展逻辑大相径庭，但地方化及本土化的文化传统及资源同样是其确立的关键。

　　世界上许多国家心理学本土化运动展开的背景是二战后殖民地国家获得独立并陆续开始进行国家建设。对这些国家而言，引进并学习现代自然科学及人文社会科学则是其通往现代国家的必经之途。在缺乏现代科学土壤的背景下，由于本国未能诞生出现代人文、社会科学，引进、模仿、照搬就成为这些国家学术研究的必经阶段。然而，随着教学及研究过程的展开，越来越多的本国（或本地区）学者认识到盲目套用西化心理学的弊端，越来越多的学者感到盲目套用西方心理学概念、理论及方法并不适应本国或本地的文化传统，并不能真正反映本国或本地民众的心理。许多学者深感本国（或本地区）有沦为西方学术殖民地的危险。因之，伴随政治独立意识的觉醒，许多国家和地区就开始了寻求自身学术实践主体性的本土化努力。

2. "本土心理学"的概念厘定

欲厘清"本土心理学"的内涵，首先有必要对"本土心理学"及其相关子范畴进行梳理。

（1）"本土心理学"的概念理解

关于"本土心理学"的内涵，不同的学者各有其理解。但有一点是相同的，即学者们都承认"本土心理学"是在西方心理学（尤其是美国的科学主义心理学）文化普适模式下所引发的一种学术自觉与学术反抗。它是在对西方心理学文化普适性话语不满的心态下，基于对本国或本地区心理学的文化特异性及学术主体性所进行的一种追求。关于"本土心理学"的概念理解主要有以下几种观点。

（1）本土心理学是一套根源于某一特定文化传统之心理思想与实践的系统（Enriquez，1990）。

（2）本土心理学（复数）是人类行为或心理的科学研究，此种研究须是本土的，是非自其他地区移植而来的，且是为当地人民设计的（Kim & Berry，1993）。

（3）本土心理学（复数）是就一特定文化脉络（cultural context）内之人类行为与心理历程所从事的研究，此种研究是以所探讨之特殊族群或文化团体的本土性价值观、概念、信仰系统、方法论及资源为基础（Ho，1998）。

（4）本土心理学是一种以科学研究所建立之不断演进的本土性知识体系，此种研究系与所探讨的心理与行为现象及其生态的、经济的、社会的、文化的及历史的脉络高度契合（杨国枢，1997；Yang，2000）。①

根据杨国枢先生的观点，"本土心理学是一种以科学方法研究某一特定族群团体或社会文化中之人民的心理与行为所发展出来的心理学知识体系，但研究历程中所采用的理论、概念、方法及工具必须与所探讨的本土心理或行为现象及其生态的、经济的、社会的、文化的及历史的脉络高度契合、符合或贴合"②。本土心理学者的最终目的，是要在非西方社会建立一种摆脱西方心理学宰制的，且能反映自身文化根基的心理学。

杨中芳先生认为，本土心理学研究是在"文化与心理"这一领域内的一个思考进路。"本土心理学研究是指采用本土的进路，来对在某一具体（特定）地区或群体范围（国家、社会、社区或族群）内生活的人们之心理活动所进行的研究。本土的进路，简言之，是指在研究过程中考虑到当地人自身的'文化/社会/历史'脉络的思考方向及路线。"③ 在其看来，此种研究进路能更好地理解及解释当地人的真实活动。

依本人之拙见，杨国枢先生所总结的"本土心理学"定义虽具有高度概括性，但其所谓"科学方法"的限定，则会将一些原本属于本土心理学的"研究主题"排除在外。杨国枢先生所指的"科学方法"，题中之义即是"自然科学式"的方法。但如果这样严格限定的话，则会造成"本土心理学"的褊狭。此是因为，并不是所有的心理、行为都可以用自然科学方法加以研究。若是将"科学方法"理解为"现代学术的研究样式"或许更有助于揭示本土心理学的蕴涵，更有助于扩展本土心理学的理解边界。因为只有心理学研究切合当地人的"文化/社会/历史"脉络，贴近当时当地人的心理，才能更好地反映本土文化心理。

根据李炳全教授的梳理，本土心理学有广义和狭义之分，狭义的本土

---

① 杨国枢：《本土化心理学的意义与发展》，载杨国枢、黄光国、杨中芳主编《华人本土心理学》（上），重庆大学出版社，2008，第 11~12 页。

② 杨国枢：《本土化心理学的意义与发展》，载杨国枢、黄光国、杨中芳主编《华人本土心理学》（上），重庆大学出版社，2008，第 12 页。

③ 杨国枢：《本土化心理学的意义与发展》，载杨国枢、黄光国、杨中芳主编《华人本土心理学》（上），重庆大学出版社，2008，第 83 页。

心理学是"指当地人尤其是普通人对心理现象和行为的看法、思想或理论，它本质上是一种生活心理学"①。李炳全教授认为，希勒斯对于本土心理学的界定属于狭义的理解。在希勒斯看来，本土心理学是与正统的学术心理学（专家心理学）相对应的学问，是指存在于当地人头脑中的与心理有关的观点、思想及思维习惯，是当地人所构建及使用的常识性心理概念。此种心理学之兴起，乃是由于许多学者对"学院派"心理学过分强调"科学化"程式不满，继而呼吁采用本地民间流行的、日常生活中积累的心理学知识。

广义的本土心理学则是指以当地人的视角对当地人的心理和行为进行研究的心理学。"广义的本土心理学泛指以当地人的心理和行为为研究对象，以描述、说明、解释、预测和利用这些心理和行为为目的的研究和构建的心理学，而不管它是否由本地人所做和是否从当地人的视域出发。"②它既包括狭义的本土心理学，也包括依据一定科学方法及程序构建起来的以当地人视角对当地人心理和行为进行研究的心理学，并主要是指后者。

（2）文化心理学与本土心理学的概念区分

"文化心理学"与"本土心理学"是紧密相连的两个概念，对于二者的区分有助于更好地认清"本土心理学"的内涵，丰富对"本土心理学"的理解。

所谓"文化心理学"，是指研究人的文化心理和文化行为的一门心理学学科，它是20世纪60年代以来在西方心理学文化转向背景下产生的一股学术潮流。"文化心理学"有广义和狭义之分。狭义的文化心理学是指"特定文化中的人对心理和行为的看法、思想和理论"。这种狭义的文化心理学实质上是特定种群的民俗心理学，"它不是学术意义上的心理学，而只是未经学者加工提炼的经验心理学"。而广义的文化心理学"是以文化心理和文化行为为研究对象的心理学。既包括上述的狭义的文化心理学，也包括经学者概括提炼后的心理学，且主要指后者"③。

文化心理学与本土心理学既有相同之处，又存在一定差异。二者的相

---

① 李炳全：《文化心理学与本土心理学的辨析》，《肇庆学院学报》2006年第6期。
② 李炳全：《文化心理学与本土心理学的辨析》，《肇庆学院学报》2006年第6期。
③ 李炳全：《文化心理学与本土心理学的辨析》，《肇庆学院学报》2006年第6期。

同之处表现在以下几点。首先，二者都对主流的西方科学主义心理学不满，都是在反对西方科学主义心理学的基础上发展而来，并力图构建能够真正反映研究对象心理及行为的心理学体系。其次，在研究对象和内容方面，二者都注重研究具有文化独特性的心理和行为。本土心理学注重考察引进式研究的方法、内容及结论对当地人的适宜性和意义，而文化心理学则突出文化差异性，强调研究具有独特性的文化心理及行为。最后，二者在研究方法上都注重"主位研究"，注重当地人自身的理解及解释样式，而不是以研究者的推理、分析为主。

二者的差异表现在以下几点。第一，本土心理学虽然将文化视作研究的重要方面，但还要考虑政治、经济、地理等因素，而文化心理学则以"文化"为中心，且主要围绕"文化"而展开。第二，本土心理学突出地域性，而文化心理学则强调文化同质性。第三，本土心理学研究的对象、范围等相对稳定，而文化心理学研究往往随其所锚定的文化及研究者所选择的文化维度的变化而变动。第四，"本土化"易给人以封闭、排外的印象，多少含有狭隘的民族情感因素，尤其是在研究的早期，而文化心理学则无此壁垒。第五，从目的来看，本土心理学不反对普遍性的知识，其最终目的是要通过对各地人的心理及行为研究，构建具有一定普适性的心理学知识体系（杨国枢持此观点），而文化心理学则主张多元文化论与文化相对主义，突出差异性，意在构建适合特定文化的心理学。第六，本土心理学不排斥实证方法，而文化心理学则在研究方法、策略等方面与主流心理学有很大差异。[①]

（3）本土心理学与本土性契合

在中国本土心理学的确立过程中，有一个关键概念，即"本土性契合"。它是中国心理学本土化运动的首倡者杨国枢先生创造的一个概念。所谓"本土性契合"，就是指在本土心理学的研究过程中"要尽量反映当地人的想法：从事研究工作时，研究者应努力做个文化上的当地人，让自己的本地观念、想法、默会之知、思维方式等，充分反映或表现在自己的

---

① 李炳全：《文化心理学与本土心理学的辨析》，《肇庆学院学报》2006 年第 6 期。

研究思想与活动（概念化、理论化、研究设计、资料搜集及结果解释）"①。"本土性契合"是评价心理学研究本土化程度的重要标准，是理解"本土心理学"的关键。在杨国枢先生看来，所谓本土心理学就是要与本国或本地区的文化传统与社会脉络相契合。在此标准下，"本土心理学""就是一种在本土性契合条件下所建立的心理学知识体系"②。

3. 两种"本土心理学"的区分

在本土心理学的发展过程中，存在着两种迥然不同的"本土心理学"：其中一种是外源性本土心理学（或反应性本土心理学），另一种则是内源性（或内生性本土心理学）。在正式论述二者之前，首先须明确另一个相关概念，即"西化心理学"。所谓"西化心理学"，是指非西方国家在长期学习、引进西方心理学的过程中，盲目套用西方的概念、理论、方法而产生的一种过分依赖西方的心理学形态。具体而言：

> 它是见之于非西方国家的一种移植性的心理学知识，主要是因当地心理学者长期采用西方或西化研究方式探讨当地人的心理与行为，所形成的一种心理学知识。在西化的研究方式中，非西方国家之心理学者直接套用美欧本土心理学的理论、概念、方法及工具。这些西方心理学的内涵皆是以美欧文化为基础……简要地说，西化心理学的知识只是一种进口加工式的知识，并未以当地的历史、文化及社会作为知识产生的基础，实是一种缺乏本土文化之根的知识。③

非西方国家惯以引进或移植的方法研究当地人的心理与行为，径直照搬美欧的心理学理论、概念、工具与方法。长此以往，"在美欧本土心理学的宰制性影响下，非西方国家心理学者的研究观念与方式受到了严重的局限与扭曲，长期误导了非西方国家心理学的发展方向。影响所及，当前

---

① 杨国枢：《本土化心理学的意义与发展》，载杨国枢、黄光国、杨中芳主编《华人本土心理学》（上），重庆大学出版社，2008，第39页。

② 杨国枢：《中国人的心理与行为：本土化研究》，中国人民大学出版社，2004，第28页。

③ 杨国枢：《本土化心理学的意义与发展》，载杨国枢、黄光国、杨中芳主编《华人本土心理学》（上），重庆大学出版社，2008，第22页。

世界心理学的现况是只有美欧心理学是真正的本土心理学，非西方国家的心理学皆是西化心理学"①。此种西化心理学的形成，主要是因为当地心理学者长期套用西方心理学的理论、概念及方法，无法有效地解释当地民众的心理与行为。最终所提供的，只能是一种既无视传统又脱离现实的虚假知识。而"外源性本土心理学"与"内源性本土心理学"皆是在对"西化心理学"不满及反思的基础上产生的。

（1）外源性本土心理学

外源性本土心理学，也称外衍性本土心理学，它主要源于部分本土学者的外源性本土化反应。也就是一部分学者痛彻地体认到西化心理学知识缺乏当地文化本根的事实，为避免本国沦为西方心理学的学术殖民地愤而进行的一种学术因应反应。此种转化历程被称为外源性本土化或反应性本土化。此种本土心理学即"先引进某些心理学的理论、概念和方法，然后将它们进行改造以适应当地的文化背景，这被 Berry 称为派生的客位研究方法（derived etic approach）。这种方法对某些心理学理论加以改造，将它们整合以适应当地的主位性知识，而不先验地假设某一特殊理论具有普遍性"②。经由此种本土化方式或历程而形成的心理学被称为外源性本土心理学或反应性本土心理学。此类心理学，大致遵循如下的研究程式：

在第一步，除了准确地翻译和介绍国外的东西外，更重要的是正确地诠释或理解。在第二步，首先应进行表征性改造与转换，即把国外通常的表征方式转变为当地人容易接受并通常使用的表征方式；其次是要了解当地人的心理和行为，根据当地人的实际情况进行加工处理，使之由不适合当地人的实际情况转变为适合。第三步对上述改造或转换过的东西加工、整理，使之系统化，成为适合当地人的心理和行为的心理学知识。其最后结果在本质上仍是国外的东西，只不过是改变或转换了的国外心理学而已，因此被称为"外源性本土化"。③

① 杨国枢：《本土化心理学的意义与发展》，载杨国枢、黄光国、杨中芳主编《华人本土心理学》（上），重庆大学出版社，2008，第14页。
② 郑荣双：《国外本土心理学研究进展》，《心理科学进展》2002年第4期。
③ 李炳全：《文化心理学与本土心理学的辨析》，《肇庆学院学报》2006年第6期。

（2）内源性本土心理学

与外源性本土心理学相对应的是内源性本土心理学。内源性本土心理学又是与内源性本土化（或内生性本土化）相对应的。内源本土化就是从本土文化内部生发出的理论、概念及方法。内源性本土心理学就"是从特定的族群团体或文化团体之本土社会、文化及历史因素中所自然衍发出来的心理学。在此意义下，只有内生性本土心理学才是真正的本土心理学"①。此种心理学注重吸收自身传统中的文化元素，以真正契合本土的文化心理。此种心理学并非经由外力胁迫而生的一种反应，而是具备自身文化根蒂与学术主体性。在杨国枢先生看来，只有内源（生）性本土心理学才是未来中国本土心理学应当努力的重点，是本土心理学发展所要达到的目标。

总之，外源性本土心理学并不是从当地的社会文化和历史语境中孕育出来的，而是以其他国家或地区的心理学为模板而移植、改造过的心理学。而内源性本土心理学则是从本地社会、文化及历史土壤中自然萌发并演化而来的，是以当地人的心理和行为为研究资源的一种原生性的本土心理学。

4. "本土心理学"的特征阐析

"本土心理学"具有区别于西化心理学的典型特征。本土心理学家金曾将本土心理学的特征总结为以下六个方面：

　　一是对人的心理和行为要作一种植根于特定背景（如生态的、政治的、历史的、文化的）中的语境化的理解。二是对所有文化、国家和民族，包括美国在内，都需要本土心理学，即它不仅限于用来研究某些民族或生活在边远地区的群体的心理表现。三是必须对国家边界和文化边界作明确区分。前者是一种政治性的划分。在一个特定的国家中，不同的文化、民族、信念和宗教群体可以共存，某一特定社会中多样性的存在可产生一些不相同的阐释方式。四是尽管运用某些人

———————————

① 杨国枢：《本土化心理学的意义与发展》，载杨国枢、黄光国、杨中芳主编《华人本土心理学》（上），重庆大学出版社，2008，第12页。

种学的和质化的方法对本土心理学而言是必要的，但它也倡导方法运用的多样化，并且强调发现适用于特殊现象的方法。五是不排斥非本土的研究者对其他文化中的心理进行本土性的研究。……六是如其他科学一样，本土心理学也要发现能够解释人类心理多样性的普遍的事实、原则和规律[①]。

2006年，金与其他两位作者在《本土和文化心理学：在语境中理解人》一书中，对本土心理学的特征进行了补充与修正，将本土心理学的特征扩充为十个方面：

第一，本土心理学强调在生态的、历史的和文化的语境中考察心理现象；第二，所有文化、土著（native）和种族群体都需要自己的本土心理学；第三，倡导多样的方法；第四，倡导内在者和外在者观点的整合，以多样的视角获得对人的心理全面和综合的理解；第五，本土心理学承认，人对自己有着复杂和精微的理解，将他们对自己实践性和零散的理解转译成分析性的知识是必要的；第六，虽然本土心理学倡导多样的研究方法是科学传统的一个组成部分，但并不提倡多种心理学（multiple psychologies）和绝对的相对主义（absolute relativism）。第七，虽然本土心理学的研究始于描述性的分析，但其最终目的是发现在理论上和经验上能够被证实的心理的普遍性特征；第八，人类的能动性、意义和语境被纳入到研究设计中，这是文化科学传统的一个部分；第九，本土心理学倡导人文科学（主要研究人类经验和创造性）和社会科学（主要是对经验的分析和证实）的结合；第十，本土心理学的研究有两个起点：外源本土化和内源本土化[②]。

在郑荣双教授和车文博先生看来，本土心理学作为一种研究取向主要

---

① 转引自车文博主编《中外心理学比较思想史》（第三卷），上海教育出版社，2009，第498~499页。

② 转引自车文博主编《中外心理学比较思想史》（第三卷），上海教育出版社，2009，第499页。

具有五个基本特征，即取向人文性、文化契合性、范式多样性、内涵普适性、研究独立性与自由性。其中，文化契合性是其主导特征①。

二　四十余年来中国本土心理学的发展历程述要

"中国本土心理学"最早始于港台地区，后逐渐扩展到内地而成为一种研究方法论及学术运动。中国本土心理学的产生既受世界其他国家及地区本土化运动的影响，同时亦是中国心理学者对西方科学心理学文化普适性模式的一种不满、觉醒与反抗。虽然中国心理学研究中的"本土自觉"在西方心理学传入不久就已萌生，但直到 20 世纪 70 年代末才成为一种自觉的学术运动及研究方法论。

（一）从"心理学的中国化"到"心理学的本土化"

在中国，本土心理学的前身是"心理学的中国化"。所谓"心理学的中国化"，就是要研究适合中国文化的、具备中国文化特质的心理学，而不能一味盲目地追随西方。"心理学的中国化"和"心理学的本土化"都是中国本土心理学发展的早期阶段。

根据杨国枢先生的描述，台湾地区 1950~1972 年这段时间皆是美国化的心理学当道。台湾地区各个方面均受美国的影响，台湾只有几所大学设有心理学系，其研究主要模仿美国的心理学研究。无论是教材、主题、概念，还是理论、方法、工具等皆采自美国的心理学。由于长期受美国的影响，台湾地区的学术研究也长期模仿美国及西方的研究模式，一直唯美国马首是瞻，心理学同样不能例外。曾志朗则形容"中国心理学没有自己独立的'人格'"，"中国心理学研究者总是跟着西方心理学家们兴趣的取向而决定自己研究的方向"②。面对此种境况，许多学者深感西化心理学研究模式很难真正反映中国民众的心理与行为，以杨国枢先生、黄光国先生、杨中芳先生等为代表的学者陆续开展心理学的中国化研究。自 1969 年以

---

① 郑荣双、车文博：《本土心理学特征论析》，《心理学探新》2003 年第 3 期。
② 转引自燕国材《中国心理学史》，浙江教育出版社，1998，第 10 页。

来，杨国枢等就在台湾地区发起多次以"中国民族性"为主题的跨学科学术研讨会，从心理学、人类学、社会学、历史学、哲学等不同学科开展对中国人的研究。

具体而言，台湾地区学者所推动的心理学研究中国化运动，主要始自20世纪70年代中期①。1973~1981年，美国化的心理学开始受到台湾地区学者的质疑。此一阶段美国化的心理学继续盛行，部分学者开始质疑美国化的心理学对当地社会文化的适用性，少数学者则开始探讨心理学中国化的必要性。1974年，杨国枢先生已开始思考并怀疑美式心理学研究在华人社会中的适当性与可靠性。1976年，杨国枢先生正式开始提倡并推动华人心理学的中国化运动。20世纪80年代，较早参与华人心理学中国化（后改为本土化）运动的就有黄光国先生和杨中芳先生。

中国心理学本土化运动的代表性事件，是台湾"中研院"民族学研究所1980年在台北主办"社会及行为科学研究的中国化科际研讨会"。在此研讨会上，杨国枢先生宣读了论文《心理学研究的中国化：层次与方向》，揭开了中国心理学本土化的序幕。20世纪80年代，杨国枢等会同港台及大陆学者陆续召开"心理学中国化"的学术研讨会。此外，1981~1991年在台湾和香港共举办四次有关心理学本土化问题的学术研讨会。1990年以后，心理学的本土化研究在大陆逐渐开展起来。1992年，中国社会心理学学会和中国社会科学院社会学研究所社会心理学研究室在湖北神农架举办了首次"中国人社会心理研究研讨会"。1994年，又在内蒙古举办了第二次研讨会②。1993年，杨国枢等在台湾地区创办的专门刊物《本土心理学研究》，更是成为中国本土心理学理论探讨的阵地，极大地促进了中国本土心理学的发展。

在大陆，"心理学的中国化"起于老一辈学者在研究历程中的自觉与反思。早在20世纪20年代，中国心理学者就曾提出"心理学应中国化"的思想。但客观的现实却是，1949年以前我国的心理学主要以追随西方为主，1949年到改革开放前主要以追随苏联为主，80年代以后又主要模

① 参见杨国枢《本土化心理学的意义与发展》，载杨国枢、黄光国、杨中芳主编《华人本土心理学》（上），重庆大学出版社，2008，第40页。
② 参见张恺郎《心理学本土化与本土心理学述评》，《社会心理科学》2007年第5~6期。

仿、追随西方的心理学。有识之士认识到，"中国的传统文化中，虽也蕴涵着丰富的哲学心理学思想，惟惜未能随时代演变转化为现代的科学心理学理念"①。

20 世纪 80 年代，大陆曾有三个不同的名称指称"中国心理学的本土化"，它们分别是"心理学中国化""有中国特色的心理学""心理学本土化"。虽然三者含义不尽相同，但宗旨却是相同的，即建立有别于其他文化的心理学。有识之士认识到，有必要进行"心理学的中国化"研究。正是在这种研究指向下，才有了中国心理学史、中国心理学思想史研究，并开始对中国传统心理思想进行系统的搜集整理。从改革开放"心理学"恢复教学及研究以后，直到 1986 年以前，大陆采用的都是"心理学中国化"这一提法。1986 年，为配合国际的通用提法，大陆学者以"本土化"取代原来的"中国化"。1988 年以后，心理学本土化运动在大陆开始蓬勃发展起来。

要之，中国心理学本土化运动是在国际心理学本土化运动的影响下，在大陆学者与港台学者的对话过程中，在大陆此前的"心理学中国化"根基上发展起来的。大陆的心理学本土化运动并非"心理学"单一学科的学术因应反应，而是当时人文社会科学一种普遍的学术取向。当时的社会学、人类学、政治学等学科都在进行自觉的本土化探索。中国本土心理学研究正是在当时的时代精神鼓舞下涌现出的一种学术取向。

（二）四十余年来我国本土心理学研究的代表性成果

四十余年来，中国本土心理学研究取得大量研究成果，撇去组织、建制、研究论文等方面的成果不谈，此处仅选取代表性的著作加以介绍。

1. 几位代表性人物的研究成果

较早从事研究也产生了一定影响力的有代表性的本土心理学研究者主要有杨国枢先生、黄光国先生、杨中芳先生。以下即对这几位学者的代表性成果加以介绍。

---

① 燕国材：《中国心理学史》，浙江教育出版社，1998，总序第 vi 页。

（1）杨国枢先生的代表性研究

杨国枢先生是中国本土心理学研究最早的倡导者与先行者。他不仅最早在港台地区倡导本土心理学研究，而且创办了《本土心理学研究》（1993 年创刊）。在本土心理学研究方面，杨国枢先生主编并撰写多部著作，这些著作先后在大陆再版。这些著作主要有：《中国人的心理与行为：理念及方法篇》（1994）、《中国人的心理与行为：本土化研究》（2004）、《中国人的心理》（2006）、《社会及行为科学研究法》（2006）、《中国人的性格》（李亦园、杨国枢，2012）、《中国人的价值观：社会科学观点》（2013）、《中国人的蜕变：社会科学观点》（2013）、《华人本土心理学》（上、下）（杨国枢、黄光国、杨中芳，2008）、《中国人的自我：心理学的分析》（杨国枢、陆洛，2009）、《中国人的孝道：心理学的分析》（叶光辉、杨国枢，2009）。

杨国枢先生不仅对中国本土心理学的理论建构做出重要贡献，还对中国本土心理学的倡导及组织实践做了大量贡献。在本土心理学的基础理论方面，1993 年，杨国枢先生在《本土心理学研究》创刊号《本土心理学的开展》中专门探讨了"我们为什么要建立中国人的本土心理学"。在《本土心理学研究》第八期探讨了"心理学研究的本土契合性及其相关问题"，提出了检验一种研究是否属于本土心理学的标准。在《华人本土心理学》一书中，杨国枢先生对本土心理学的概念进行了系统阐释，从"跨文化心理学""文化心理学""本土心理学"的概念比较入手，分别阐释了"作为学科的本土心理学""作为方法论的本土心理学"，以及"作为学术运动的本土心理学"。此外，杨国枢还专门研究了刘劭"人格理论"蕴含的心理学思想、华人社会取向的理论分析、家族主义与泛家族主义、中国人的性格、中国人的价值观、中国人的自我、中国人的孝道等论题。在《华人本土心理学》中，杨国枢先生还专门探讨了"人际关系中的缘观"、"忍的心理与行为"（合撰）、"心理传统性与现代性"等问题。

在研究特点方面，杨国枢先生兼顾了"中"学的根本与西学的方法，对研究主题进行了细致的知识论分析。在研究领域方面，杨国枢先生既注重本土心理学研究的基础理论、方法论探讨，又开创了许多实质性的中国本土心理学研究主题。

（2）黄光国先生的本土心理学研究

黄光国先生是港台地区倡导并践行本土心理学研究的另一位重要代表人物。黄光国先生在本土心理学方面的代表作主要有：《王者之道》（1993）、《知识与行动：中华文化传统的社会心理诠释》（1995）、《面子：中国人的权力游戏》（黄光国、胡先缙等，2004）、《儒家关系主义：文化反思与典范重建》（2006）、《社会科学的理路》（2006）、《人情与面子：中国人的权力游戏》（2010）、《内圣与外王：儒家思想的完成与发展》（2018）。黄光国先生还参与编写了《华人本土心理学》（2008）。

作为中国本土心理学及心理学本土化运动的早期倡导者，黄光国先生除了系统探讨中国传统的社会心理思想外，还专门阐释了儒家关系主义及其心理影响，并对"面子"的文化心理进行了研究。在此基础上，黄光国先生在《社会科学的理路》一书中专门从方法论角度探讨了应当如何进行本土研究。依黄光国先生之见，如果不明白现代西方科学哲学的方法论，则很难做出真正的本土性研究。于此之外，黄光国先生还专门就"互动论与社会交易：社会心理学本土化的方法论问题""儒家价值观的现代转化：理论分析与实证研究""华人关系主义的理论建构""华人社会中的脸面观""华人的道德观与正义观""心理学本土化的方法论基础"等主题进行了探讨。

（3）杨中芳先生的本土心理学研究

杨中芳先生是中国心理学本土化运动早期的倡导者及组织者，同时亦是中国本土心理学研究中贡献颇多的女学者。作为一位西学归来，对华人心理学研究深感不满的学者，杨中芳先生积极倡导并从事中国本土心理学研究。在中国本土心理学研究方面，杨中芳先生编著了多部中国本土心理学著作，早期的代表作主要有：《中国人·中国心》（传统篇）（高尚仁、杨中芳编，1991）、《中国人·中国心》（发展与教学篇）（杨中芳、高尚仁编，1991）、《中国人·中国心》（人格与社会篇）（杨中芳、高尚仁编，1991）、《如何研究中国人：心理学研究本土化论文集》（1997）、《如何理解中国人：文化与个人论文集》（2009）。此外，杨中芳先生还参与编写了《华人本土心理学》（2008）。

作为中国本土心理学的早期倡导者，杨中芳先生在中国本土心理学的元理论探讨、研究方法论及具体研究展开方面都做出了独到的贡献。早在1993 年，杨中芳先生在《本土心理学研究》的创刊号中，曾专门作了"试论如何深化本土心理学研究：兼评现阶段之研究成果"的研究评论。2008 年重庆大学出版社出版的《华人本土心理学》，载有杨中芳先生的论文《本土化心理学的研究策略》、《本土化心理学的研究方法》、《人际交往中的人情与关系：概念化与研究方向》（与彭泗清合撰）。

2. 其他研究成果概览

通过中国知网，以"篇名：本土心理学"的方式进行检索，共搜索到论文 98 篇（检索日期：2019 年 6 月 4 日）①。其中博士论文 4 篇，会议论文 5 篇，期刊论文 89 篇。这 4 篇博士论文除了笔者的 1 篇外，其他 3 篇分别为金圣华所撰的《本土心理学视域下的偶像崇拜——以李敏镐的中年女粉丝为研究对象》（吉林大学，2015）、李兆良所撰的《宽恕内涵的本土心理学反思》（吉林大学，2011）、张晓明所撰的《主观幸福感模型的理论建构——幸福感的本土心理学研究》（吉林大学，2011）。2023 年 9 月 1 日，笔者以同样方式进行检索，共检索到论文 80 篇。其中，2019 年 6 月 4 日以后的只有 4 篇，除去 2019 年 12 月 1 篇重复可疑的论文，剩余 3 篇。因此实质相关的论文数为 101 篇。其中，1993～2000 年共有 12 篇，2001～2010 年共有 50 篇，2011～2020 年有 37 篇，2021～2022 年有 2 篇。通过中国知网，以"篇名：心理学＋本土化"的方式进行检索（检索日期同样为2019 年 6 月 4 日），共获得论文 113 篇，除去实质无关论文 3 篇，共计 110篇（包含与上述检索相同的 4 篇）。在这 110 篇论文中，有会议论文 7 篇，报纸文章 3 篇。为了补充文献，2023 年 9 月 1 日笔者以同样方式进行检索，共得到论文 121 篇。其中 2019 年 6 月 4 日以后的有 15 篇，剔除无关的论文 4 篇，实质共检索到相关论文 11 篇。最终，通过相加的方式共得到论文 121 篇。在这 121 篇论文中，1991～2000 年共有 19 篇，2001～2010 年共 58 篇，2011～2020 年共 38 篇，2021～2022 年共 6 篇②。

20 世纪 80 年代以后，国内许多心理学者先后投入到本土心理学研究

① 2023 年 9 月 1 日、2024 年 2 月 23 日本人以同样方式检索，得到的论文均只有 80 篇。
② 通过此种方式进行检索，未发现 2023 年有相关论文发表。

中，研究者们主要围绕传统心理思想挖掘、中国传统的理想人格、中国古代的养生心理、中国古代的心理保健思想、中医心理思想等方面展开。代表性的学者有燕国材、杨鑫辉、葛鲁嘉、朱永新、翟学伟、左斌、彭彦琴、汪凤炎、吕小康、张海钟、姜永志等。四十余年来，除去《中国心理学史》《中国心理学思想史》《中国文化心理学》之类的成果外，代表性的著作主要有佐斌教授的《中国人的脸与面子：本土社会心理学探索》（华中师范大学出版社，1997），杨鑫辉先生的《危机与转折——心理学的中国化问题研究》（黑龙江人民出版社，2002），朱永新教授的《心灵的轨迹：中国本土心理学研究》（人民教育出版社，2004），李娟博士的《孟庄心性论研究：中国本土心理学探析》（海风出版社，2009），张晓明博士的《主观幸福感模型的理论建构——幸福感的本土心理学研究》（辽宁人民出版社，2015），张曙光教授的《社会转型下中国人公私表征以及公私实践的本土社会心理学研究》（世界图书出版公司，2016）。此外，汪新建教授、吕小康教授、姜永志教授亦有多篇论述中国本土心理学的论文。

亦有多位港台学者做出了积极贡献。黄囇莉出版了《华人人际和谐与冲突》（2007），叶光辉出版了《中国人的孝道：心理学的分析》（与杨国枢合著，2009）。李美枝做了"发现、诠释与感通——心理学知识旨趣""人己群己关系与公私观念"的研究，利翠珊做了"婚姻关系及其调适"的研究，余安邦做了"文化心理学的发展历史与研究进路：兼论其与心态史学的关系""成就动机与成就观念：华人文化心理的探索"的研究，余德慧做了"文化心理学的诠释之道""本土心理学的现代处境""本土化的心理疗法""中国人的悲与怨""'离合'在青少年发展历程的意义"（与蔡怡佳合作）的研究，彭泗清做了"中国人'做人'的概念分析"的研究，林耀盛做了"社会心理学本土化：反殖民主义与后现代论述之间"的研究。这些都开拓、巩固了中国本土心理学的研究视野与知识基础，使中国本土心理学既不乏专门的理论探讨，又有具体的开创性及探索性研究。

三 中国本土心理学的主要成就及其探索取向

四十余年来，中国本土心理学取得一系列成就，表征了中国本土心理学者的不竭的努力。以下即对中国本土心理学研究的探索主题及代表性学者的成果做一简单概述。

（一）杨国枢的本土心理学研究及其探索主题

四十余年来，中国本土心理学研究方面开发出多样化的研究主题，深契民众的现实心理。依照杨国枢等所编著的《华人本土心理学》，这些主题包括：

1. 人格与社会心理学（28 个子维度）

（1）面子心理；（2）缘的心理；（3）忍的心理；（4）报的心理；（5）义的心理；（4）人情心理；（7）中庸思维；（8）辩证思维；（9）社会角色与规范；（10）关系取向；（11）基本人际历程；（12）人际和谐与冲突；（13）社会比较历程；（14）宗教信仰与信仰改变；（15）族群关系与冲突；（16）自我与自我呈现；（17）基本人格向度；（18）人格与行为之关系的内隐理论；（19）古代人格理论；（20）社会取向成就动机；（21）性的感情与情绪；（22）嫉妒情绪与行为；（23）策略行为；（24）身体吸引力；（25）心理幸福观；（26）价值与价值变迁；（27）心理传统性与现代性；（28）历史心理学研究。

2. 组织与管理心理学（10 个子维度）

（29）家族主义与组织行为；（30）华人领导模式；（31）父权式领导；（32）差序式领导；（33）领导行为与部属绩效；（34）上司下属的信任关系；（35）主管忠诚与组织忠诚；（36）组织中的报；（37）后儒家假说；（38）世俗化形式主义。

3. 发展与家庭心理学（8 个子维度）

（39）道德与道德发展；（40）耻感发展；（41）家族主义与泛家族主义；（42）孝道心理；（43）亲子关系与适应；（44）婚姻关系与适应；（45）婆媳关系与适应；（46）家庭教化。

4. 临床与咨询心理学（4 个子维度）

（47）人际困境与受苦；（48）民俗疗愈法；（49）本土化治疗理论与方法；（50）死亡心理。

5. 异常与犯罪心理学（2个子维度）

（51）青少年异常行为；（52）性犯罪者心理。[①]

在研究主题方面，杨国枢的研究深深影响了港台学者，他们不仅注重探寻中国人心理与行为的思想源头，而且更侧重于研究具有现实影响力的文化传统，研究具备中国文化特质的心理与行为。虽然港台学者的研究也有对中国古代思想的心理学诠释与解读——如杨国枢先生对刘劭人格理论的心理学解读，但更多是围绕现实民众或俗民社会中的国人心理而展开。如杨国枢先生对中国人的性格、中国人的价值观、中国人的自我、中国人的孝道、缘、忍的心理、传统性与现代性等的研究；黄光国先生在对中国古代儒、墨、兵、法、道各家理论进行分析的基础上，诠释了影响中国人心理的各种思想源头，并具体阐释了中国人的人情与面子；杨中芳先生对中国人的人情、关系取向、中国人对"自己"的理解，以及中庸思维进行了研究；等等。这些都是这方面的有益探索。

港台学者在研究中融入了细致的调查，同时亦不乏对西方科学方法的借鉴采用，他们的研究涵盖了面子心理、缘、忍、报、义、人情、关系、孝、民俗疗法、耻感心理等诸多方面。

（二）葛鲁嘉教授的本土心理学理论建构

作为国内极少数长期坚持本土心理学研究的学者，葛鲁嘉教授三十余年来一直专注于中国本土心理学的探索与开拓，在心理学的本土化以及中国本土心理学发展方面做出重要贡献。葛鲁嘉教授早期专注中国心理文化，此后则致力于中国本土心理学的原始性创新。在其看来，中国本土心理学最重要的资源就是心性的传统，而中国本土心理学理论的出路则在于自觉地建构新心性的本土心理学。

在本土心理学方面，葛鲁嘉教授出版了一系列著作，这些著作有：《心理文化论要——中西心理学传统跨文化解析》（1995）、《新心性心理学

---

① 参见杨国枢《本土化心理学的意义与发展》，载杨国枢、黄光国、杨中芳主编《华人本土心理学》（上），重庆大学出版社，2008，第44页。（标点行文略有改动）

宣言——中国本土心理学原创性理论建构》（2008）、《心理资源论析——心理学的历史、现实和未来的形态》（2010）、《心理成长论本——超越心理发展的新心性心理学主张》（2012）、《心理生活论纲——心理生活质量的新心性心理学探索》（2013）、《心理学本土化——中国本土心理学的选择与突破》（2014）、《哲学形态的心理学——哲学心理学与心理学哲学》（2014）、《心理科学论总——心理学命运和前途的全景考察》（2016）、《科学形态的心理学——心理学的科学追求与科学身份》（2016）、《资源形态的心理学——心理资源的基本性质与核心内涵》（2016）、《常识形态的心理学——心理学的生活形态与日常存在》（2016）、《宗教形态的心理学——宗教传统和研究的心理学智慧》（2016）、《类同形态的心理学——不同科学门类中的心理学探索》（2017）、《新理论心理学——心理学研究的思想理论框架》（2019）、《心性心理学：中国本土文化源流中的心理学》（2019）、《心理环境论说：新心性心理学中的环境》（2020）、《新本土心理学》（上下）（2021）。此外，葛鲁嘉教授还发表了数十篇关于本土心理学的研究论文。

20世纪90年代初，葛鲁嘉教授即开始从事中国本土心理学及心理学本土化的学术实践。在其看来，中国本土心理学研究不应简单地对照西方心理学的理论框架，不应径直从中国古代典籍中去挖掘传统心理思想，不能认为摘录与整理出的传统心理思想就是中国本土心理学。在其看来，此绝非中国本土心理学研究之正途。在其看来，只有在真正了解中国文化根本精神的基础上，才能建构出具有文化生命的中国本土心理学。葛鲁嘉教授指出，"中国本土的心理学、中国本土的理论心理学，最重要的就是自身的理论建构。这主要是确立中国本土心理学的理论思想、理论框架、理论内涵、理论预设和理论构成"[①]。这实质上就是要实现中国本土心理学的原始性理论创新。具体而言，葛鲁嘉教授以中国传统心性论为突破点建构中国的本土心理学，以此为原始性创新的理论资源。葛鲁嘉教授的新心性心理学核心理论建构主要包括六个方面，即心理资源论析、心理文化论

---

① 葛鲁嘉：《哲学形态的心理学——哲学心理学与心理学哲学》，上海教育出版社，2014，丛书总序第4页。

要、心理生活论纲、心理环境论说、心理成长论本、心理科学论总。在心理学资源方面，葛鲁嘉教授系统分析了心理学的六种形态，即常识形态的心理学、哲学形态的心理学、宗教形态的心理学、类同形态的心理学、科学形态的心理学、资源形态的心理学。在其看来，中国本土心理学的核心研究主要包括新心性心理学的研究、心理学形态的研究、理论心理学的研究、心理学新探的研究、本土心理学的研究五个方面，而中国本土心理学的"出路与结局就在于其定位为文化的心理学、历史的心理学、生活的心理学、创新的心理学、未来的心理学"①。

葛鲁嘉教授对"传统思想"研究的特点在于其从儒家、道家、佛家典籍中抽取出中国传统思想的精髓——"心性"，继而围绕中国文化中的心性传统进行创新探索与理论建构。其重点不在于对中国心理学史或中国心理学思想史中某位或某几位思想家的心性思想进行研究，而是从文化整体角度进行思想提炼。在对西方科学心理学批判分析的基础上，葛鲁嘉教授从"大科学观"视角出发，明言"中国心理学的本土化应立足于突破和变革西方心理学的褊狭科学观……心理学科学观的变革就体现在对心理学研究对象的重新理解和对心理学研究方式的重新确立上"②。继而在此基础上进行中国本土心理学的原始性理论建构。

葛鲁嘉教授选取出如下概念作为中国本土心理学创新的观念资源，这些概念为：

人、体、性、命、心、觉、格、想、意、品、德、仁、厚、诚、
忠、行、精、神、气、知、思、虑、念、察、考、情、缘、报、幸、
喜、怒、欢、悲、乐、忧、愤、恐、惊、哀、怨、苦、甜、酸、痛、
狂、疯、霸、恨、慈、奸、滑、勤、懒、望、忍、愉、悦、警、度、
大、小、法、解、难、糊、定、兴、料、强、弱、恼、观、害、豪、
慎、静、动、随、厌、认、清、盲、生、熟、才、火、实、虚、幻、

---

① 葛鲁嘉：《新心性心理学宣言——中国本土心理学原创性理论建构》，人民出版社，2008，第1~2页。

② 葛鲁嘉：《心理资源论析：心理学的历史、现实和未来的形态》，中国社会科学出版社，2010，第274页。

冷、热、阳、阴、正、邪、活、木、呆、痴、脑、脸、面。①

可见，葛鲁嘉教授特别注重选取常识性的语词作为理论创新的观念资源。在研究方法方面，葛鲁嘉教授特别强调以"体验"与"体证"为中国本土心理学研究方法的独特价值，认为"体验"与"体证"方法是实现中国本土心理学创新的可能路径。在其看来，中国本土的心性学说中能够体悟"道"的方式或路径有"内圣与外王、修性与修命、渐修与顿悟、觉知与自觉、生成与构筑"② 等。

作为心理文化学或心理人类学基础上的理论建构，新心性心理学直契中国哲学的心性传统。

在研究路径方面，港台学者既注重研究现实的俗民观念与文化心理，又注重探索其思想源头及源头的影响，最显著的特点是对"科学"方法的采用。

港台学者虽然也注重从中国文化中选取资源进行研究，但是他们多是就某一观念进行理论探索或诠释，在理论梳理基础上进行调查研究，更多强调研究的"科学性"。葛鲁嘉教授的研究则注重根本性的理论"建构"，注重对"心性"传统与中国文化根本精神的一以贯之。在理论方面，其研究突出知识建构的宏大性，而非中层理论研究或微观研究，其特色在于系统建构。

总之，葛鲁嘉教授在理论建构及理论创新方面皆有独到的建树，其研究之专门性、系统性、持续性、建构性与创新性皆是国内鲜有的。

（三）翟学伟教授的本土心理学探索

作为当代著名的社会学者，翟学伟教授在本土心理学、社会心理学、社会学领域都有独到的建树。翟学伟教授的研究主要围绕中国人的关系网络、家庭与家族、权力与权威、社会流动与信任、价值观、社会与组织心理等方面展开，其所进行的研究对中国社会的微观层面、中国人的社会行

---

① 参见葛鲁嘉《新心性心理学宣言——中国本土心理学原创性理论建构》，人民出版社，2008，第 42~54 页。

② 葛鲁嘉：《心理学本土化——中国本土心理学的选择与突破》，上海教育出版社，2014，第 44 页。

为、中国人的人际关系等方面都有深入的阐释。翟学伟教授在本土心理学方面的著作和主编及参编著作主要有:《面子·人情·关系网:中国人社会心理与行为的特征》(1994)、《中国人行动的逻辑》(2001)、《中国社会的日常权威:关系与权力的历史社会学研究》(2004)、《人情、面子与权力的再生产》(2005)、《中国人的脸面观——形式主义的心理动因与社会表征》(2011)、《中国人的关系原理:时空秩序、生活欲念及其流变》(2011)、《关系与中国社会》(2012)、《中国人的日常呈现:面子与人情的社会学研究》(2016)、《中国人行动的逻辑》(2017)、《人伦、耻感与关系向度:儒家的社会学研究》(2022)、《中国人的社会信任:关系向度上的考察》(2022)、《社会科学本土化:多元视角解读》(2001)、《心理学研究的本土取径》(2008)、《华人本土心理学与华人本土契合性》(2008)等。此外,翟学伟教授还先后发多篇与本土心理学相关的论文。

翟学伟教授的本土心理学研究,突出特点在其鲜明的专业知识背景:社会学、心理学、历史学的知识交叉使其本土心理学研究透发出深厚的历史气息与真切的现实感。翟学伟教授的本土心理学研究涉及的主题有中国人的人际关系、脸面、国民性、社会行为结构、中国人的关系、中国人的价值取向、中国社会的日常权威、报、脸面运作与权力中心意识等。在研究特色方面,翟学伟教授既注重对核心概念的源头考据,亦注重对心理观念的文化考古及历史流变分析,突出历史与社会的视角,突出对历史流变的背景分析,在此基础上呈现文化心理传统的鲜活性。

在中国本土心理学的研究定位方面,翟学伟教授并不赞同杨国枢等港台学者提出的本土心理学研究的最终目标的观点,并不认同最终要建构世界性心理学的宏大愿景。在研究方法层面,翟教授采用"描述-情境-诠释法"研究中国人的脸面观,突出肯定了用"文学"再现真实社会的可能性。在其看来,本土研究应重点关注对中国民众影响最大且最具文化生命力的心理现象,故翟学伟教授从人情、面子、关系、缘、私等主题入手展开分析,认为这些是中国文化传统中最能支配国人心理与行为的关键点。至于在如何进行本土研究方面,翟学伟教授的如下观点颇具启发意义:

关于本土研究,我不赞成一个不了解西方学科或相关领域发展的人来做，我尤其不赞成那些不了解科学研究方式或科学哲学的人来做，这就是我上面提到的任何研究还是要有一个框子，要有概念、方法和理论等……中国古人的研究基本上就不在这样的框子里面，因此古人的研究成果在今天看来至多只能当作本土研究的对象、参考文献和要挖掘整理的资料，而不能作为一种已有本土研究成果或理论来对待，也就是说，中国古代思想者和学者对社会、人生、宇宙和心理等方面的看法同今天的社会与行为科学家的研究成果及其理论是完全不同的两个东西，一个在框子外，一个在框子内……本土研究应该是指受过科学研究思维训练的那些人对本土社会与人进行的研究[①]。

在对中国本土心理学的概念定位方面，翟学伟教授通过四个层面厘定最能代表中国本土特色的人际关系术语——人缘、人情与人伦，而其概念定位主要基于以下四点。

1. 在学科上要比中国哲学、伦理学的概念层次低；

2. 在社会学和社会心理学研究上便于以后进一步的操作；

3. 既能涵盖道德伦理中的抽象概念又流传至今，并为大众所运用或理解的词语；

4. 概念要有代表性，它们建立起来之后能把其他相关概念涵盖进来。[②]

翟学伟教授的研究多从微观层面入手，但又不止于微观。其突出特点是"以点带面"地反映中国社会的文化样貌，透过脸面观、人情、关系等反映中国文化的本色精神。有关脸面观的研究表明，"脸面心理与行为是在家族制度、等级序列、儒家伦理及君子人格的条件下形成的，其中家族制度形成了脸面的动力与目标；等级序列形成脸面资源的多寡和大小，并造成脸和面子分离的出现；儒家伦理作为一种入世哲学和理想，成为脸面

---

① 翟学伟：《人情、面子与权力的再生产》，北京大学出版社，2005，第13页。
② 翟学伟：《人情、面子与权力的再生产》，北京大学出版社，2005，第78~79页。

的内核；而君子人格理想的提出是脸和面子越来越分离，产生形式化和表面化的重要原因"①。

翟学伟教授研究的一个突出特色在于他的本土心理学是与社会学结合在一起的，并且是以历史学为背景的；其在研究中更侧重历史考据与社会现实的结合，其研究具备历史学的背景以及社会学的解释效力；他的研究更多是在保留社会学及心理学学科视角及问题意识的前提下，突出学科上的综合性，注重东方与西方的比较，体现古代与现代的融合。

---

① 翟学伟：《中国人的脸面观：形式主义的心理动因与社会表征》，北京大学出版社，2011，第6页。

第二章
传统思想及其根蒂价值

传统是人类文明的遗产，是过去的时代在人类当下的存续与表征。传统构成了人类社会因续沿革、历久弥新的传动链条。传统思想是传统的子维度，是传统最核心的构成。传统思想不仅是人文社会科学研究的重要资源，更是人文社会科学研究返本开新的根蒂。在当下我国社会及行为科学研究的本土化过程中，传统思想依然具有不可替代的价值。通过对传统思想的新挖掘及新阐释，或可得出对于中国本土心理学研究的新启思。

一 传统思想的概念界定与特质阐析

传统思想乃是以往社会中存在并以文本或礼俗方式传承下来的观念的总称，如古代社会的伦理道德、生活方式、乡风民俗、观念常识等都是传统思想的重要来源。在当代社会，传统思想虽然经由各种因素的影响而不断发生变迁，但是它依然对当下的社会发挥着重要的观念影响作用。

（一）传统及传统思想的概念厘定

传统及传统思想是人文社会科学界耳熟能详的话语。人们常将传统看作过去的东西，而将传统思想视作古代的思想。大体而言，人们对传统的关注多停留在思想、观念、制度及礼俗层面，多注重传统所包含的内容。

1. 对传统的理解

根据《汉语大词典简编》（1998），传统主要有两种含义：

1. 谓帝业、学说等世代相传。《后汉书·东夷传·倭》："自武帝灭朝鲜，使驿通于汉者三十许国，国皆称王，世世传统。"明·胡应麟《少室山房笔丛·九流绪论上》："儒主传统翼教。"

2. 世代相传的具有特点的风俗、道德、思想、作风、艺术、制度等社会因素。亦指世代相传的，旧有的，如：传统剧目。①

根据英国社会学家吉登斯的观点，"传统是惯例，它内在地充满了意义，而不仅仅是为习惯而习惯的空壳"②。金克木先生则将"传统"解释为"从古时一代又一代传到现代的文化之统。这个'统'有种种形式改变，但骨子里还是传下来的'统'，而且不是属于一个人一个人的"③。

对于"传统"的专门研究是由美国社会学家希尔斯做出的。希尔斯在其著作《论传统》（1991）中专门探讨了"传统"的内涵及维度。希尔斯指出，"传统"一词的拉丁文为"traditum"，意为从过去延续到现在的事物。在希尔斯看来，一般延传三代以上并被人类赋予价值和意义的事物都可被视作"传统"。"传统"既包括物质产品，也包括关于事物的思想观念，以及关于人物、事件、习俗等的认识。在希尔斯看来，所谓"传统"就是历久延传而持久存在或一再出现的东西。

> 传统——代代相传的事物——包括物质实体，包括人们对各种事物的信仰，关于人和事物的形象，也包括惯例和制度。它可以是建筑物、纪念碑、景物、雕塑、绘画、书籍、工具和机器。它涵括一个特定时期内某个社会所拥有的一切事物，而这一切在其拥有者发现它们之前已经存在。它们不完全是外部世界物理过程的产物，也不仅仅是生态和生理需要的结果。④

希尔斯进一步写道，"几乎任何实质性的内容都能够成为传统。人类

① 参见《汉语大词典简编》（上），汉语大词典出版社，1998，第321~322页。
② 〔英〕安东尼·吉登斯：《现代性的后果》，田禾译，译林出版社，2000，第92页。
③ 金克木：《传统思想文献寻根》，《传统文化与现代化》1995年第6期。
④ 〔美〕E. 希尔斯：《论传统》，傅铿、吕乐译，上海人民出版社，1991，第16页。

所成就的所有精神范型，所有的信仰或思维范型，所有已形成的社会关系范型，所有的技术惯例，以及所有的物质制品或自然物质，在延传过程中，都可以成为延传对象，成为传统"①。任何时期及任何社会中都存在各式各样的传统，同时人们也在接受、遵奉或拥护传统。而且即令在同一个传统内部，人们对传统的沿袭程度也并不相同。依希尔斯之见，传统的传递多是口头的、不知其作者的，其变化甚微，并在很长时间内保持原样。希尔斯写道：

> 当传统的延传只是口头的而非文字的，当它只是传闻而非即成事实，当它的事实性判断缺乏根据，当它的规范判断与理性推断没有关系，当它的创始者或发明者是无名的，而不是有名姓可查证的，传统才能成为"真正的传统"。②

从上述文字可以看出，希尔斯所描述的更多是指俗民世界中的传统，是具有民间传承力的非文字的传统。希尔斯着重强调了"传统"与"口头流传"的关系。在他看来，"口头流传"意味着生命力，因为只有在一代代活着的人的口头言说与口头流传中，"传统"才能真正传承并流传开来，才能成为真正的"传统"。正是在这个意义上，希尔斯认为"传统"只有经过一代又一代人的口头流传，才有现实生命力，才能使传统不是死去了的、已进入故纸堆中的废弃物，而是具有鲜活生命力的绵延之统。希尔斯这样写道：

> 当传统这一概念在18、19世纪里形成时，研究传统的人往往将其局限于特定传统：民俗、童话、神话、传说、口头文学、习惯法、农民生活中的风俗和服饰、宗教和世俗的礼仪和仪式。传统只与那些尚未形成书面形式的表意作品的延传相关联。传统可以到这样的文化中去寻找：拥有这种文化的阶层所受正规教育甚少，无甚表达力，读写能力较差，缺乏理性推理能力。③

---

① 〔美〕E. 希尔斯：《论传统》，傅铿、吕乐译，上海人民出版社，1991，第21页。
② 〔美〕E. 希尔斯：《论传统》，傅铿、吕乐译，上海人民出版社，1991，第23页。
③ 〔美〕E. 希尔斯：《论传统》，傅铿、吕乐译，上海人民出版社，1991，第23页。

可见，希尔斯对传统的理解更多侧重于民间及亚文化中的传统，此种传统更多地存在于口头流传而非正规典籍层面。而且在其看来，只有在民间的口头流传中，传统才成其为传统。要之，传统是一条世代相传的事物之变体链，是围绕一个或几个被接受和延续的主题而形成的历时性链条，它使得不同世代、不同时段之间能够保持连续性和同一性。

特需说明的是，本研究所采用的对传统的理解，既包含了希尔斯所说的口头的、民间的"文化小传统"，也包含了以文字为传承载体并为国家及知识分子所注重的"文化大传统"。

2. "传统思想"的界定

如前所述，传统是一个含涉范围极广的概念，涉及了人类文化的各个层面，如"传统思想""传统建筑""传统技术""传统艺术""传统农业"等，凡此种种，不一而足。传统思想乃是传统的一个子范畴，但它又不同于"传统建筑""传统农业""传统技术"等物质及器物层面的理解，它所指涉的乃是传统的观念层面。传统思想虽然分属于传统，但有着异常重要的分量，它对人类的观念、行为皆发挥着重要影响作用，并在无形中支配或规范着人的思想和行为。在这个意义上，传统思想实际构成传统的核心。

本研究所采用的传统思想，主要是指人类历史上的思想及观念遗存，它既包括人类历史上的思想学说，也包括经由古代生活传承下来的民众生活观念、习惯、风俗、传说等①。就我国而言，传统思想既包括了各家典籍中的思想，也包括我国历史上各朝代的政治思想及统治制度，而且还包括对当代民众依然有重要影响的思想观念，如人情、面子、关系、孝道、命、报、缘等。按照是否为统治者所提倡，传统思想又可分为文化大传统和文化小传统两个向度。按照社会生活领域，又可分为传统政治思想、传统经济思想、传统农业思想、传统中医思想、传统文化思想、传统军事思想、传统民俗思想、传统艺术思想，等等。当然，按照在当代是否有现实的影响力，还可分为文本典籍中的传统思想及现实生活中流溢出来的传统思想。

---

① 特需说明的是，传统思想及其观念遗存多是针对具体民族或生活在特定地域中的人们而言的，有其社会历史延承性。

作为在人类历史上绵延存续的思想习惯与观念内容，"传统思想"在人类社会生活中发挥着重要作用，其中某些思想一直延续到今天，影响着当代社会生活中的个体。同时也需意识到，随着时代与社会的加速变迁，传统思想逐渐逝去已成为一个不争的事实。就社会科学研究而言，对传统思想变迁及其可能引起的各方面变化的关注，理应构成研究探索的重点。毕竟只有历经变迁而依然存活的思想才能成为真正有效的文化传统，才是现实中活着的历史，才能构成代代相传、前后相因的文化脉络。就中国本土心理学研究而言，要想实现自身的生命力，更需关注现实中"活"的传统。

（二）传统的内容与特点

传统思想乃是传统的子范畴，故二者在内容、特点方面亦多是同构的。

1. 传统及传统思想的主要内容

传统首先是一个时间性概念，它主要被用来修饰或限定人类文明社会诞生以来存在过的或得到传承的"往昔"事物。传统既可以被用来形容物质性的器物，也可以用于修饰精神性、观念性的思想。具体而言，传统包括了人类历史上存续下来的一切事物，如传统政治、传统经济、传统技术、传统农业、传统医学等。在希尔斯看来，"'传统'是无所不包的，传统为现在提供了过去人们所创造与奉行的东西，包括各种信仰——科学和学术知识、宗教信仰、关于社会正常秩序的概念、私人和公共生活中的行为准则"[①]。

与之相对应，传统思想包括了人类历史上产生并传承下来的一切观念、文化等精神性内容，如神话、寓言、传说、俗语、学说等都包含在其中。此外，古代的教化思想、习惯民俗、各项制度等同样也包含在传统思想的范围内。对于传统思想的内容厘定，又可因不同的文明类型及时空地域而加以区分，如中国传统思想、西方传统思想、印度传统思想等。而且，不同文化及文明中的传统思想又有较大差异，这体现出文化的独特性及多样性。

就"中国传统思想"而言，它是在我国历史上形成并产生重要影响的

---

① 〔美〕E. 希尔斯：《论传统》，傅铿、吕乐译，上海人民出版社，1991，第73页。

各种思想观念，是中华民族长期演化过程中形成的并反映中华特质及精神风貌的观念总和。根据徐克谦先生的总结，中国传统思想的精神特质可归纳为："天人合一、物我交融的世界观，道器不离、体用不二的哲学观，仁民爱物、以人为本的基本价值观，中庸之道、和而不同的方法论，自强不息、变通日新的进取精神，等等。"[①] 此外，中国传统思想还包括重实用、内圣外王、中庸、重宗法、尚关系、重人情、爱面子、重道、天人合一、尚和、重关系、重人伦、重道德、遵礼、外儒内道、外儒内法等。鉴于中国传统思想的范围较广，故此处不再一一列举。

2. 传统的特点

传统作为人类历史上存续下来的物质及观念遗存，有其独到的特点。这些特点主要包括历时性、影响的广泛性、变迁性、递减性、续加性、同一性。

（1）历时性。传统的第一个特点是它的历时性，或者说是它的历时延承性。"时间"是人类理解世界及理解自身的一个关键维度，人类社会中的一切都随着"时间"而流逝与变化。一种思想、观念、行为或习惯若得不到历时性的延承，则很难被称为传统。在历时性的变化中，不同地域、民族、群体都会产生一些普遍的经验反应模式或文化行为模式，这些典型的经验反应模式或文化行为模式在此后的传承过程中，会慢慢演化成不同的传统。

（2）影响的广泛性。传统的第二个典型特点是其影响的广泛性。从某种程度上讲，传统是某一群体或族群普遍行为的历史印记，是众多个体行为模式、生活方式、礼俗制度的反映。所以在这个意义上讲，影响的广泛性是其内具的特征。但若仅仅是少数人的、不具普遍性的经验反应模式或文化模式，则很难被公认为传统。

（3）变迁性。人类社会无时无刻不在发生变化，人类历史上的思想、观念、礼俗、技术等随着时间而发生变化。在传统的农业社会，由于其固有的形态特点与技术局限，传统变迁的速度很慢，变迁的幅度也很小。自从人类进入工业社会以来，传统变迁的速度逐渐开始加快。尤其是在当

---

① 徐克谦主编《中国传统思想与文化》，广西师范大学出版社，2007，第296页。

代，社会变迁的速度、力度、范围都在加剧，整个地球都变成一个"地球村"。在这种背景下，传统的变迁已不可避免，并不可避免地呈现出加速的态势。

（4）递减性。传统的第四个特点是其递减性。传统随着时间的迁移会呈现出递减性的特点。很多古代的东西或被淹没，或被取代，难以传承下来，如是，递减性就是传统的一个内在特点。如孔子讲，"夏礼，吾能言之，杞不足征也；殷礼，吾能言之，宋不足征也。文献不足故也，足则吾能征之矣"（《论语·八佾》）。一般而言，在时间上越接近传统或"历史"之原点，则其内容越丰富、清晰。递减性是传统的一个必然特点。由于制度、技术、生活方式等方面的变化，传统的内容会不断减少，人们的生产生活及思想观念逐渐被当下及后来生成的观念或物质所填充。特需说明的是，传统虽然具有递减性的特点，但是递减中又有所保留，一般减到一定程度即很难再减。

（5）续加性。每一时代都有其独特的精神特质，都会在人类历史上留下或深或浅的印迹，这些印迹会逐渐融入已有的"传统"中。"传统"是累积的，"新成分不时地流进溪流，不断地壮大总体"①。因之，每一时代人们所看到、听到或遵从的传统都不是"原初的传统"，而是代代因革、代代续加的"传"与"统"的总和。正是这一总和，构成了人类社会一脉相承的传统长河。在此流程中，"原初之水"不断地减少，又不断有"支流河湖之水"汇入，源源不断的"汇入之水"与"源头之水"共同绘就了人类文化。

（6）同一性。传统最根本的特征是其同一性。传统之所以能够统之有元、会之有宗，就在于其在历史沿革与变迁中所保留的同一性，在于传统中的根本精神不会因时代变迁而消失。虽然传统一直在发生变化，但是其根本精神、内在灵魂却不会因之而消失。正是这一点，使"此一传统"成为"此一传统"，而区别于"其他传统"，使中国的传统思想区别于西方传统思想，区别于其他文明中的传统思想。而在这一过程中，使传统能够保

---

① 转引自〔美〕雷蒙德·保罗·库佐尔特、〔美〕艾迪斯·W. 金：《二十世纪社会思潮》，张向东等译，中国人民大学出版社，1991，第 204 页。

持自身根本精神的恰是其所内具的"同一性"。

（三）传统思想的价值

传统并非简单的历史发生物，亦非封闭僵死的系统，而是对现实生活中的人们能够产生重要影响的观念集合体。在今天，传统依然对当代生活中的人们发挥着重要影响作用，任何人都难以脱离传统的"掌心"。

1. 传统的影响之广与影响之深

传统无处不在，很少有人能脱离传统的影响。希尔斯更是指出，每个人都受到存在于今天的历史因素的影响，每个人都生活在过去的掌心之中。由于传统的存在，每个人都只具备有限的个人自主，每个人都或多或少地被传统所决定或左右。希尔斯写道，"生活于任何特定时期的人们很少与同时生活的任何亲族成员相差三代以上。他们与过去所创造的事物、作品、语词和行为模式的直接接触，无论是物质的还是象征性的，其范围则要广泛得多，在时间上可以追溯到很远的过去。他们生活在来自过去的事物之中"[1]。如其所言，个体从父母处了解他们祖先的状况，获得对自身所属种族及民族的理解，并掌握必要的生存本领与人际交往技能。即使是那些自认为正在抵制传统全部内容的人，也是在有选择地抵制传统。因为这些人的身上仍保留了相当一部分的传统。

特需说明的是，传统对人的影响伴随着人们对传统的接受、修改、选择甚至抵制，人们所接受的往往只是某些方面或某些部分的传统。传统的内部是多样的，人们生活在传统与现代的集合体中，很少有人能够脱离传统而生活。

2. 传统思想的意义之重

传统思想乃是一个民族的文化记忆，是一个文明的薪火传承。正是传统的绵延与流传，才使人类从蒙昧走向文明。正是传统使我们具备区别于他者的特殊品质，正是传统把我们与本民族久远的历史连接起来，保护我们成为"自己"而不是成为"他者"。具体来说，传统思想的意义主要体现在以下几个方面。

---

① 〔美〕E. 希尔斯：《论传统》，傅铿、吕乐译，上海人民出版社，1991，第45页。

（1）传统思想乃是文化与文明的根蒂。文化与文明的发展乃在于其思想及理念层面的进步。某些思想及理念往往在文明的萌芽期就已形成，继而影响并支配着后来的文明演化与发展。在人类历史上，文明的形成及最终成就之取得，很大程度上在于其传统思想的绵延及丰富的内涵。正是人类的代代相因，思想的代代相续，使文化的内涵更显厚重。在这方面，传统思想实关涉文明与文化的延续和发展。

（2）传统思想是自我的本根。自我之为自我，一个最重要的特点就在于其与他者的区别。自我应该成为自我，而不应沦为他者。然而在当代有太多的个体或民族失去了"自我"，沦为没有本根、没有传统的"他者"。尤其是在当前娱乐主义、消费主义意识形态影响下，很多人或民族正在逐步沦为娱乐主义、消费主义主宰下的"他者"。在这个意义上，只有充分学习传统、延续传统、反思传统，才能确立起"自我"的本根。

（3）传统思想具有生成群体意识的功能。群体意识的生成既受到当下社会生活实践的直接影响，同时也会受到传统思想无形的塑造。任何群体都会受到来自过去而显现于当下的传统思想的影响。传统思想作为一种社会潜意识，在现实生活中常以隐性的方式发挥着对群体观念的塑造功能，如地域人格、国民性特点、爱国情感等都可理解为传统思想对群体意识的影响。

（4）传统思想与人文社会科学研究的返本开新。传统是人类社会存续发展的根蒂，是人类当下的历史源头，同时传统亦是人文社会科学研究创新的根本。"现实不过是历史的延续，现实中存在和变化着的事物在历史中能捕捉到它嬗变的踪影。并且，现实中越是复杂的事情在历史中展开地越充分，演化地越丰富。只有把当今世界那些被层层迷障所遮蔽的现存事物放到历史过程中去考察，才能真实地理解积淀着十分丰富历史因素的现实存在。"① 近些年来，人文社会科学研究不断追求"创新"，甚至在有的领域，只要是西方新颖的理论就被用到自身科学的"创新"中。少数研究者不顾中国传统思想的特点，一味地附和口号式的学科创新，然而若是只追求口号式的创新，必将使创新失去根蒂。实际上当前我国的学术研究中

① 参见刘少杰《后现代西方社会学理论》，社会科学文献出版社，2002，第127页。

不缺乏向西方学习的努力，而缺乏返本开新的真精神，缺乏真正沉潜下来体味中国文化根本精神的践履。而且唯有返"本"，才有开新的可能。这里所说的"本"对于人文社会科学研究而言，指的正是传统思想。

二 传统思想之于中国本土心理学研究的意义

传统思想具有重要价值，尤其是对本土性研究而言，传统思想更是发挥着文化本根的作用。无论是社会及行为科学的本土化，还是心理学的本土化，"传统思想"都具有重要意义。

（一）传统思想与社会科学研究的本土化

我国的"社会及行为科学研究的本土化"主要始于 20 世纪 80 年代，是当时港台及大陆学者面对极度西化的学术研究现状而产生的一种学术自觉运动。此一运动主要自港台地区开始，代表人物有杨国枢、黄光国、杨中芳、文崇一、李亦园、余安邦等。本土化运动的发起者深感一味照搬西方的学术概念、理论、方法、调查量表的弊端，深感一味盲目地套用西方的概念、理论、方法和标准来研究中国社会与民众，最终得出的结论并不能真正反映中国民众的心理及行为特点，长此以往只能使中国沦为西方学术的殖民地，中国学术也将失去自身的主体性，造成"多我们不为多，少我们不为少"（杨国枢先生语）的尴尬局面。

"社会及行为科学研究的本土化"产生的一个背景是多元文化论的出现及后现代思潮的兴起。在此背景下，世界多个国家和地区都开展了本土化运动，中国社会科学研究者的"学术主体性"意识也开始觉醒，有志之学者开展了社会及行为科学研究的本土化运动。很多社会学者、心理学者、民族学者、人类学者、历史学者都积极参与到这场运动中来。在研究过程中，本土学者深感本土化状态的最终形成需要研究者深谙中国本土文化，需要真正契合中国的文化传统。本土学者深刻认识到，唯有如此才能反映中国文化的真精神，才能做出具备本土特质的研究成果来。因之，了解传统，契合传统，契合文本及现实中活的传统对我国社会科学研究的本土化至为重要，研究者越来越认识到传统思想在社会及行为科学研究本土化中的权重意义。

以中国社会学为例，早在新中国成立前就有学者开始注重"中国化"研究，代表性的学者有孙本文、吴文藻、费孝通等。吴文藻先生曾著有《论社会学的中国化》一书。作为吴文藻先生的学生，费孝通先生格外看重传统的作用。费孝通先生指出，中国文化传统中包含着深厚的社会思想及人文理念，是尚未认真发掘的文化宝藏。早在新中国成立前，费孝通先生就通过反思提出"差序格局"理论。时至今日，"差序格局"理论仍是本土社会科学研究的一座丰碑。费孝通先生特别强调研究中国文化和历史对本土研究的重要性，费先生指出，"如果我们不了解中国社会的特殊性，而简单地把西方社会理论拿过来指导我们的研究必然会漏洞百出。我们一定要记住这样一点：中国社会有别于西方社会，并非所有的西方社会理论都能应用于中国实际。这要求我们有一个恰当的对待西方理论的态度"[1]。

社会及行为科学研究的本土化，关键是要使研究真正契合当时、当地的文化，具备本土契合性，避免盲目套用、照搬西方的理论与方法，避免使本国或本地区沦为西方的学术殖民地。在研究过程中，学者们逐渐发现"文化"及"传统"的重要性，认识到本土化运动就是要使研究预设、研究概念、研究方法真正契合当时及当地的文化传统。

要之，任何文化都是经由传统思想而来，都是历史上的思想观念、习惯、礼俗不断流转及传承的结果。任何一种文化在包含时代性内容的同时，也一定还包含着古代传承下来的、具有影响力的传统因子。正因传统思想是一个地域、一个文明的"文化"构件，是文明的必要元素，所以任何社会及行为科学研究的本土化都不能回避传统。而且只有从传统入手，才能更好地了解一个社会的文化构成，才能更好地解释一个社会中的行为及心理现象，才能洞晓当地文化产生影响的方式以及所产生影响的力度。

总之，传统思想乃是社会及行为科学本土化不可绕过的基点。社会及行为科学研究的本土化既要注重从传统思想中走来，又要注重现代生活之接承。需要确保不是为了传统而传统，不是为了古代而古代，需要将传统与现代结合起来，以确保进行的不是单纯基于书本的钻故纸堆式的研究。

---

① 费孝通：《费孝通九十新语》，重庆出版社，2005，第82~83页。

（二）传统思想在中国本土心理学发展中的意义

传统思想与社会及行为科学研究的本土化有重要关联，中国本土心理学的发展同样不能离开传统思想这一根蒂。具体而言，传统思想对中国本土心理学发展的意义主要体现在以下几个方面。

首先，传统思想为中国本土心理学的思想找寻提供了资源库。传统思想乃是中国文化的本根，蕴藏着丰富的思想资源，"中国心理学的新世纪发展必须植根于中国本土心理文化的传统"[①]。中国传统思想中包含着丰富的心理思想，中国传统思想注重天人合一、道法自然、修心养性、物我相通，中国传统思想中的养生、养心、养性、去执、尚和、重虚静、重内圣等，这些都为中国本土心理学的资源找寻提供了重要源泉。中国古代的儒家、道家、佛家、法家、墨家都有独具特点的心理思想，有待进一步挖掘与阐释。此外，民众日常生活中的心理观念同样是经由传统思想的影响而来，有待进一步挖掘与解读。

其次，传统思想为中国本土心理学的资源找寻提供了文本依据。中国传统文本典籍中蕴涵着丰富的心理思想，包含着对于"人"之心理的丰富理解，这为中国心理学史、中国心理学思想史的思想找寻及挖掘阐释提供了文本资源。自心理学传入我国以来，以张耀翔、潘菽、杨鑫辉、燕国材等为代表的学者通过对各家文本典籍的梳理与挖掘，正式建构起了中国心理学史、中国心理学思想史等子学科。此外，相关学者所进行的道家心理思想、儒家心理思想、佛家心理思想研究都是这方面的探索努力，而道教心理思想、中医心理思想同样有待进一步挖掘、阐释。

再次，传统思想有助于常识心理学的资源挖掘与阐释。传统思想不仅体现于古代的文本典籍中，它还融汇在俗民的生活世界中。尤其是在俗民的日常生活世界中，传统思想更以"活"的形态发挥着它的观念"影响力"作用，对于人的心理产生无形的影响。对于俗民生活世界中的观念考察可以深化对民众现实心理的理解，有助于增进中国本土心理学的生命

[①] 葛鲁嘉：《心理资源论析：心理学的历史、现实和未来的形态》，中国社会科学出版社，2010，第277页。

力。四十余年来，中国本土心理学的人情、面子、关系、孝道、报等方面的研究都采取了此一路向。

最后，对于传统思想现代变迁的考察有助于研究中国人的心理变化。20 世纪以来，中国传统思想经历了剧烈的变迁，导致变迁的因素既有西方的冲击，也有科技的影响，当然更有经济、政治、文化领域的变革作用，以及全球化、现代化、传播媒介的影响。传统思想的变迁对国人的行为及观念均产生重要影响，传统思想变迁之于当代人心理影响的考察理应成为中国本土心理学研究的一个重要方面。

三 "中国心理学" 对于传统思想的借鉴吸收

为了概念使用的清晰性，此处特区分两种不同的中国心理学：其中一种是"中国的心理学"或"心理学在中国"，而另一种是以中国思想、中国文化为根基发展起来的心理学。后者内在地包含以中国思想、中国文化为研究对象的心理学，包括以中国传统心理思想及民众心理为考察对象的心理学。

首先，中国心理学乃是"心理学"在中国或"西方心理学"在中国之义。由于心理学是在西方知识学沃土上结出的慧果，中国的心理学是从西方移植而来，无论是知识理论、研究方法、研究范式，还是实验器材、调查量表等都遵循西方心理学的研究模式。此类心理学往往缺乏自身的文化属性及学术自觉。正如汪凤炎教授所言，"当代中国几乎没有自己的心理学，所谓中国的心理学，主要是指外国尤其是西方的心理学在中国之义"[①]。其次，第二种中国心理学，是指在研究过程中努力结合自身的传统及文化，具备自身文化属性或中国文化特质的心理学。在此，本研究所选取的正是第二种意义上的"中国心理学"。

（一）"中国心理学" 早期的传统思想挖掘

在我国心理学发展的早期，多数学者注重介绍并引进西方的心理学，

---

① 汪凤炎、郑红：《中国文化心理学》，暨南大学出版社，2004，后记第 2 页。

当然也有少数学者注重挖掘中国传统的心理思想。当时国内心理学界对于传统思想的研究多是个人性的，多数研究也比较分散。

1. 新中国成立前的"中国心理学"研究

1949 年以前，只有张耀翔、余家菊、陈大齐、萧孝嵘、周先庚等少数学者进行过中国传统心理思想研究。截至 1949 年，各类报刊发表的相关论文只有 18 篇。根据杨鑫辉先生的梳理，当时的研究：

> 涉及的思想家有孔子、墨子、孟子、荀子、贾谊、董仲舒、关尹子、朱熹、王守仁、戴震等 10 人。多数文章是探讨先秦的心理学思想。例如 1923 年 3 月 7 日至 10 日《学灯》所载的徐谥棠的《中国古代心理学》报刊下列五篇：导言；孔子心理学；墨辩与心理学；大学中庸与心理学；孟子心理学。较早而又较全面地论述中国心理学史的文章，大概要推张耀翔的《中国心理学的发展史略》（1940），该文从我国"心理"二字的出现谈到西方心理学的传入，对中国古代心理学思想涉及较广，包括性善性恶、普通心理、心理卫生、心理测验等方面的思想……还值得一提的是张耀翔的《读书杂记》（手稿本）以语录体的形式，从古籍中摘录了大量有关心理学思想的材料①。

此外，张耀翔先生还发表了多篇研究中国古人心理的文章，其中尤以《中国历代名人变态行为考》（1933）最为出名。在这一时期，陈大齐先生还专门论述了荀子的心理思想，他从人的特色、心理作用的分类、知觉三个方面探讨了荀子的"心理论"。此外，萧孝嵘先生在著作《心理问题》（1939）中以四章篇幅探讨了中华民族的心理，而艾伟先生、周先庚先生在汉字心理方面也做出了独到的研究成果。

2. 新中国成立后到 20 世纪 80 年代前的"中国心理学"研究

从新中国成立后到 1976 年，心理学同社会学等其他社会科学一样被扣上资产阶级伪科学的帽子，心理学正常的教学、研究均遭到严重冲击。在这样的背景下，对于苏联心理学说的借鉴、引进就成为这个时期的主要取

---

① 杨鑫辉：《中国心理学史研究》，江西高校出版社，1990，第 36 页。

向，而对于我国传统心理思想的挖掘、整理成果自然少之又少。这一时期，"报刊发表或会议交流的相关论文约 20 篇，刊于《心理学报》的则只有一篇"[1]。郭一岑先生和高觉敷先生曾计划从个别重要思想家着手开始研究，高觉敷先生曾发表过研究论文，郭一岑先生则未见有论文发表。高觉敷先生在其《心理学史讲义》中分别论述了荀况、王充、范缜、王安石、王夫之五位思想家的心理思想，这些是对中国心理学思想史的早期探索。

这一时期，潘菽先生克服困难进行探索，其相关研究收录在《心理学简札》中。潘菽先生分别论述了荀况、韩非、公孙龙、王充、范缜、贾谊、刘禹锡、柳宗元、李翱、王安石、欧阳修、李贽等古代学者的心理思想。特需说明的是，潘菽先生对荀子的心理思想进行了细致的研究，并写下 3 万余字的《关于荀况心理学思想的研究札记》。潘菽先生具体就荀子的心、知、欲、性恶论、性伪合等问题进行了梳理和探讨。

可见，心理学在我国正式建制后，部分学者已深刻意识到"中国心理学"研究的重要性，老一辈学者自觉开始以中国传统思想为对象展开研究。当时的研究主要围绕古代某一思想家的心理思想而顺次展开，但是缺乏贯通学派整体的研究，而且当时的成果总体较为零散。这些都是研究的早期不可避免的问题。

3. 20 世纪八九十年代的传统心理思想研究

20 世纪 80 年代初到 90 年代，国内心理学者对传统思想特别关注。这一方面是由于心理学学科刚刚恢复不久，国内可获得的学术资料较为有限，当时的学者对中国传统心理思想格外青睐。另一方面，以潘菽先生、高觉敷先生为代表的老一辈学者通过中国心理学会的平台，不断带动并组织中青年学者进行中国心理学史或中国心理学思想史研究。潘菽先生、高觉敷先生多次组织召开《中国心理学史》编写研讨会。在当时，《论语》《孟子》《荀子》《周易》《老子》《庄子》《淮南子》《管子》等典籍都是学者们热衷研究的经典。

尤其是 20 世纪 80 年代初以来，大陆学者相继开展了"建立有中国特色的心理学""心理学研究的中国化"运动，传统心理思想的挖掘及阐释

---

[1] 杨鑫辉：《中国心理学史研究》，江西高校出版社，1990，第 36～37 页。

赢得更多学者的追随，相关研究多发表在《心理学报》《心理科学通讯》《心理学探新》《心理学动态》等刊物上。此后，随着心理学本土化运动的展开，以及港台学者对于心理学本土化的带动，国内学者对传统思想的研究也开始发生新的变化。

（二）"中国心理学"之于传统思想研究的三重进路

"中国心理学"以中国的传统心理思想及心理观念为研究资源。相关研究主要可分为三种类型，即中国心理学史（中国心理学思想史）、中国文化心理学及中国本土心理学。①

1. "中国心理学史"对于传统思想的研究

"中国心理学史"是改革开放后，由潘菽先生、高觉敷先生组织并带领相关学者展开的研究。"中国心理学史"学科的正式创立是以1985年人民教育出版社出版的第一本《中国心理学史》（主编：高觉敷；顾问：潘菽；副主编：燕国材、杨鑫辉）教材为标志。《中国心理学史》教材分为两部分：中国古代心理学史和中国近现代心理学史。其中，前者主要研究中国古代典籍中蕴藏的心理思想，后者则主要研究近代以来西方心理学在我国的翻译、介绍、建制及发展的历史。中国古代心理学史，主要是通过对中国古代典籍中蕴藏的心理思想进行梳理、诠释，以古代思想家为梳理线索，继而架构出中国古代心理学史的研究框架。中国心理学史学科的确立乃是几辈心理学者长期奋斗的结果。在此方面，作为文化载体的古代文献典籍自然成为中国心理学史研究的重点。

（1）"中国心理学史"学科的萌芽与发展

在我国原有的知识学土壤上并未诞生原生性的"心理学"，因之在很长一段时间内，我国没有独立的"中国心理学史"学科。"中国心理学史"学科的建立经历了漫长的历程。大体而言，中国心理学史学科的确立主要分三个阶段。第一阶段为1921～1949年，这一阶段，张耀翔、余家菊、汪震、徐谥棠、程俊英等都曾撰写过有关中国古代心理学思想的文章，尤其是张耀翔于1941年发表了《中国心理学的发展史略》，这是第一篇较系统

---

① 由于中国本土心理学对传统思想的挖掘在第一章已做了概述，故此处仅论述前两者。

的中国心理学发展史的论文①。第二阶段是 1950 ~ 1976 年。由于受当时社会历史的影响，只有极少数心理学家进行了中国古代心理思想的初步研究。在这一阶段，潘菽先生、高觉敷先生对中国古代心理思想研究均进行过重要探索。第三阶段为 1977 年至今。此一阶段，中国心理学史研究进入组织化、合作化、建制化阶段。20 世纪 80 年代起，以潘菽、高觉敷、刘兆吉、燕国材、杨鑫辉、许其端、朱永新等为代表的学者自觉开展了中国心理学史研究，发表了数百篇论文，并出版了一系列专著。② 由于前两阶段的研究工作较为零散，故此处仅重点介绍第三阶段的研究。

首先，在研究主题方面，相关研究主要包括：①中国心理学史研究的方法探讨；②古代思想家的心理研究；③古代心理学思想的断代研究；④古代教育心理、医学心理、养生心理、军事心理、文艺心理、心理测验和运动心理的专题研究；⑤近现代我国心理学形成与发展的历史研究。此外，在中国心理学史的研究对象、中国心理学思想史的特点、中国心理学史研究的方法论、中国心理学史的基本范畴等方面皆有专门探索。

其次，在研究的具体内容方面。潘菽先生于 1982 年提出中国古代心理学思想的八种基本理论，即 "①人贵论，②天人论，③形神论，④性习论，⑤知行论，⑥情二端论，⑦节欲论，⑧唯物论的认识论传统等等"③。高觉敷先生则认为中国古代心理学思想有五对基本范畴，即天人、人禽、形神、性习和知行。燕国材先生在 1984 年提出中国心理学史的八对范畴：①形与神，②心与物，③知与虑，④藏与壹，⑤情与欲，⑥志与意，⑦智与能，⑧质与性。燕国材先生在其 1998 年出版的《中国心理学史》（浙江教育出版社）中，将中国古代心理学思想史研究归纳为七对范畴、六大领域。其中七对范畴为：①形与神（又称形神观），②心与物（又称心物观），③知与虑（又叫知虑心理思想），④情与欲（又叫情欲心理思想），⑤志与意（亦即志意心理思想），⑥智与能（亦即智能心理思想），⑦性与习（也称性习心理思想）。六大领域为：①普通心理思想，②教育心理思想，

---

① 杨鑫辉：《中国心理学史研究》，江西高校出版社，1990，第 228 页。
② 参见燕国材《中国心理学史》，浙江教育出版社，1998，第 2 页。
③ 杨鑫辉：《中国心理学史研究》，江西高校出版社，1990，第 45~46 页。

③文艺心理思想，④军事心理思想，⑤医学心理思想，⑥社会心理思想。①

（2）四十余年来中国心理学史研究的主要成果

中国心理学史作为一门学科得以确立，与潘菽先生、高觉敷先生及其研究团队的集体努力是分不开的。四十余年来，中国心理学史研究取得一系列重要成果，以下即选取代表性的研究成果加以介绍。

潘菽先生的研究。潘菽先生很早就注重传统心理思想研究。在《心理学简札》中，潘菽先生对中国古代心理思想进行了专门探讨，重点梳理并诠释了荀子的心理思想。1983 年，潘菽先生与高觉敷先生共同主编了《中国古代心理学思想研究》（江西人民出版社），这是我国第一本论述古代心理思想的专著。此外，潘菽先生还与高觉敷先生带领国内学者编著了国内第一部《中国心理学史》（1985），并为该书作了序。

高觉敷先生的研究。高觉敷先生是我国著名的心理学史家，高觉敷先生不仅在西方心理学史研究方面成果颇丰，而且对中国心理学史的创建有重要功绩。在中国心理学史方面，高觉敷先生除了与潘菽先生共同主编了《中国古代心理学思想研究》（1983）外，还主持编写了我国第一部《中国心理学史》（1985），该书的出版标志着中国心理学史学科的确立。高觉敷先生的《心理学史论丛》（2019）中的第二篇专门论述了中国心理学史研究，具体研究主题包括："王夫之论人""论荀况的唯物主义心理学说""荀子解蔽篇""王充对太阳错觉的研究""中国心理学史的对象和范畴""中国心理学史的内容""中国古代心理学思想的基本范畴""编写中国心理学史应如何贯彻辩证唯物主义、历史唯物主义"。

燕国材先生的研究。燕国材先生在中国心理学史研究方面功绩卓著。燕国材先生撰写了大量中国心理学史及中国心理学思想史著作，发表了数十篇关于中国古代心理思想史的论文。早在 20 世纪 80 年代，燕国材就撰写了《先秦心理思想研究》（1981）、《汉魏六朝心理思想研究》（1984）、《唐宋心理思想研究》（1987）、《明清心理思想研究》（1988）。20 世纪 80 年代末，燕国材先生与刘兆吉先生共同编著了《中国心理学史资料选编》（1988~1990）。此外，燕国材先生还撰写了《中国心理学史》（浙江教育

---

① 参见燕国材《中国心理学史》，浙江教育出版社，1998，第 5~6 页。

出版社，1998），编著了《中国教育心理学思想史》（山东教育出版社，2004）、《心理学思想史》（中国卷）（湖南教育出版社，2004）以及《中国心理学史》（开明出版社，2012）。

杨鑫辉先生的研究。杨鑫辉先生对中国心理学史研究的贡献颇多。杨鑫辉先生先后出版了《中国心理学史研究》（江西高校出版社，1990）、《中国心理学思想史》（江西教育出版社，1994）、《中国心理学史论》（安徽教育出版社，2002）、《危机与转折——心理学的中国化问题研究》（黑龙江人民出版社，2002）。此外，杨鑫辉先生还编著了《新编中国心理学史》（暨南大学出版社，2003），主持编著了《心理学通史》（山东教育出版社，2000），其中第一卷和第二卷分别为《中国古代心理学思想史》和《中国近现代心理学史》。杨鑫辉先生还出版了《杨鑫辉心理学文集》（四卷）（山东教育出版社，2014）。特需强调的是，杨鑫辉先生还主持编写了"文化·诠释·转换：中国传统心理学思想探新系列"丛书（共 11 部），这些著作分别为：

[1] 杨鑫辉：《医心之道：中国传统心理治疗学》，山东教育出版社，2012。

[2] 刘穿石：《人情与人心：中国传统情欲心理学思想研究》，山东教育出版社，2012。

[3] 彭彦琴：《以悲为美：中国传统悲剧审美心理思想及当下转换》，山东教育出版社，2012。

[4] 曾红：《儒道佛理想人格的融合：中国文化心理结构》，山东教育出版社，2012。

[5] 刘同辉：《传承、诠释与开新：中国传统人格心理学及当下独立路径研究》，山东教育出版社，2012。

[6] 郭斯萍：《无我之我：程朱理学之精神自我思想研究》，山东教育出版社，2012。

[7] 汪凤炎、郑红：《良心新论：建构一种适合解释道德学习迁移现象的理论》，山东教育出版社，2011。

[8] 赵凯：《同人心，贵人和：中国传统人际关系心理学思想研

究》，山东教育出版社，2012。

　　［9］刘华：《自我的体证与诠释：先秦儒家人性心理学思想研究》，山东教育出版社，2012。

　　［10］燕良轼：《生命之智：中国传统智力观的现代诠释》，山东教育出版社，2011。

　　［11］陈四光：《德性之知：宋明理学认知心理思想研究》，山东教育出版社，2012。

　　汪凤炎教授的研究。汪凤炎教授多年从事中国心理学史及中国文化心理学研究。在中国心理学史方面，其出版的代表作有《中国心理学思想史》（上海教育出版社，2008）、《中国心理学史新编》（人民教育出版社，2013）、《中国养生心理学思想史》（上海教育出版社，2016）。

2. "中国文化心理学"的传统思想研究

　　中国文化心理学是对中国文化与中国人心理关系的研究，是对中国人的文化心理研究，它是"传统思想"与中国心理学相结合产生的另一研究路向。中国文化心理学的产生既受到"文化心理学"思潮的影响，同时也是中国心理学者自觉探索的结果。

　　中国文化心理学研究自 20 世纪 90 年代萌芽，到 21 世纪初产生一些较有代表性的成果。中国文化心理学以揭示中国文化中的文化心理及心理文化为己任。在此方面，申荷永教授、汪凤炎教授的研究较有代表性。

　　（1）申荷永教授的中国文化心理学研究

　　申荷永教授早年师从高觉敷先生，此后主要以荣格的分析心理学及中国文化心理学为研究方向。由于荣格的心理学思想本身就吸取了中国文化元素——《周易》、道家、禅宗思想，所以申荷永教授的中国文化心理学研究亦主要结合《周易》、道家、禅宗而展开。

　　在文化心理学方面，申荷永教授的代表作是《中国文化心理学心要》（人民出版社，2001）。该书从中国文化对"心"的理解的角度来阐释中国的文化心理，其对中国文化心理学的阐释主要以荣格的原型理论、自性化理论、心理体验等为诠释资源。《中国文化心理学心要》一书共八章，其中第一章谈了"心"与"心理学"的关联，对"心"的文化内涵、"心"

与人的灵性、人的整合发展以及"心"与中国文化心理学的关联进行了分析。第二章探讨了汉字与心理文化，重点指出汉字与心理原型的关系、汉字心理的意义，以及汉字与文化心理的关联。第三章则探讨了儒家心学传统的心理蕴涵。第四章探讨了《周易》中"心"的心理文化理解。第五章的主题为道家的心理文化理解。第六章讲到了禅宗中包含的心理分析。第七章探讨了运用中国文化传统进行心理教育的意义及资源。第八章则是对中国文化中思想资源的心理分析。申荷永教授的《中国文化心理学心要》是我国较早研究中国文化心理学的著作，对中国文化心理学产生重要影响。

（2）汪凤炎教授与郑红教授的中国文化心理学研究

汪凤炎教授与郑红教授的《中国文化心理学》（暨南大学出版社，2004）是我国文化心理学研究的又一代表作。依二位作者之见，所谓中国文化心理学，"就是以中国文化为背景、为底蕴，从中国文化的角度来研究中国人心理与行为规律的一门学科。其中，中国文化主要是起一个'背景'的作用，心理学才是视觉的'对象'，将中国人的心理与行为放在中国文化大背景下进行研究，可以凸显中国人心理与行为的文化特色"[1]。

在作者看来，中国文化心理学研究的文字载体是中国古代书籍，同时也应当研究从古代流传至今而且对当代中国人的心理与行为依然产生影响的文化心理观念。中国文化心理学更应探讨中国文化中偏重人文社会科学取向的心理学思想，而不是偏重自然科学取向的心理学思想。在二位作者看来，中国文化心理学应重点研究两个方面。"一是中国文化里蕴含的、即使与现代外国心理学研究成果相比也毫不逊色的心理学思想"，而不是仅有历史意义的心理学思想；"另一是中国文化背景下形成起来的、具典型意义的、重要的心理与行为方式，像尚和心态、人情和面子等"[2]。汪凤炎教授和郑红教授对中西不同文化传统进行了对比，并指出：

在中国占主导地位的是天人合一的思想文化传统，并由此产生了其他几种传统：重人生与精神的探讨、重本末与源流的区分、重直觉

---

① 汪凤炎、郑红：《中国文化心理学》，暨南大学出版社，2004，第2页。
② 汪凤炎、郑红：《中国文化心理学》，暨南大学出版社，2004，第4页。

与体悟的方法、重道德与善的追求和重义轻利等。中西文化之间的这种差异可以简述为：西方强调主客二分，中国力倡主客统一；西方强调天人对立，中国力倡天人合一；西方主张身心分离，中国力倡身心合一；西方强调重理轻情（以法治为本位），中国主张重情轻理（以情感为本位）；西方强调自我表里如一，中国人事实上往往是自我表里不一；西方强调以个人为本位（个人主义），中国强调以家族为本位（家族主义）；西方赞赏理性主义，中国欣赏感性主义；西方推崇自由主义，中国践行自我主义；西方推崇以实利为本位（重利轻义），中国强调以义为本位（重义轻利）。①

具体而言，《中国文化心理学》主要研究了中国人的社会化观、中国人的自我观、中国人的尚"和"心态、中国人的人情观、中国人的脸面观、中国人的孝道心理观、中国人的迷信心理、中国人的教育心理观、中国人的管理心理观、中国人的释梦心理观、中国人的军事心理观、中国人的文艺心理观、中国人的人格心理观、中国人的思维方式等十四个方面。

此外，汪凤炎教授还撰写了《中国传统心理养生之道》（南京师范大学出版社，2000）、《荣耻心的心理学研究》（与郑红教授合著；人民出版社，2010）、《良知新论：建构一种适合解释道德学习迁移现象的理论》（与郑红教授合著；山东教育出版社，2011）、《品德心理学》（与郑红、陈浩彬合著；开明出版社，2012）、《智慧心理学的理论探索与应用研究》（与郑红教授合著；上海教育出版社，2014）、《中国养生心理学思想史》（上海教育出版社，2016）、《中国文化心理学新论》（上下）（上海教育出版社，2019~2020）、《智慧心理学》（与郑红教授合著；上海教育出版社，2022），这些都是对传统心理思想的新探索与新阐释。

---

① 参见汪凤炎、郑红《中国文化心理学》，暨南大学出版社，2004，第18~19页。

|第三章|
西方心理学历史演进的三重脉络及其研究启示

　　中国本土心理学的理论建构需要深入挖掘本土资源，同时亦应把握西方心理学历史演进的深层脉络；需要在把握西方心理学历史演进深层脉络的基础上，通过对比更好地彰显中国本土心理学的理论特质，以之为中国本土心理学的借镜。如是，为了更清晰地理解中国本土心理学，有必要揭示西方心理学历史演进的深层脉络。

　　通过文献梳理可以发现，目前西方心理学史的理论论争主要依循的依然是二元论的框架模式。但是真实的心理学史不可以如此简单地被对待，真实且庞杂的心理学史必然要求突破二元僵化的思维桎梏。通过心理学史的考察可以发现，西方心理学在其发展过程中主要遵循认识、存在与进化发生三重脉络。这三重脉络或隐或显地构成了西方心理学史的演化逻辑，构成了理解西方心理学的致思线索。

一 "认识取向"的心理学

　　认识取向是西方心理学最初的研究取向，也是西方心理学的主流探索路径。在西方心理学的演进历程中，认识取向是西方心理学最典型同时也是持续最久的"传统"。

（一）"认识"作为心理学的探索焦点与核心主题

西方心理学的"问题意识"源自认识论哲学①，是对认识论哲学的自然科学式求解。自古希腊时代起，西方哲学家就开始研究人类如何认识世界的问题。"人类如何认识世界的论题涉及感觉、知觉、记忆、思维等问题——亦是心理学家所谓'认知心理学'（cognitive psychology）的整个研究领域。"② 进一步讲，西方心理学是"从自然科学和被称为认识论或关于知识的理论那一哲学分支两者的结合发展形成的"③。西方心理学以新方法使自己成为一门独立学科，但是其研究主题则源自西方的认识论哲学。在黎黑看来，正是柏拉图所开创的认识论"最终导致了认知心理学的产生"④。作为西方心理学的理智前驱，西方认识论哲学主要有经验主义和理性主义双重向度。

> 对知识的研究称之为认识论（epistemology 来源于希腊语 episteme，意思是认识或理解）。我们能认识什么？知识有什么局限性？知识是如何获得的？认识论者问诸如此类的问题。由于心理学的主要关注点之一是确定人是如何获得关于他们自己及其周围世界的信息，所以心理学总是会涉及到认识论。激进的经验论者坚持认为，所有知识都来源于感觉经验，它以某种方式登记和储存在大脑中。理性论者认为，在知识获取中，感觉信息即使不是总是，那么它也经常是重要

---

① 西方哲学在其发展历程中主要有三次大的转向，其中第一次是本体论转向，第二次是认识论转向，第三次则是语言学转向。其中本体论转向所探讨的核心主题是"世界是什么""人是什么"等问题。到了近代，西方哲学发生了认识论转向，认识论转向探讨的是"认识何以可能"的问题。认识论哲学充分意识到本体论哲学对于"世界是什么""人是什么"等问题的探讨缺乏稳固的基础。近代认识论哲学家充分意识到：本体论哲学对于"世界是什么""人是什么"的争论本身即是"人"的一种认识，但问题是，不同的"人"的认识存在差异，而且即使是同一个体在不同状态下得出的认识也会有所不同。因之，"人的认识到底是怎样的，遵循着什么样的机制"此一问题若不解决，则对于本体论的探讨即为无效。如是，"认识何以可能"的问题即构成认识论的焦点。

② 〔美〕托马斯·H. 黎黑：《心理学史》，李维译，浙江教育出版社，1998，第4页。

③ 〔美〕J. P. 查普林、〔美〕T. S. 克拉威克：《心理学的体系和理论》（上），林方译，商务印书馆，1983，第21页。

④ 〔美〕托马斯·H. 黎黑：《心理学史》，李维译，浙江教育出版社，1998，第85页。

的一步，但他们认为在知识获得之前，心理必须以某种方式积极地转化这种信息。①

> 在回答认识论的问题中，经验论者假设了被动心灵的概念，它以心理表象、回忆、联想等表征物理经验……但是理性论者假设了主动心灵的概念，它以某种重要的方式改变来自经验的信息。②

作为一门建制学科，西方心理学自冯特始正式确立，而确立的标志则是 1879 年冯特用实验内省法对意识进行研究。西方心理学确立后继承了哲学认识论的主题，而认识论中的理性主义和经验主义传统也得到了传承。其中，冯特、布伦塔诺等"遵循了理性主义的传统"③，而构造主义者则继承了经验主义传统。④

现代心理学的独特之处，在于它用科学方法研究人类的认知问题。在赫根汉看来，J.S. 穆勒提供了可以科学地研究人类认知的理论框架，费希纳、艾宾浩斯、詹姆士、巴特利特以及皮亚杰都是首批证明人类的认知可以进行实验研究的心理学家。而"格式塔心理学家、罗杰斯、赫布、韦纳、香农、韦弗"则成为"实验认知心理学的先驱"。⑤ 认知研究构成了心理学最主流的研究主题，对人类认知机制的科学探索则成为心理学最明显的研究取向。

在心理学创立的最初几十年里，冯特的意志主义和铁钦纳的构造主义均重点关注认知，而机能主义则同时兼顾了认知和行为。但是，机能主义之后的行为主义则公然抛弃认知而研究人和动物的行为，这使西方心理学

① 〔美〕B. R. 赫根汉：《心理学史导论》，郭本禹等译，华东师范大学出版社，2004，第 29~30 页。
② 〔美〕B. R. 赫根汉：《心理学史导论》，郭本禹等译，华东师范大学出版社，2004，第 30 页。
③ 〔美〕B. R. 赫根汉：《心理学史导论》，郭本禹等译，华东师范大学出版社，2004，第 411 页。
④ 〔美〕B. R. 赫根汉：《心理学史导论》，郭本禹等译，华东师范大学出版社，2004，第 691 页。
⑤ 〔美〕B. R. 赫根汉：《心理学史导论》，郭本禹等译，华东师范大学出版社，2004，第 918 页。

在几十年的时间里都偏离认知的主题。但是通过对行为主义的细致考察可以发现，以赫尔和托尔曼为代表的方法论行为主义者则"假设在刺激（S）和反应（R）之间有中介事件"。但二者对中介事件的理解又有所不同，"对赫尔来说，这些中介变量主要是理性的，但对托尔曼来说则主要是认知性的"[①]。可以发现，行为主义虽然有激进的主张，但是它却无法回避认知问题，而是间接地承认了认知的意义。此后，新的新行为主义者班杜拉以"社会认知理论"而闻名，班杜拉的"社会认知"研究实际上也委婉地承认了认知在心理学中的权重。所以总的看来，行为主义虽然以其理论主张而公然拒斥认知，但实质上仍未能脱离"认知"这一主题，托尔曼和班杜拉对认知的承认即是鲜明例证。

要之，西方心理学自其产生之初就以"认识"为核心主题，是"用科学方法尝试研究过去哲学所关注的问题"[②]。此后，随着西方心理学的历史演进，心理学的研究重点虽然也曾发生过变化与偏离，但总体而言"认识"依然是其核心主题。西方心理学的认识取向突出将感觉、知觉、记忆、智力、能力、学习、直觉等作为研究主题，着重对"知觉、感觉、学习一类的问题"进行研究。[③] 在西方心理学的早期历史中，无论是人差方程式的发现，还是心理物理学的研究，都是围绕人的"认识"或"认知"而展开的。心理学的主要流派如内容心理学（意志心理学）、构造心理学、格式塔心理学、现象学心理学、认知心理学均不离此大宗。[④] 尤其是 20 世纪 50 年代以来认知心理学的产生，更是认知取向在心理学中的绝佳回应，而认知心理学中的记忆处理、问题解决、概念形成、言语、模式识别、人工智能等皆构成认知研究的核心主题。

总之，西方心理学继承了认识论的哲学传统，故其在诞生之初就特别关

① 〔美〕B.R. 赫根汉：《心理学史导论》，郭本禹等译，华东师范大学出版社，2004，第904页。
② 〔美〕B.R. 赫根汉：《心理学史导论》，郭本禹等译，华东师范大学出版社，2004，第408页。
③ 〔美〕杜·舒尔茨：《现代心理学史》，沈德灿等译，人民教育出版社，1981，第321页。
④ 赫根汉曾说，"从感觉过程到研究神经传导、大脑机制，最后是意识感觉，在逻辑上只是短短的一步"。参见〔美〕B.R. 赫根汉：《心理学史导论》，郭本禹等译，华东师范大学出版社，2004，第408页。

注"认识何以可能"的问题，并以"科学方法"为研究此问题的门钥。"认识"抑或"认知"构成西方心理学的核心主题，同时也是西方心理学史中最长久也是最显在的主题。赫根汉更是明确写道，"除了少数例外，心理学一直是认知取向的"①。这是对"认识"之为心理学核心主题的明确论断。

（二）西方心理学认识取向之歧途

作为以人的意识及认知为对象的探索路径，认识取向在心理学的发展史上起着重要作用。为了增进对于人的心理的认知，心理学不断谋求新的方法，不断创造出新概念或采用新隐喻，使得人类对意识的认知不断取得进步，人类的大脑也逐渐由"黑箱"变成"灰箱"。但是，由于心理学所持有的"科学"认知在很长时间内仍然停留在 17～19 世纪的自然科学阶段，加之心理学对于可操作、可控制观念的刻意执着，心理学"方法中心"局面形成。"方法中心"的一个后果是其不可避免地会忽视心理学更为丰富与广大的心理现象与心理现实。

长期以来心理学追寻的目标是成为科学，科学中最杰出的典范则是物理学。"心理学家所仿效的学科是物理学。物理学以其杰出的成就证明自己是学科之冠。"② 对于物理学方法的模仿则构成心理学通往"科学"的必经之途。心理学家汲取以早期物理学为代表的科学精神，试图用自然科学方法而使自己变成"科学的"。正如墨菲和柯瓦奇所言，心理学"在其一般的理论结构上寻求物理的或化学的基础，探索着去仿效它们的威望与标准以求为科学所公认，并且同那些把它们结合起来或分隔开来的新出现的认识论诸课题休戚相关盛衰与共"③。心理学追求"科学"，但是心理学对于"科学"的过度追求也令其付出代价。正如墨菲和柯瓦奇所言的，"心理学的确变得更科学了。在这一过程中它也丧失了它原先的某些广度。这看来是在逻辑实证论和操作主义祭坛之上的一种合理的、甚或是一种绝不

---

① 〔美〕B. R. 赫根汉：《心理学史导论》，郭本禹等译，华东师范大学出版社，2004，第902 页。

② 〔美〕托马斯·H. 黎黑：《心理学史》，李维译，浙江教育出版社，1998，第41 页。

③ 〔美〕加德纳·墨菲、〔美〕约瑟夫·柯瓦奇：《近代心理学历史导引》，林方、王景和译，商务印书馆，1982，第642 页。

可少的牺牲。但是对于一切要求人们绝对崇敬之神说来都是这样,逻辑实证主义和操作主义也并没有实现它们的诺言"①。

逻辑实证主义及操作主义的信条并没有使心理学实现预期的目标,反而令心理学变得更加狭隘。但问题是,狭隘只能是狭隘,看似严谨而实质为拘泥的狭隘始终无法走上科学的大道。早期的物理学方法并不是万能的,而通过更广阔的视角可以发现,包括物理学在内的科学亦不过是在实践中起作用的虚构、神话而已②,不过是一套被建构起来的话语体系与观念模式。

对于物理学方法成为科学研究的典范,科学史家丹皮尔有过这样的描述:

> 科学按其本性来说,是分析性和抽象的,它不能不尽可能用物理学术语表述科学的知识,因为物理学是一切自然科学中最基本的和最抽象的科学。当人们发现可以用物理学术语来表述的东西愈来愈多的时候,人们也就更加信任这个方法了,结果就产生一种信念,以为对于一切存在都可以完全从物理和机械的角度加以解释……③

对物理学方法的信任与刻意遵循,最终导致物理学方法成为心理学的主宰。对物理学方法的严格遵循虽然在一段时期内令心理学收获颇丰,但是从长远来看,过分追求科学方法所导致的"方法中心"局面难免会令心理学终有所"失",最终会忽视更丰富而灵动的心理事实。对此,曾创立认知心理学的 Newell、Neisser 均进行过反思。黄光国先生曾记叙道:

> 1958 年和 Simon,Shaw 一起发表论文,主张认知心理学应当致力发展"电脑模拟"的 Newell(1973),在十五年后的一次研讨会上表

---

① 〔美〕加德纳·墨菲、〔美〕约瑟夫·柯瓦奇:《近代心理学历史导引》,林方、王景和译,商务印书馆,1982,第 642~643 页。
② 〔美〕J. P. 查普林、〔美〕T. S. 克拉威克:《心理学的体系和理论》(上),林方译,商务印书馆,1983,第 45 页。
③ 〔英〕W. C. 丹皮尔:《科学史及其与哲学和宗教的关系》,李珩译,商务印书馆,1975,第 14~15 页。

示：他对这个领域的发展既感到满意而且了解将来的走向；又感到失望而且困惑。满意的是：这类研究"精致的科技成就"，可以预期将来还会有精致的研究出现；困惑的是："心理学将会变成什么样子？我们是不是已经发展出一套足以掌握住人类复杂性的'人之科学'？"认知科学探讨了许许多多特殊的现象，但却无人能加以整合，论文累积愈多，"人"的形象愈是模糊。问题的关键在于：这类研究所发展出来的许多小理论模式，根本不是"心灵的模式"，而是让受试者做的"作业模式"（Jenkins，1981）！[①]

对认知心理学最感到失望者，是这个领域的创始人之一：Neisser。他在 1967 年出版了《认知心理学》的教科书，但在 1976 年出版的《认知与实在》中，却表示他对这个领域过去的发展感到失望，并且怀疑其整体方向是否真的有开创性，认为认知心理学应当作"比较现实的转向"；后来，他更呼吁以"生态学的取向"取代讯息处理取向，希望心理学家到"自然的脉络"（natural context）中去研究认知，不要为了满足实验的要求，把自己局限在实验室里（Neisser，1984）！[②]

可见，即便是认知心理学的创立者在反思时仍会充满困惑与疑虑，仍会对其是否把握了人类的心灵充满疑惑。那么顺之可以推论，若是从更广阔的视角进行审视，心理学是否还有更广阔及多元的探索路径？心理学是否会有更为多样的发展道路？

二 "存在取向"在心理学中的或隐或显

对于存在的关注在前现代的西方哲学、中国哲学中都能找到痕迹，只不过到了现代西方哲学中，对于存在的关注才更为明显。存在取向突出关注人的存在体验与存在感受，关注人作为生命的体验、感受与不得已。存

---

① 黄光国：《知识与行动：中华文化传统的社会心理诠释》，心理出版社，1998，第67页。
② 黄光国：《知识与行动：中华文化传统的社会心理诠释》，心理出版社，1998，第68页。

在取向的心理学产生后，心理学的关注重点随之呈现新的变化，心理学也更加关注"人"本身。

（一）对"存在"的理解

"存在（existence）这个术语源自于 ex-istence 这个词根，字面意思是'突出，出现'。"① 在加达默尔看来，"存在就是当引导我们的匿名力量突然破灭时出现的真正向我们开放的东西"②。罗洛·梅则将"存在"理解为个体"潜能的模式"，"这些潜能中有一部分是与其他人所共有的，但是在任何情况下都会有每一个个体身上形成的一种独特的模式"③。

可以发现，存在是很难言说的，而且存在只能是个体的存在。进一步说，存在是个体的体验、感受、所思、所是的集合体，它是个体的"是其所是"。在《逻辑研究》中，胡塞尔曾对存在的特性有过明确的论述。在其看来，"存在不是处在对象中的东西，不是对象的部分，不是寓居于对象之中的因素；不是质性或强度，但也不是形态、不是内部的形式一般，不是一种构造标记〈Merkmal〉，无论这标记被理解为什么。但存在也不是一个附在对象上的东西，正如它不是一个实在的内部的标记一样，它也不是一个实在外部的标记，因而在实在的意义上根本不是'标记'"④。雅斯贝斯则这样写道，"任何被认识了的存在，都不是存在本身（das Sein）"⑤。"作为被认知了的我，我决不是我自身。作为被我认知了的存在，这存在决不是存在自身。"⑥ 在这个意义上可以发现，存在是不可被认知的，或者说是不可通过认知方式而被完全揭示的。

存在具有诸多特性。存在是发展变化的，并且具有生成性、自我意识性、独特性、自我选择性及体验性的特点。罗洛·梅这样写道：

---

① 〔美〕罗洛·梅：《存在之发现》，方红、郭本禹译，中国人民大学出版社，2008，第41页。
② 〔德〕汉斯-格奥尔格·加达默尔：《哲学解释学》，夏镇平、宋建平译，上海译文出版社，2004，第126页。
③ 〔美〕罗洛·梅：《存在之发现》，方红、郭本禹译，中国人民大学出版社，2008，第6页。
④ 〔德〕埃德蒙德·胡塞尔：《逻辑研究》（第二卷第二部分），倪梁康译，上海译文出版社，1999，第138页。
⑤ 〔德〕卡尔·雅斯贝斯：《生存哲学》，王玖兴译，上海译文出版社，2005，第3页。
⑥ 〔德〕卡尔·雅斯贝斯：《生存哲学》，王玖兴译，上海译文出版社，2005，第11页。

在人的意义上，存在并不是一次性给予的。它并不是像橡树籽长成为橡树那样自动呈现的。因为在成为人的过程中，一个内在的、不可分割的元素是自我意识。人（或此在）是如果他想要成为他自己就必须意识到他自己、必须为他自己负责的特定存在。他还是那种知道在将来某个时刻他将不会存在的特定存在；他是一直与非存在、死亡之间存在一种辩证关系的存在。而且他不仅知道他将在某个时刻不会存在，而且他能够自己选择抛弃或丧失他的存在。[1]

存在涉及个体选择，或者说需要个体做出选择。不同于动物，人能够超越本能而进行选择。"能够做出选择也必须做出选择是人类的特权，同时也是人类的重负。"[2] 是选择就会面临矛盾冲突，面对单重或多重矛盾，是选择就会出错，但人又不得不做选择。人需要为自己的选择负责，需要"承担做出一个错误决定的风险，并且愿意承担一切后果而不归咎于他人"[3]，并需要有直面选择后果的勇气。

存在主义关注的核心概念主要有被抛、焦虑、畏、烦、绝望、内在冲突、自我丧失、生命力、意向性、勇气和爱。其中，焦虑是存在的基本特征。戈尔德斯坦这样写道，"焦虑并不是我们所'拥有'的某种东西，而是我们'是'的某种东西"[4]。罗洛·梅则这样描述人类的焦虑情感：

焦虑并不是一种像快乐、悲伤等其他情感那样的情感。相反，它是人的一种本体论特征，正是以人的存在本身为根源的。例如，这不是一种我可以接受或者不加以考虑的边缘性威胁，也不是一种可以与其他反应归到一起的反应；它一直是一种对根基的威胁，即对我的存在的中心的威胁。[5]

---

① 〔美〕罗洛·梅：《存在之发现》，方红、郭本禹译，中国人民大学出版社，2008，第98~99页。
② 〔美〕卡伦·霍妮：《我们内心的冲突》，杨立华译，人民邮电出版社，2015，第3页。
③ 〔美〕卡伦·霍妮：《我们内心的冲突》，杨立华译，人民邮电出版社，2015，第6页。
④ 〔美〕罗洛·梅：《存在之发现》，方红、郭本禹译，中国人民大学出版社，2008，第114页。
⑤ 〔美〕罗洛·梅：《存在之发现》，方红、郭本禹译，中国人民大学出版社，2008，第114页。

焦虑不同于害怕。焦虑与害怕的差异不在于二者体验程度或体验强度的不同。焦虑打击的是个体"自尊的正中心以及他作为一个自我的价值感";相反,害怕则是对存在之边缘的威胁。害怕能够被对象化,但焦虑却无法被对象化,即害怕总是有害怕的对象,但是焦虑只能令自身被包围、环绕与侵袭。换句话说,害怕是像其他情感一样的情感,而焦虑则可被"理解为一种对存在本身的威胁"①。

(二)"存在"在西方心理学中的边缘化

心理学应当关注人的存在。但是长期以来,心理学对于存在的关注却并不明显。西方心理学的显在倾向是以"认识"为主,对于"认识"这一核心主题的揭显在很长时间内都是西方心理学研究的核心,以至于那些与"认识"或"认知"联系较远或看似无关的主题,在很长时间内都处于边缘化或被遗忘的境地。可以说,心理学在很长一段时间内遗忘了"存在"。

西方心理学对于"存在"的遗忘是与其"科学"追求密不可分的。在西方心理学的早期历史上,无论是冯特的内容心理学(或意志心理学),还是铁钦纳的构造心理学,抑或格式塔心理学,都明确地以"认识"或"认知"为研究主题。早期的西方心理学似乎无暇顾及"存在"这一主题,而心理学的学科重点亦不在此。在西方心理学漫长的历史中,对存在的关注更是少之又少。

如果说,早期的西方心理学因为"意识"这一焦点主题而忽视或遗忘了"存在",那么此后的行为主义则很明确地否认了人的存在。行为主义心理学为了"科学""可观察""可操作"而明确否认心理学应当研究意识,主张心理学仅应研究可观察的行为。为了实现"科学",行为主义以其"极端的科学追求"否认了"意识"这一心理学最核心的主题。由此可以想见,行为主义既然连"意识"这一核心主题都可以抛弃,那么就更不可能去关注人的存在。进一步讲,行为主义是为了"客观""科学"而否认并抛弃了人的存在。

---

① 〔美〕罗洛·梅:《存在之发现》,方红、郭本禹译,中国人民大学出版社,2008,第115页。

在行为主义之后，西方心理学最主流的研究是认知心理学。认知心理学中最主要的分支是信息加工心理学。信息加工心理学将人脑与电脑相类比，以此研究信息的输入—加工—输出。信息加工心理学将人脑与计算机相类比，可以操作化地进行实验研究，并在 20 世纪 60 年代以后逐渐成为西方心理学研究的主流。信息加工心理学在很长时间内都以脑认知为最主要的研究对象，很长时间内都忽视了人的情感。进入 21 世纪以后，信息加工心理学虽然逐渐意识到情绪及情感的重要性，并着手进行人的情绪、情感研究。但是，这一研究路向决定了它不可能真正关注人的情感，也不可能去关注人的存在。在科学主义的框架下，信息加工心理学同样不可能关注人的存在。

总之，由于存在本身是一个模糊、含混且不易把握的概念，而心理学又以客观、科学、可操作、可量化为目标，所以"存在"在很长时间内都处于被边缘化的境地。在西方心理学的历史上，存在取向的心理学一直或隐或显，并未成为学院心理学中的显学。但是，这并不代表人的存在不重要，也并不是说人的存在心理不需要被关注。尤其是在当代，人的焦虑、抑郁、压力问题频发，在这样的现实背景下就更应当关注人的存在及存在心理问题。

（三）存在取向的心理学传统

存在模式的典型特征之一，是其以"人与人"或"自我与他我"关系中呈现的心理特点为核心，它突出关注人与自我在交互关系中呈现出的本真特性。在西方心理学的历史上，存在取向的心理学常隐含在西方心理学的一些流派中，[①] 在精神分析、人本主义、后现代心理学中都能找到对存在的关注。[②]

通过追溯历史可以发现，存在取向的心理学传统在近代西方哲学中即出现萌芽。"这一根源于笛卡尔著述的哲学学派，随着克尔凯郭尔、尼采、

[①] 在目前西方心理学史的主导话语下，存在取向的心理学多被隐藏在"人文主义心理学"的框架中，而很少被作为研究主线专门加以探讨。

[②] 〔美〕B. R. 赫根汉：《心理学史导论》，郭本禹等译，华东师范大学出版社，2004，第 337 页。

海德格尔、萨特尔以及其他一些二次世界大战后的哲学家的观点越来越受欢迎，已经成为欧陆思想中的主导力量。"① 此外，在帕斯卡尔、马克思以及狄尔泰的著作中都能找到存在主义思想的萌芽。只是到了克尔凯郭尔处，存在作为哲学问题才真正被关注。

作为一种哲学思潮，存在主义正式诞生于第一次世界大战之后的欧洲。第一次世界大战不仅使大量欧洲青年命殒战场，而且使战后的欧洲人对生命意义产生困惑与迷惘。随着存在主义哲学的兴起，对于存在的关注逐渐成为一种思想潮流。存在主义哲学的代表人物主要有雅斯贝斯、海德格尔、萨特等②。在 20 世纪早期的西方心理学中，弗洛伊德、阿德勒、戈尔德斯坦以及弗洛姆的思想中均包含着存在心理学的萌芽，在这几位心理学家的学说中都能找到对人的生命、情感、价值及意义的关注。其中，"荣格和弗洛伊德的理论都强调了人生命中的矛盾力量，而且两者的理论都集中探讨了矛盾、绝望以及在动物冲动和文明行为之间永恒的挣扎"③。这些实际上都涉及人的存在心理。

"要确定现象学和存在主义开始渗透到心理学和精神病学的日期，相当复杂"④，"在第二次世界大战以前以及大战以后，德国精神病学家开始深刻认识到对患者内在世界做出充分的现象学说明的意义，认识到那种应该对于存在主义和现象学两者的要求都很合适的治疗方案取得成功的可能性。"⑤ 在这方面，雅斯贝斯是早期探索者。早在 1913 年，雅斯贝斯在海德堡大学继续发展了他的"心理学的存在主义基础"⑥。"他的著作《普通精神病理学》（1913）不为无故地被认为是对病人的内心世界作现象学描

① 〔美〕J. P. 查普林、〔美〕T. S. 克拉威克：《心理学的体系和理论》（下），林方译，商务印书馆，1984，第 139 页。
② 西班牙思想家奥特加·加塞特、基督教存在主义者保罗·蒂利希都对存在主义思潮有重要影响，而卡夫卡、加缪的小说同样对存在主义的传播起到重要作用。
③ 〔美〕B. R. 赫根汉：《心理学史导论》，郭本禹等译，华东师范大学出版社，2004，第 315 页。
④ 〔苏〕阿·米·鲁特凯维奇：《从弗洛伊德到海德格尔——存在精神分析评述》，吴谷鹰译，东方出版社，1989，第 107 页。
⑤ 〔美〕加德纳·墨菲、〔美〕约瑟夫·柯瓦奇：《近代心理学历史导引》，林方、王景和译，商务印书馆，1980，第 419 页。
⑥ 〔美〕詹姆斯·F. 布伦南：《心理学的历史与体系》，郭本禹、魏宏波、吕英军、王东等译，上海教育出版社，2011，第 235 页。

述的最初尝试。"① 而关于"存在"的彼在、我在、自在三个阶段理论则是雅斯贝尔斯存在心理学的重要创见。

在雅斯贝尔斯之后，对存在心理学做出重要贡献的是宾斯万格和弗兰克尔。宾斯万格的重要贡献是将"胡塞尔和海德格尔的著作同精神分析理论结合起来"②。宾斯万格对于精神分析的存在主义改造具有决定性意义，他对欧洲的存在精神分析也产生了重要影响。宾斯万格的存在分析"强调人的在世之在和超世之在，关注人的整体性"。他的理论特征是："反对因果论，主张对人的行为进行存在分析；反对二分法，主张对人的经验进行整体理解；反对机械论，主张对人的生存进行本真解读；反对本能论，主张对人的存在进行现象学描述。"③ 他的存在分析"拥有现象学的经验科学的方法和理念……他的目标就是打开对精神病患者秘密的传统研究的缺口，从而真正理解人"④。

弗兰克尔以意义为基础的存在心理学同样在欧洲产生了重要影响。20世纪40年代兴起的虚无主义思潮造成了人们心灵的空虚，这在客观上呼唤一种以意义为基础的心理学。"对弗兰克尔来说，存在根本上处于无意识的范围之内。因此，他同意弗洛伊德，认为存在是永远无法被完全查清或理解的。但与弗洛伊德不同的是，他坚持认为除了本能的无意识之外还有一种精神的无意识。"⑤ 弗兰克尔强调对意义的追寻，强调意义对人之存在的支撑作用。弗兰克尔在纳粹集中营的经历本身就是他探寻意义继而支撑自身生命的历程，是他通过意义探寻异常艰难地活下来的过程。弗兰克尔突出强调人是追求生命意义的存在，"意义"构成了生命存在的支撑。弗兰克尔说道，"当苦难不可避免时，即使我们不能改变外部环境，我们还能

---

① 〔苏〕阿·米·鲁特凯维奇：《从弗洛伊德到海德格尔——存在精神分析评述》，吴谷鹰译，东方出版社，1989，第107页。

② 〔美〕B. R. 赫根汉：《心理学史导论》，郭本禹等译，华东师范大学出版社，2004，第859页。

③ 任其平：《论宾斯万格存在分析学的理论特征》，《华东师范大学学报》（教育科学版）2013年第1期。

④ 任其平：《宾斯万格的存在分析观论评》，《南京师大学报》（社会科学版）2008年第5期。

⑤ 〔美〕古尔德：《弗兰克尔：意义与人生》，常晓玲、瞿凤臣、肖晓月译，中国轻工业出版社，2000，第71页。

改变我们自己"。他坚信"自我的精神力量使我们能够在痛苦中发现意义"①。弗兰克尔还创造了不同于弗洛伊德精神分析的独特疗法，即意义疗法。弗兰克尔以意义为基础的存在心理学在世界范围内产生广泛影响。直至今天，《活出意义来》仍是一部通过生命叙事阐释存在意义的心理学名著，而它的影响早已不限于心理学，很多现代人都能从这本书中汲取成长的力量。

美国的存在心理学在今日显示出蓬勃的生命力，但是美国的存在心理学却是受到欧洲存在心理学影响的结果，而且经历了成功的本土化转换。"第二次世界大战以后，存在主义包括着重要的现象学成分，侵入美国精神病学家和心理学家的思想——而且几乎同时也侵入一般公众的思想。"②美国存在心理学的代表人物有罗洛·梅、布根塔尔、欧文·亚隆等。罗洛·梅对美国的存在心理学有着重要的开拓之功，被誉为美国存在心理学之父。1949年，罗洛·梅在蒂利希的指导下完成博士学位论文《焦虑的意义》。此后，罗洛·梅等人积极推动存在心理学在美国的发展，到了20世纪60年代，存在取向的精神分析开始在美国流行起来。

存在心理学突出强调存在意义、选择自由及个人的独特性③，关注自由、焦虑与个体选择。

> 由于自由在存在中是固有的，焦虑也是如此。进行选择必然要担风险，可能失去一切或做出一项招致灾难的选择，使未来的幸福前景化为泡影。而且，存在觉察到自身的极限。因此，除焦虑（选择中固有）外，还有对非存在的恐惧。存在主义焦虑的强大情感力量并不象弗洛伊德所宣称的是什么患者所具有的一种征候，而是每一个人的存在的一部分。④

① 〔美〕古德尔：《弗兰克尔：意义与人生》，常晓玲、瞿凤臣、肖晓月译，中国轻工业出版社，2000，第21页。
② 〔美〕加德纳·墨菲、〔美〕约瑟夫·柯瓦奇：《近代心理学历史导引》，林方、王景和译，商务印书馆，1980，第419页。
③ 〔美〕B. R. 赫根汉：《心理学史导论》，郭本禹等译，华东师范大学出版社，2004，第320页。
④ 〔美〕J. P. 查普林、〔美〕T. S. 克拉威克：《心理学的体系和理论》（下），林方译，商务印书馆，1984，第291页。

存在与人的情绪、情感相连，它突出关注人的情感体验及生命本真。存在心理学集中体现在存在心理治疗领域，是存在主义和心理治疗相结合的产物。存在主义与心理治疗的共同点在于，"两者都关注着处于危机之中的个体"①。不同于一般的心理治疗，存在心理治疗的首要目标在于让患者重新发现并体认自己的存在，而非单纯地着眼于消除外在的症状。精神分析学家的关键任务就是要"帮助病人重新体验被排挤在潜意识中的意义关系……对他隐瞒的意义"②，就是要帮助病人重新认识并发现自己的存在。在这个意义上，存在主义与精神分析有着异曲同工之妙。

（四）存在取向心理学的意义

存在模式不同于认识模式，存在模式突出关注人的生命体验与存在本真，反对对"人"做对象化的分析。存在模式的探索或将成为理解西方心理学史的一条全新路径。

1. 认识模式与存在模式的主要区别

如前所述，认识模式以"认识"或"认知"为核心主题，体现出明显的主—客体对象关系。既然是对象关系，那么追求客观、科学就是其必然要求。相较而言，认识模式更多体现出主体对客体的单纯认识关系，而存在模式则是主体与主体的交互作用关系。正如雅斯贝尔斯所写的，"人作为整体是不能客观化的。就他客观化来说，他是对象，可是作为对象他就决不是他本身"③。实际上，任何存在都是先于主—客体的二分法而发生的。在这个意义上，认识模式体现出典型的主—客体对象关系，而存在模式则是对单纯主—客体认识关系的超越。这也就意味着，对存在不可以做对象化的知识学分析。正如罗洛·梅所言，"对另一个人的存在的理解与我们关于他的具体事情的知识，是发生在不同层面之上的"④。"当我们试图认识一个人时，相对于他的真实存在这个重要的事实，关于他的知识就

① 〔美〕罗洛·梅：《存在之发现》，方红、郭本禹译，中国人民大学出版社，2008，第49页。
② 〔苏〕阿·米·鲁特凯维奇：《从弗洛伊德到海德格尔——存在精神分析评述》，吴谷鹰译，东方出版社，1989，第111页。
③ 〔苏〕阿·米·鲁特凯维奇：《从弗洛伊德到海德格尔——存在精神分析评述》，吴谷鹰译，东方出版社，1989，第133页。
④ 〔美〕罗洛·梅：《存在之发现》，方红、郭本禹译，中国人民大学出版社，2008，第93页。

肯定是次要的。"①

"存在关系先于和高于认知关系。"② 这是因为,人与世界是处于过程中的整体,二者绝非外在的、静止的关系。具体来讲,认识模式更多体现为一种科学式的追求,而存在模式则突出关注人的存在、选择及意义;认识模式更多体现为人—物的关系,而存在模式则体现为人—人的关系,体现为人与自我本身的关系。从认识模式向存在模式的转化,不仅体现出心理学研究主题的转换,更体现出对"人是什么"的认知模式的超越。存在取向的心理学充分意识到:人作为人,并非单纯自然科学、社会科学的研究对象;人首先是人,是生命,既然是生命,就有独特的生命体验,就有对意义的追寻。因之,心理学对"人"就不应仅做"是什么"的客体式分析,而更应当超越"是什么"的研究框架及致思路径,去关注人的存在本身。

2. 存在模式作为心理学探索的生命向度

人作为生命,作为人,有着每个人都必须面对的存在。心理学理应关注人的存在,关注人的存在体验与存在感受。以往学界对于西方心理学史的理解,常用科学主义/人文主义的二元模式,但是这种简单二元论的提法本身即容易掩蔽真实的历史,构成对后来者致思的遮蔽。在这个意义上,区别于科学主义/人文主义的"认识模式"与"存在模式"一经被用来研究并阐释心理学的历史,就会呈现全新的视域,会呈现对于心理学及心理学史的全新理解。

罗洛·梅特别强调"存在"在心理学中的意义,在其看来,"存在主义是现代情绪特征和精神特征之深刻维度的一种表现形式,而且它几乎表现在我们文化的所有方面"③。如孤独、焦虑、绝望、内疚等都是个体存在状态的表征,是个体自身状态的反映。存在具有不可替代性。这是因为存在只能是个体的存在,而不是其他人的存在。克尔凯郭尔这样写道,"没有哪一代人从另一代人那里学到了如何去爱,没有哪一代是从其他点上开

---

① 〔美〕罗洛·梅:《存在之发现》,方红、郭本禹译,中国人民大学出版社,2008,第93~94页。
② 刘放桐:《新编现代西方哲学》,人民出版社,2000,第344页。
③ 〔美〕罗洛·梅:《存在之发现》,方红、郭本禹译,中国人民大学出版社,2008,第39页。

始而不是从头开始，没有哪一代人比他前一代的人所被分派的任务更少一些"[1]。每个人的存在都是不可被替代的，同时也是不可被教育的，更不可通过学习而掌握。存在是生成的，也是独特的，对于存在每个人只能在自身的此在中去经历、体会及感受。存在取向表征了心理学对于个体作为完整生命的探索，代表了心理学揭示真实生命的努力，它理所当然地构成疗愈当代人类心灵的一种必要的实践路径。

三 "进化发生"与心理学致思方式的新变化

1859 年是人类文明史上极不平凡的一年，这一年《物种起源》的出版彻底改写了人类文明的书写历史，也改变了人类认知世界及人自身的解释框架。对于心理学而言，达尔文的进化论所带来的冲击同样是革命性的。

（一）进化论之于西方心理学的早期影响

达尔文的进化论一经问世就产生巨大影响。截至 19 世纪末，"自然选择式的进化论，被人当作确定不移的科学原理加以接受，甚至可说是成了科学信条"[2]。这种影响也迅速从自然科学界扩展到人文社会科学领域，对心理学同样产生了重要影响。

虽然进化的观点在达尔文以前就已经存在，但达尔文以丰富的证据证明了进化论。达尔文发现"（1）所有固定下来的变化都是以某种方式固定下来的，（2）所有的变化都以不知不觉的渐变方式发生的，（3）所有的变化在第一次发生时都是偶然的"[3]。此外，达尔文还发现"先辈和后代之间的相似，并推论后代不仅继承而且提高了对环境条件的适应力"[4]。

达尔文的进化论本身就包含了独辟蹊径的心理学探索。其著作《人类

---

[1] 〔美〕罗洛·梅：《存在之发现》，方红、郭本禹译，中国人民大学出版社，2008，第 151 页。

[2] 〔英〕W. C. 丹皮尔：《科学史及其与哲学和宗教的关系》，李珩译，商务印书馆，1975，第 429 页。

[3] 转引自〔美〕韦恩·瓦伊尼、〔美〕布雷特·金《心理学史：观念与背景》，郭本禹等译，世界图书出版公司，2009，第 206 页。

[4] 〔美〕詹姆斯·F. 布伦南：《心理学的历史与体系》，郭本禹、魏宏波、吕英军、王东等译，上海教育出版社，2011，第 122 页。

的起源》和《人类与动物的情感表达》中均包含了大量的心理学资料①。
而达尔文通过对自己儿子的观察所撰的《一个婴儿的传略》则使其成为发
展心理学的先驱，而且这种探索方式也在心理学中传承了下来。"从动物
行为学家简·古多尔在非洲贡贝保护区的黑猩猩中抚养她的儿子（Good-
all，1971），到认知心理学家皮亚杰研究自己孩子的问题解决（Piaget，
1954）以及行为心理学家斯金纳……运用操作条件反射抚养他的女儿"，
都能看出达尔文的这种探索方法的痕迹②。

进化论之于心理学的影响是多方面的，西方心理学诸多流派的产生都
直接或间接地受到进化论的影响。达尔文对于心理学的早期影响突出体现
在高尔顿的开创性努力中。高尔顿突出强调"遗传"的重要作用，注重个
体差异研究。其代表作《遗传的天才》《人类才能及其发展的研究》更是
高尔顿对"先天"和"遗传"意义的绝佳声明。为了研究遗传对人的影
响，高尔顿首创双生子法以"考察遗传与环境的不同作用"，③ 继而揭示
"遗传"对人的智力、能力及性格的影响。在心理学史上，著名的天性与
教养之争也正是从高尔顿对"先天"的强调开始的。

根据心理学史家墨菲和柯瓦奇的观点，科学心理学产生以前，进化论
主要以两种方式对心理学产生影响，其中一种路向是"通过高尔顿进展到
关于联想和表象的实验研究"，另一种路向是进化论促使心理学开始重视
"感情和意志过程"，最终"这些不同的趋势都综合在冯特的著作中"④。
进化论的影响不仅体现在冯特的体系中，还对早期其他的心理学家产生了
影响。如霍尔的复演论即是对达尔文进化论的一种创造性运用，而卡特尔
对个体差异的研究则直接受到了高尔顿的影响。此外，进化论对弗洛伊德
的精神分析同样产生了重要影响。"弗洛伊德〔早年〕读了达尔文的进化

① 〔美〕戴维·霍瑟萨尔、郭本禹：《心理学史》，郭本禹、魏宏波、朱兴国、王申连等译，
　　人民邮电出版社，2011，第275页。
② 〔美〕戴维·霍瑟萨尔、郭本禹：《心理学史》，郭本禹、魏宏波、朱兴国、王申连等译，
　　人民邮电出版社，2011，第275页。
③ 〔美〕韦恩·瓦伊尼、〔美〕布雷特·金：《心理学史：观念与背景》，郭本禹等译，世界
　　图书出版公司，2009，第211页。
④ 〔美〕加德纳·墨菲、〔美〕约瑟夫·柯瓦奇：《近代心理学历史导引》，林方、王景和
　　译，商务印书馆，1980，第221页。

论"，从此对科学地了解生命产生了浓厚的兴趣，并倾向于以生物学观点看待人。① 正是达尔文的学说"使弗洛伊德牢固地树立了关于有机体有规律发展的观点"②。

达尔文对西方心理学最显著的影响是它促进了机能主义心理学的产生。众所周知，欧洲早期的学院心理学以感觉、知觉、思维、记忆等为研究主题，研究的主要目标是获得科学认识。欧洲的学院心理学传入美国后，美国心理学之所以并没有沦为欧洲心理学的附庸，其中既有詹姆斯的独特贡献，也有来自达尔文的间接影响。正如波林所写的，"美国心理学至 1900 年乃有明确的性质。它的躯壳承受了德国的实验主义，它的精神则得自达尔文"③。在达尔文的进化论传入美国不到半个世纪的时间里，美国心理学的精神气质随之发生改变，机能主义心理学的产生就是其例证。

"对机能主义者而言，有关心灵的假设来自进化论，心理学的目标在于理解心灵和行为在帮助有机体适应环境时是如何起作用的，研究工具包括增进知识的任何事物——包括使用内省、研究动物行为和研究心理疾病。"④"机能心理学重视物种和个体对环境影响的适应的重要性。"注重研究"心理是如何起作用的以及心理有何用处，而不仅仅是心理过程涉及的内容和结构"⑤。不同于对意识内容与意识结构的静态研究，机能心理学家更加关注心理机能以及意识的适应价值。

（二）进化论之于心理学道路的变革意义

进化论深深地影响了西方心理学的发展道路。不同于西方心理学的认识模式与存在模式，进化发生模式之于心理学的影响是突生性的，或者说完全是由外部因素促生的。在西方心理学史的早期传统中，无论是对于"认识何以可能"的逻辑推演，还是对感觉、知觉等认识的经验论考察，

---

① 〔美〕杜·舒尔茨：《现代心理学史》，沈德灿等译，人民教育出版社，1981，第 329 页。
② 高宣扬：《弗洛伊德传》，作家出版社，1986，第 36 页。
③ 〔美〕E.G. 波林：《实验心理学史》，高觉敷译，商务印书馆，1981，第 576 页。
④ 〔美〕B.R. 赫根汉：《心理学史导论》，郭本禹等译，华东师范大学出版社，2004，第 496 页。
⑤ 〔美〕詹姆斯·F. 布伦南：《心理学的历史与体系》，郭本禹、魏宏波、吕英军、王东等译，上海教育出版社，2011，第 147 页。

抑或常被遗忘但又偶被捡起的存在取向，都是西方心理学传统中固有的主题，是西方心理学内在逻辑的延伸。但是不同于前两者，进化论之于西方心理学的影响则完全是突生性的。这种突生性在于，进化论作为一种生物学理论完全是从心理学外部产生的，只不过由于进化论的影响之大，心理学已无法回避抑或抗拒进化论带来的冲击。

达尔文通过翔实的资料向世人证明了自然选择机制的存在，他的理论通过赫胥黎、斯宾塞的传播而逐渐推广开来，成为认识人与世界关系的一种新视角。达尔文的进化论一经产生，就对心理学产生重要影响，并最终影响到心理学的发展路向，促进了一种新的研究取向的产生。

达尔文的进化论促进了以人和动物相比较的比较心理学的产生。"达尔文对于人与动物的情绪表现的研究，是现代比较心理学的先河，这种研究对于认识人的心理有不少的贡献。"[①] 在这些影响之外，达尔文的进化论还直接和间接地推动了一些心理学分支学科的产生，如比较心理学、发展心理学、心理测量学。心理学中儿童发展领域的"领导者通常都承认自己是受到了进化论的启发"[②]。而"高尔顿心理遗传的研究是对达尔文主义的最初应用之一，它最终使测验发展成为心理学家的一种重要工具"[③]。

进化论注重遗传的影响，突出强调个体对于环境的适应，它促使心理学开始注重人与环境的动态关系，注重研究人与环境关系中的个体适应。正是这种全新的视角，使心理学呈现出注重适应的新道路。心理学史家赫根汉曾这样归纳，19世纪以来西方产生了三种具有不同基础的心理学，"冯特创立了意识心理学；弗洛伊德创立了无意识心理学；各种进化论心理学家创立了适应心理学"[④]。詹姆斯在将进化论精神融入机能主义心理学方面厥功至伟。詹姆斯推动了"把进化论纳入心理学"[⑤] 的进程。詹姆斯

① 〔英〕W. C. 丹皮尔：《科学史及其与哲学和宗教的关系》，李珩译，商务印书馆，1975，第408页。

② 〔美〕韦恩·瓦伊尼、〔美〕布雷特·金：《心理学史：观念与背景》，郭本禹等译，世界图书出版公司，2009，第209页。

③ 〔美〕詹姆斯·F. 布伦南：《心理学的历史与体系》，郭本禹、魏宏波、吕英军、王东等译，上海教育出版社，2011，第148页。

④ 〔美〕托马斯·H. 黎黑：《心理学史》，李维译，浙江教育出版社，1998，第329页。

⑤ 〔美〕B. R. 赫根汉：《心理学史导论》，郭本禹等译，华东师范大学出版社，2004，第512页。

反对将心理现象细分为各种经验元素，并主张研究适应环境的人，而这种观点则成为机能主义心理学的中心原则。

达尔文的进化论从根本上改变了心理学的致思背景，它使遗传的概念变得异常重要，使个体适应环境成为"心理发生"追寻的依据[①]，它还首次将"发生法"作为心理学研究的新方法。在进化论精神真正融入心理学以前，心理学主要将自身定位为一门像物理学一样的科学，但是当吸收了进化论之后，"心理学逐渐地开始认为它自己是一门生物科学"[②]。作为一门与物理学完全不同的科学，"生物学是由群体思维、概率、机遇、多元论、显现和历史记录组成的"，而经典物理学主要受制于"实体论、决定论、普遍特征和还原论"[③]。心理学将自身理解为生物学对自身的路向产生全新的影响，并最终导致了心理学不同的发展前景。"达尔文打开了我们的眼界，使我们知道偶然变化的力量，各种生物只要经常在一起，就会产生'适应'的结果来。"[④]

许多由于不能代表纯粹的实验心理学而为铁钦纳所抛弃的研究主题，受到了达尔文理论的重视。当代心理学中流行的研究主题，明显体现了达尔文的影响：发展心理学、动物心理学、比较心理学、心理生物学、学习、测验和测量、情绪、行为遗传学、变态心理学以及种种在应用心理学名目之下的其他主题。一般说来，达尔文激发了对个别差异的研究兴趣，并表明了研究行为至少和研究心灵一样重要。……达尔文的进化论在机能主义学派……和行为主义学派的发展中起了重要作用。[⑤]

[①] 〔美〕加德纳·墨菲、〔美〕约瑟夫·柯瓦奇：《近代心理学历史导引》，林方、王景和译，商务印书馆，1982，第145页。

[②] 〔美〕加德纳·墨菲、〔美〕约瑟夫·柯瓦奇：《近代心理学历史导引》，林方、王景和译，商务印书馆，1982，第491页。

[③] 转引自〔美〕Lawrence A. Pervin、〔美〕Oliver P. John《人格手册：理论与研究》，黄希庭主译，华东师范大学出版社，2003，第930页。

[④] 〔美〕威廉·詹姆士：《实用主义》，陈羽伦、孙瑞禾译，商务印书馆，1979，第59页。

[⑤] 〔美〕B. R. 赫根汉：《心理学史导论》，郭本禹等译，华东师范大学出版社，2004，第442页。

总之，进化论对心理学的研究主题、学科分支、致思路径都产生了重要影响。进化论也推动心理学的思维方式产生根本性的变革，它促使心理学以全新的视角审视"意识"及"适应"问题，审视"意识"及人的差异。自从将自身定位为一门生物学，"深入地探讨在种系发生的与个体发生的适应之间以及在隐藏的遗传潜能与个体经验之间的复杂而精细的交互作用"① 成为心理学探索的全新方向，而进化心理学则是这方面的崭新成就。

更重要的是，进化论促进了心理学研究模式由认识到适应的转变。以往西方心理学史的叙事逻辑多围绕着二元对立的话语模式而展开，但问题是，仅止于二元对立的范畴难免会掩蔽心理学的历史与真实。因此有必要超越二元对立的思维桎梏，有必要在凸显"认识"与"存在"之于西方心理学脉络线索之意义的基础上，揭显"进化发生"之于心理学转向的意义。"传统上，哲学家关注人类的认识，关注我们如何形成观念，关注我们如何确立观念的正确与否。由观念引发的行动，只占他们关注的很小一部分。然而，在生物的、进化的背景下，观念唯有导致有效的行动时，才具有重要性。"② 进化论对人格心理学的定位与理解产生新的变化。"由于从理论上讲进化过程是惟一已知的能产生复杂组织机制的创造过程，所有关于人类本性的理论在一定程度上都必须植根于选择进化的基本原则。与这些进化论原则不一致的人格理论是难以产生站住脚的或不可能是正确的（Buss，1991）。"③ 此外，应用心理学的发展很大程度上也是受到了进化论的影响，而进化心理学的产生本身就是进化论影响心理学发展道路的明证。

四　三重脉络之于中国本土心理学理论探索的启示

西方心理学历史演进过程中存在着认识、存在、进化发生三重脉络，

① 〔美〕加德纳·墨菲、〔美〕约瑟夫·柯瓦奇：《近代心理学历史导引》，林方、王景和译，商务印书馆，1980，第508页。
② 〔美〕托马斯·H.黎黑：《心理学史》，李维译，浙江教育出版社，1998，第486页。
③ 转引自〔美〕Lawrence A. Pervin、〔美〕Oliver P. John《人格手册：理论与研究》，黄希庭主译，华东师范大学出版社，2003，第69页。

这三重脉络是从新的角度对西方心理学演进逻辑的一种诠释。已有的本土心理学研究多缺乏对西方心理学发展脉络的认识与理解。多数的本土心理学研究者仅仅是不满于西方科学主义心理学文化普适性的弊端，或是简单借鉴心理学史争论中的科学主义/人文主义二分式的解释框架。但是这样的简单借鉴不足以全面地认识西方心理学，而对于西方心理学认识的模糊在某种意义上会令中国本土心理学难以取得真正的进展。应当意识到，若是不了解西方心理学历史演进的深层脉络，则学术实践主体性的探索难免会落入盲目的差异找寻的窠臼之中。中国本土心理学的最终目的不是进行这三重向度的简单对比，与西方心理学历史演进三重脉络进行对照，是探索中国本土心理学内生逻辑及特质的必要进路。

如是，就需要从认识、存在、进化发生三重向度进行中国本土心理学资源的探索，需要具体考察中国古代思想中是否存在这三种传统。如果存在这三种传统，中国古代这三种传统中最核心的资源有哪些？如果没有其中的某项或某几项传统，那么是什么原因导致没有这种传统？此外还应进一步追问，如果没有其中的某项传统，那么中国古代传统中与之最接近的传统又是什么样的？

此外，还有必要对照最为接近的传统，继而进行对中国本土心理学的探索。这样的探索方式有助于得出对中国本土心理学建构逻辑的新理解，有助于挖掘出中国古代最能体现中国文化心理特质而且能与西方心理学相会通的思想资源。当然，中国本土心理学与西方心理学历史演进三重脉络的对照，不应止于简单的一一对比。中国本土心理学似乎更应关注中国本土传统中的"认识"与"存在"的关系、"认识"与"进化发生"的关系，以及"认识""存在"与"进化发生"的关系。

首先，就"认识"与"存在"关系向度的对比及探求而言，中国古代所注重的"知"既包含了儒家的德性之知，也蕴含着道家的"去知"传统，这些都是不同于西方心理学认知取向的鲜明特点。同时可以发现，中国古代传统中对"存在"的关注比较少。儒家、法家及墨家很少关注人的存在，道家的庄子对存在予以关注，后文会具体诠释庄子的存在心理思想。

中国古代的认识取向和存在取向相对缺失。因之，一方面有必要思考这种缺失的背后有哪些替代性的思想传统或思想资源；另一方面，有必要对其中蕴含的与西方心理学认识取向、存在取向相近及相反的资源进行诠释与解读，有必要通过对相反思想资源的诠释解读，阐释中国古代独特的文化心理脉络。如是，就需要具体地探索中国古代各家的大传统，在对比的基础上凸显中国传统文化心理的特点。

其次，就"认识"与"进化发生"关系向度的对比及探求而言，中国古代虽然不注重认识传统，但是却注重德性与理想人格的培育。理想人格与德性之知有利于社会的文明化，但就进化发生的真实逻辑而言，它似乎又不利于个体的生存①。实际上，在中国古代与"进化发生"较为接近的当是法家与道家传统，其中道家传统与之的相似性要弱些，法家也并不与"进化发生"传统直接等同。法家与道家皆注重社会的现实性，但二者采取的态度却截然不同。法家是为君王服务的，因此法家所强调的术、势及法的成分更多些；道家的善柔、守静、无为虽然有利于个体生存，但多为一种退隐的适应之道。

就儒家而言，"进化发生"逻辑与儒家教化传统存在二律背反。"进化发生"的逻辑注重适者生存，而儒家教化的目的则是要促使人性向善，意在促进社会良性秩序的建立。在个人修养层面，儒家强调内圣外王，但是却对个体的先天智力、先天能力因素缺乏充分的考虑，而过多注重"德"之修养与"积"的持守，但是儒家对智、能的现实前提却未能给予充分的认可。当然更应该注重的是，我国民间的小传统似乎更注重"智"，但真正有利于生存适应的则是"智""慧""德"的结合体。此外，儒家典籍中的《春秋》《国语》似乎兼顾了"社会"认知、个体适应，但是与西方心理学中的认识取向、进化发生取向却有很大不同。

儒家学说与进化发生逻辑存在二律背反的另一个层面体现为儒家多言人性善恶问题，以及人性可化抑或不可化的问题。但这些都是就文明的理想愿景而言的，儒家学说在客观上缺乏对真实人心特点的承认。然而在真实的社会生活中，缺乏对真实人心特点的认识难免会造成社会化的困难。在这方面，中国民间的小传统或有助于增益对世界本身的认知，有助于呈

---

① 范进、孔乙己即是这方面的例子。

现真实社会中的生存适应。此外，人情、面子、关系作为中国文化大、小传统相互作用而形成的文化心理特质，构成了真实社会中的社会生存逻辑，值得重点关注。

最后，就"认识""存在"与"进化发生"的关系而言。"认识"是主体意识的一种机能，同时也是主体朝向外界的实践活动；"存在"则更多来自个体的感受，来自个体的情感体验；而"进化发生"则需要个体在生存实践中的智力、能力、策略、努力与调适。从这三者相结合的角度进行观察，似乎中国传统中"命"的观念较能体现三者的相合。在中国古代，无论是儒家还是道家对于"命"的认识都可理解为一种对个体存在的认识，是对存在之无可奈何的接受与担当。也可理解为个体生存适应的一种结果。特需说明的是，这里所说的"命"并不是指存在着命运之神，也不是指占卜、算卦等迷信活动中所指的"命"，而更多是个体基于生活经历而获得的一种透过偶然性而显现出的必然性。它包含了个体对于这种必然性的认知。"命"在中国文化观念中更多是一种归因，它是个体对自身生存适应境遇的归因，当然此一推论仍有待进一步的考察。

以上是对西方心理学认识、存在、进化发生三重逻辑之于中国本土心理学启示的探讨。

需要注意到，中国本土心理学对于认识、存在、进化发生三重脉络的找寻与比较分析，不能进行简单的比附，而是需要比较、辨认、反思；也不可仅仅将目光集中于中国古代的文化大传统，必须关注今日飞速变化的社会现实；不能简单地套用既有的框架，而必须充分揭示现象本身的内在复杂性。在研究过程中，还应当允许"现象"超出理论解释的框架，而不是用理论刻意嵌套现象与现实。

| 第四章 |

儒家心理学的困境反思

在"附录一"中，本书专门对四十余年来我国的儒家心理学研究进行了归纳整理，意在通过这种方式使本土心理学者认清儒家心理学研究的探索路径、研究主题及代表性成就，意在通过这种方式让本土心理学者对儒家心理学研究有一总体性认知。通过"附录一"的梳理可以发现，几十年来我国的儒家心理学研究取得了一定成绩，但同时也存在着内在的困境。因之，实现儒家心理学的新发展依然是中国本土心理学者肩负的一项重要使命。

一 儒家心理学研究的内在困境

众所周知，我国古代并没有"心理学"的学问体系，"心理学"乃是近代以来西学东渐的产物。但是自心理学在我国建制后，少数学者就开始自发地探索中国传统的心理思想。尤其是 20 世纪 70 年代末心理学恢复学科建制以来，探索中国古代的心理思想就成为心理学者热衷的一个方向。于此途中，更多学者关注的是儒家心理思想。经过四十余年的努力，儒家心理学研究确实取得了一系列成就，但依然面临着诸多困境。

（一）儒家思想乃是与农业社会相适应的产物

在今日从事儒家心理学研究面临的一个最主要难题，就是儒家思想在今天的影响力与生命力问题。若是不明了此一问题，则研究者所得出的诠释很难有现实的生命力。因之，在对儒家心理学进行研究之前，首先应明了"儒家"产生的特定背景，明了其所适应的特定社会形态。而且唯有如此，才能明了儒家心理学到底具有怎样的意义；到底是文化意义，还是心理意义。如是，对于此类困境的探索则构成儒家心理学研究的前提。

1. 儒家思想与农业社会

儒家思想乃是农业社会的产物。儒家思想诞生于农业社会的背景下，是根据农业社会特点而量身定制的一套文化系统。正如费孝通先生所言，"中国人的生活是靠土地，传统的中国文化是土地里长出来的"①。农业社会背景下诞生的政治统治与教化系统不可避免地会印刻着农业社会的特点。相较于工业社会与后工业社会，农业社会具有典型的地域性、静态性、稳定性及重人伦的特点。正是这些特点使儒家学说在两千多年的古代社会中的影响力绵绵不绝。

（1）农业社会的静态性特点

顾名思义，农业社会是以农业为最主要生计方式的社会。农业社会的一个典型特点是其静态性。进入农业社会，人类才有了更稳定可靠的生计方式，才有了稳定的村庄聚落形态，才有了可用于防御的城市，才产生了国家与文明。

农业社会的静态性，既是相对于游牧及游猎生计方式而言的，更是相对于工业及后工业社会来说的。首先，农业社会的静态性是相对于游猎或游牧生计方式而言的。人类在漫长的进化过程中主要通过植物采集、游猎等生计方式维持生存。在游猎状态下，群体的人数一般相对较少，经常性地迁徙使群体很少有剩余财产。游牧出现的时间要比游猎晚，不停地游动或迁徙同样是其典型特点。相较于游猎这种生计方式，游牧虽然可以产生更大的群体，甚至可以建立类似国家的组织，但游牧仍是不稳定的。因为不定居就很难有稳定的生活，也很难实现财产的累积，更难以产生城市、文字与文明。

其次，农业社会的静态性更是相对于工业时代及以后的社会形态而言的。人类进入工业社会以后，交通技术、信息技术的发展使人类相互接触

---

① 费孝通:《费孝通全集》（第四卷），内蒙古人民出版社，2009，第383页。

的空间得到极大的拓展，人的空间流动也变得更加频繁。人口的迁移、商品的流动、信息的传播、城市的扩张都快速地发展，传统的在农业社会土壤中形成的伦理规范也逐渐被替代，而流动性则成为当代社会最鲜明的特征。

（2）农业社会的地域性特点

在传统的农业社会，因受交通工具的限制，多数人终其一生都很少离开其生活地，生于斯、长于斯、老于斯是传统农业社会的典型特点。多数人终其一生都很少离开其所生活的地域，传统农业社会也因此成为典型的地域社会。在地域化的熟人社会中不可避免地需要遵循该社会的法则，需要遵循宗法关系和道德礼教。在熟人社会，人情与关系至关重要。翟学伟先生根据社会学和社会心理学的学科性质指出，中国本土特色的人际关系术语为人缘、人情和人伦，强调人缘、人情、人伦在中国传统农业社会中的重要性及在今天的影响力，而人缘、人情、人伦正是中国传统农业社会的反映与遗存。

但是在今天，交通及媒介技术的飞速发展早已打破传统的、封闭式的地域关系，个体的空间流动变得异常频繁，今天人们更多生活在由陌生人所构成的有机团结的社会中。越是大城市，有机团结体现得越明显，人们对基于有机团结所联结成的社会信任度越高。

（3）农业社会具有稳定性的特点

农业社会具有稳定性的特点。农业社会的稳定性特点既与农业社会的生计方式有关，也与农作物的生长周期密不可分，更与人们难以脱离地域时空有关。西周初期创立的礼乐教化系统，经由以孔子为代表的儒家的不懈传承，在我国古代的农业社会中稳定地延续了上千年，而以宗法制为根底的教化体系也为人们所接受。儒家教化系统强调以孝为本的德化模式，注重长老的权威。这种稳定性既与儒家及王者的教化努力不可分，同时也是与农业社会的稳定性特点联系在一起的。

（4）农业社会具有重人伦的特点

农业社会还具有重人伦的特点，而这种特点又是与农业社会的静态性、地域性、稳定性联系在一起的。由于农业社会具有静态性、地域性、稳定性等特点，人们都生活在相对静态化的、稳定的地域社会中。正常情况下，农业社会中的个体很少能够脱离其所生活的地域。因之，在地域社会中所形成的人与人之间的稳定关系，在血缘、亲缘、地缘基础上形成的宗法关系、宗族观念自然会被格外看重。在这样的社会环境下，人情和人伦关系的意义自然会凸显。在这样的社会中，人们对人伦关系也会格外依赖。在农业社会中所形成的人伦关系既是个体存在的支撑，也是意义的来源，同样也构成个体难以脱离的链条。

2. 宗法体系与长老统治

如前所述，传统农业社会具有静态性、地域性、稳定性及重人伦的特点。正是基于这些特点，中国古代圣王更加注重在静态性、地域性、稳定性基础上创建一个尊卑有序的礼俗社会。自西周制礼作乐，亲亲尊尊成为传统农业社会得以延续的伦理与统治法则。关于亲亲尊尊的制度功效，《礼记·大传》中这样写道：

> 自仁率亲，等而上之至于祖，自义率祖，顺而下之至于祢，是故人道亲亲也。亲亲故尊祖，尊祖故敬宗，敬宗故收族，收族故宗庙严，宗庙严故重社稷，重社稷故爱百姓，爱百姓故刑罚中，刑罚中故庶民安，庶民安故财用足，财用足故百志成，百志成故礼俗刑，礼俗刑然后乐。[1]

"西周依此血缘关系而成立严格的宗法制，又依宗法制而建立起一套封建等级制。"[2] 于是，"亲亲尊尊"遂成为宗法制得以确立的原则，中国也逐步成为受宗法支配的社会。"从西周开始，宗法意识已深深地渗透于中华文化的血脉之中，其后两千多年来中国社会的性质基本上亦由此而确立。"[3] 宗法制的核心是"礼"，"礼"主差等。儒家充分意识到，只有将社会按照一定原则分成不同的等级，每个等级都各安其位才能确立起稳定而有秩序的社会。正因如此，周代确立了一个上下有等、亲尊相连的文明秩序。以周天子为例，在周天子的众多儿子之中，只有嫡长子才可以继承

---

[1] 胡平生、张萌译注《礼记》，中华书局，2017，第664页。
[2] 李景林：《教化的哲学——儒学思想的一种新诠释》，黑龙江人民出版社，2006，第282页。
[3] 谢遐龄主编《中国社会思想史》，高等教育出版社，2003，第8页。

天子之位，其他庶子与嫡系非长子、非嫡系长子在正常状态下都不能继承天子之位，而只能被封为诸侯。同样继位之后的周天子，在众多儿子之中也只有其嫡长子可以继承天子之位。其中，嫡长子为大宗，嫡系非长子、非嫡系长子、庶子则构成小宗。对于诸侯而言，同样也只有嫡长子才能继承诸侯之位，庶子只能被降为大夫。对于大夫而言，同样只有嫡长子才能继承其"家"位，庶子只能降为士。

宗法社会的一个典型特点是祖先崇拜。正如晚清时来华的美国传教士、外交官切斯特·何尔康比通过长期观察所发现的，"中华大地上普遍存在祖宗崇拜的现象，社会的每一个角落都渗透了它的因子，影响着每一个中国人"[1]。祖先承受子孙的祭祀，而子孙则通过敬奉祭祀祖先以感念祖先的恩泽，祭祀则是将同一祖先的后代联系起来的纽带。"'亲亲'的原则要求子女孝敬父母，'亲亲'的原则要求族人尊祖敬宗"[2]，无论是中国古代的士族大家，还是今日的姓氏宗祠，都是宗法社会传承和遗存的体现。在今日我国的福建、广东、湖南、江西、浙江等地区的乡村，宗祠依然发挥着重要的影响作用。

宗法社会以同姓血缘为纽带，以共同的祖先为尊奉对象，并以此建立起严密而复杂的规矩和礼法体系。通过建立以"礼"为核心的规矩体系，家有家长，族有族规。在以宗法结构凝聚起来的家族中，长老或族长拥有最高的权力。长老负责主持祭祀仪式，并有权对触犯族规的成员进行惩罚。

宗法社会遵循"亲亲尊尊"的原则。随着同一祖先后代的不断繁衍，若干代之后，同一祖先后代的人数可能达至数百甚至数千。同一祖先的后代，最初几代的关系比较亲近，但是经过几代之后则变得疏远。为此，周公制定了五服的礼制，也就是随着五代之后血缘关系变远，礼制义务也逐渐变淡。五服的关系由近及远：关系越近，所承担的责任、义务也就越重，在祭祀时所应遵循的礼节也就越繁杂；关系越远，所应承担的责任、义务也就越轻，在祭祀时所应行的礼节也就越简。

---

① 〔美〕切斯特·何尔康比：《中国人的德性——西方学者眼中的中国镜像》，王剑译，陕西师范大学出版社，2007，第83页。

② 谢遐龄主编《中国社会思想史》，高等教育出版社，2003，第8页。

3. 血缘亲情与教化

传统农业社会因其静态性、地域性、稳定性及重人伦的特点，加之社会分化程度较低，社会秩序主要是在血缘亲情的基础上维系，所以古代圣王特别注重在家的基础上将人伦精华通过教化推广开来。同时也正由于传统社会静态性、地域性、稳定性的特点，人口的空间性流动较少，所以个体更多沉寂在群体性的家族、宗族之中。既然是家族、宗族，就不是松散个体的简单联合，家族或宗族利用血缘、宗法使宗族或家族的成员紧密结合起来。

对此，儒家进行了精心设计。儒家选择了与"天"紧密相连的"孝"，以之为教化最核心的基础。"孝"源自生物天性，来自血缘亲情，是先天的，是人与动物先天具有的。同时"孝"又最能激发人的本能性亲情。正因如此，儒家将"孝"作为教化最核心的资源加以利用。在儒家的教化设计中，"孝"首先是与人的血缘亲情联系在一起的，是人内心不可掩抑的情感。周公正是看到此点，将"孝"与养育者的养育恩情联系起来，因之"孝"就与"恩""报恩"紧密相连。

儒家强调"孝"与中国古代大家庭的特点相联系。中国古代的上层阶级人员多以大家庭的生活形态联系在一起，大家庭的成员多为几十、几百甚至上千人。为了维护长者的地位，"孝"就可理解为"齐家"的一种手段。同时，为了让"孝"更加顺应人心，使其不成为一种外在的强制要求，"孝"的天然情感就成为儒家教化学说的依据。而培育个体的孝心、孝情，鼓励个体的孝行就成为儒家教化的实践任务。作为儒家哲学最核心范畴的"仁"正是从"孝"演化而来。

（二）心理现象并非早期儒家的核心要旨

儒家是最能代表中国文化精神的一个轴心传统。因之，儒家心理学自是当代心理学者对中国传统心理思想进行挖掘及诠释最用力的一个方向。无论是中国心理学史、中国心理学思想史学者，还是中国文化心理学者、中国本土心理学者都喜欢探索儒家心理思想。尤其是中国心理学史、中国心理学思想史学者对儒家心理思想的梳理及诠释最为用力，付出的也最多。但同时也应看到，中国心理学史在当前我国心理学的专业课程设置中是"落寞"的。无论是在心理学的本科课程体系中，还是在心理学的研究生课程设置中，能够看到的中国心理学史或中国心理学思想史课程少之又少。尤其是近年来，中国心理学史之类的课程更加边缘化。为此，就不仅需要从外部寻找原因，而更应从内部探究儒家心理学难以取得预期进展的原因所在。

1. 儒家思想的主旨与角色定位

以孔子为代表的儒者对周公所创制的礼乐教化系统自觉继承。孔子虽是殷商后裔，但他却自觉认同并继承了周朝创制的礼乐教化系统，对于周文明有着自觉传承。

关于儒家的角色定位，《大学》开篇讲得很明白，"大学之道，在明明德，在亲民，在止于至善"。于此之外，《大学》更是提出格物、致知、诚意、正心、修身、齐家、治国、平天下八条目，这是对儒家角色定位的明确描述。孔子一生都希望通过为政实现自身的理想。儒家学说中的为政和教化这两个要旨看似是分开的，但实则是紧密联系在一起的。而后世显儒一般既是青史留名的学者，同时也是为政一方的官员，是教化实践的推行者。此点可以从北宋以来持续近千年的乡约运动中窥见一斑。

既然儒家意在为政，那么关于为政的论述自然是其学说的重点。在此方面，儒家既提出了为政以德的政治主张，提出仁政的学说，同时也发起了关于人性善恶、法先王还是法后王的论争。特需明确的是，孟子的人性本善论更主要是为其政治、教化学说服务的，要为其政治、教化学说提供理论根据。因此，关于心理抑或意识的思考及论说在某种意义上主要是其政治、教化学说的"副产品"。而且就现实而言，人性并非仅有善、恶两个向度。从心理层面讲，人性有着更丰富的维度，有着更细微的可待考察之处。人性的很多细节只会向他人显现，而有些细节则只会向自身显现。因此，仅仅关注善恶不足以揭示人性，也不足以阐释人性的精微内涵。

儒者意在为政，这是儒家为自身定下的角色使命，与为政相连的则是弘扬教化。在李景林先生看来，儒家哲学是教化的哲学，不同于西方的神学教化，儒家教化是一种典型的人文教化。儒家教化以礼乐为核心资源，通过礼让民众实现尊卑有等、长幼有序、仁爱相亲的人伦生活，而化民成俗、化民易俗就成为儒家教化的目标愿景。儒家教化就其外在目标而言是让民众遵循"礼"之仪轨而生活；就内在目标而言，则是让民众发现自身的良知，不断提升内心之仁的境界。

儒家意在通过为政以推行教化，其为政、推行教化不是徒有其表的空架子，儒家推行教化的根本路径是践行以德为本。对于教化主体，儒家强调需先修身，以修身工夫以成就君子人格。为此，儒家发展出一整套修身工夫，其中既有关于心、性、诚、气、道的修习方法，还有慎独、养气的工夫修炼。对于"中国心理学"而言，确有必要挖掘、梳理此方面的资源，期待以此获得更有意义的发现。

2. 儒学思想的发展阶段

儒学在中国古代的发展经历了先秦儒学、汉代经学、宋明理学、清代考据学等几个阶段。在这几个阶段中，尤以先秦儒学和宋明理学最为突出，也最受学界的关注。宋明理学是儒学发展史乃至中国文化史上一颗璀璨的明珠。宋代儒学继承了唐代韩愈、李翱等儒者的精神志向，在当时的文化环境下以理想情怀、对抗意识辟佛老而挺儒学，以传承儒家的人文精神与担当意识。宋代儒学的很多思想是从禅宗及道家而来。辟佛老不是简单地反对佛老，而是在真正理解并吸纳了佛老之后打造儒学新生命。正是从宋儒开始，对先秦儒学的思想诠释发生了新变化。《大学》《中庸》被朱熹从《礼记》中提取出来，与《论语》《孟子》合称为"四书"，此后"四书"更因获得科举支持而地位超过"五经"；心性论成为儒家学说最核心的思想，其权重意义逐渐超过为政与教化。

此处之所以要对儒家思想发展的脉络进行梳理，主要是为了让只阅读过《中国心理学史》《中国心理学思想史》的读者明白，心理学对儒家心理思想的诠释与解读主要参照的是中国哲学史的诠释体系，而非中国政治思想史、中国社会思想史以及中国思想史的诠释体系。但是，从事儒家心理学的理论研究，若是不了解儒家思想在宋明理学阶段发生的新变化，以及它相较于先秦儒学的特点，就很难理解《中国心理学史》《中国心理学思想史》对先秦儒家进行诠释时存在的难以厘清的内在矛盾。

如前所述，无论是道家还是佛家，都有精微的思想，而这点在儒家却是一个弱项，因之宋代新儒家努力从先秦儒家典籍中找寻可以相对抗的资源。最终，他们找到的义理资源就是《孟子》《大学》《中庸》，其中《孟子》的心性学说更是成为宋代新儒家对抗佛老最精微的资源，而《大学》《中庸》也因其心性、工夫、天道性命说而被宋儒高度重视。此外，《论语》中的孔颜乐处也为宋代新儒家所津津乐道，成为儒家探讨精深义理的学说资源。同时也正因为宋代新儒家对先秦儒学的新诠释与新建构，使得唐代以前儒家语境中的圣人由周公、孔子变成了宋代以降的"孔孟"。

至清代，儒家思想又发展出新的倾向。随着明朝的灭亡，清初思想家开始反思"明何以亡"的深层原因。在对"明何以亡"的追问中，清初思想家开始省思宋明心学的弊病，"闲来袖手谈心性，临难一死报君恩"成为清初儒者批判宋明以来新儒家喜欢空谈心性而缺乏为政及实践能力的主要论点。此后，清初儒者着力发展经世致用之学。但是清朝早期采取文化压制政策，儒者又不得不转向与政治无关的考据之学。考据之学的兴起，客观上对整理古代文献起到了重要作用，但同时也阻碍了中国文化的发展。

及至近代，鸦片战争打开了清朝的国门，中国也逐步沦为半殖民地半封建社会。各种屈辱成为压在中国知识分子心头的巨石，思考并探索救亡之道则成为有识之士奋力求索的目标。魏源的《海国图志》、严复的《天演论》（译）、康有为的《新学伪经考》、谭嗣同的《仁学》都成为唤醒国人睁眼看世界的醒世之作。此后，辛亥革命的爆发及北洋政府的成立并没有实现民族独立的目标，中华民族依然灾难深重。正是在此大的背景下，以熊十力、马一浮、梁漱溟先生为代表的学者着手对儒家文化进行重振与发扬，继而开创出当代新儒家。此后，更有牟宗三、唐君毅、徐复观、刘述先、杜维明、成中英等当代新儒家对儒学的自觉传承与创造，儒家也因此获得了其在当代的新生命。

3. 心理或意识并非儒家关注的核心主题

如前所述，儒家以政治教化为己任，其所关注的核心主题以政治教化为主，而教化又以道德伦理为轴心。正因为对自身的角色定位有着明确的认知，所以心理或意识并非儒家关注的核心。不得不承认，早期儒家并没有将焦点放在心理或意识层面。

之所以说儒家并没将焦点放在心理或意识层面，是由儒家自身的目标理想与角色定位所决定的。通过对先秦儒家文本的梳理可以发现，无论是《论语》《孟子》，还是《荀子》《尚书》等文献，都很少专门论述心理或意识。《孟子》一书虽然有对心性的探讨，《荀子》一书也有对"心"的认识，但这两部文本对心理的论述依然过于零散。其中既鲜有对意识现象如"梦"、神经症等现象的探讨，也很难发现关于存在心理的论述。虽然其中也有对心性修养的描述，但是其对认识机能的描述并不够系统。如果说先秦儒家思想中有对心理的揭示，那么也多属于对教育心理、人格心理、道德心理、情感心理的探讨，对意识其他维度的关注着实较少。正如李景林先生所言，"儒学的出发点是成就人的'为己之学'，而非一种知识论的立场"①。"儒家的知论，严格地说，并非一种西方哲学意义上的认识论或知识论，而是一种与人格修养相关的智慧论。"② 此外，翟学伟先生亦写道，"中国传统学术里的一个主要特征就是它的说教性，也就是说，中国传统学术一向不注重给人们提供心理与社会构成与运作上的原理分析和解释，而只是注重提供人们在社会中该怎么做的知识，所谓'修齐治平'、'三从四德'、'三纲五常'等即是典型"③。

此外，通过文本梳理可以发现，儒家对于心理的论述常趋于理想化，而缺乏现实的描述分析。例如，儒家所讲的君子人格本身就是理想化的人格，属于人格的理想型，它与现实个体的真实人格有很大不同。先秦儒家主张通过修身实现理想人格。无论是《大学》对于修齐治平的描述，还是《中庸》对于"诚"的强调，或是孔子对于"三达德"的论述，抑或孟子所言的"大丈夫"以及荀子对于"积"的强调，都侧重于修身工夫。而这些修养层面的心理思想并不同于西方以认知机制、认知原理发现为目标的意识心理学。当然更有学者指出孔子的"真实身份是思想家和社会批评家，不是传教士和心理医生"④。这又主要可以从两个层面理解，一是在孔子所生活的时代，心理疾病并不构成社会中的主要问题；二是孔子及早期儒家并未以心理问题为自己所欲解决的焦点问题。

当代学者对儒家尤其是先秦儒家的心理思想研究多从教育心理、社会心理、人格心理、情感心理等角度进行，很少能发现对儒家之于意识现象

① 李景林：《教化的哲学——儒学思想的一种新诠释》，黑龙江人民出版社，2006，第33页。
② 李景林：《教化的哲学——儒学思想的一种新诠释》，黑龙江人民出版社，2006，第336页。
③ 翟学伟：《人情、面子与权力的再生产》，北京大学出版社，2005，第6页。
④ 李零：《丧家狗——我读论语》，中华书局，2022，序第1页。

的论述与分析。而这又是和儒家自身的思想关注重点联系在一起的，换句话说，先秦儒家的问题焦点并不在于意识现象本身。虽然先秦儒学中也有心性思想，但这种思想主要是到了宋代才有了系统的阐释，才成为儒学精深义理的探索主题。

二　儒家心理学研究需要避免的误区

几十年来，在心理学本土化的大潮下，儒家心理学渐具勃勃之生机，不仅产生了一些较重要的成果，而且研究视角与研究方法也愈发多元化。但依然需要承认，目前的儒家心理学仍然存在研究的误区，需要通过反思纠偏。

（一）过于抬高所研究主题之价值

作为学术研究中的一个通病，过于抬高研究主题价值的现象同样存在于儒家心理学之中。原本彰显学术研究的主体性是后发现代化国家学者的职志，是后发现代化国家学者在反殖民主义心态下的一种情结。但是在早期资料不充分、环境较封闭或是条件不充分的情况下，学术研究的主体性只能通过研究主题的价值彰显出来。但是在此方面存在的一个问题是，一些研究过于强调或是刻意抬高所研究主题的思想价值。

这种倾向主要存在于 20 世纪八九十年代的相关论文或著作中，在 21 世纪初的部分文献中也能看到这种倾向。相关的研究中常出现这样的描述，即古代某某思想家提出"独步千古"的心理学思想，某某思想家的心理思想领先西方多少年等。但问题是，超越西方的传统心理思想不仅需要挖掘，更需要论证与阐释，需要确保其真正具有如此之高的价值，而不能代之以简单的一句话式的断言或论断。

之所以存在此种倾向，主要是有这样两个方面的原因。一是缺乏对西方心理学的充分理解，二是缺乏对中国传统心理思想的整体性把握。就第一种情况而言，一方面是 20 世纪八九十年代国内可获得或接触的西方心理学资料不多，即使能接触到的西方心理学资料也较为陈旧。另一方面是当时研究者受外文阅读能力的限制，对西方心理学的知识体系缺乏整体性把握，对西方心理学的进展也缺乏足够的认识。因之，对心理学缺乏充分的认识是过于抬高研究主题价值倾向产生的一个重要原因。

就第二种情况而言，20 世纪八九十年代，学者们对研究我国的心理学思想有很高的热情，而且很急切地想在短时间内做出成果来。但是我国传统的心理思想多零散地藏在大量古籍中，而且当时缺少这方面的先在思路框架。但是，要想了解儒家心理及中国传统心理思想则必然要过古文字的关，需要对中国哲学、中国历史有深厚的积淀。但是，20 世纪八九十年代蓬勃的研究热情使多数学者都希望能及早地挖掘、整理出研究成果来。这样自然会对照西方某某心理学思想进行片段式的研究。在这种情形下，自然会得出我国古代某某思想超出西方心理学多少年的论断。

应当承认，早期学者对儒家心理思想研究的热情是值得肯定的，早期学者也并非要刻意抬高研究主题的价值。之所以会出现这种现象，是与当时的条件限制、时代局限分不开的。这种倾向在今天仍值得从事儒家心理学研究的学者注意。需要意识到，在研究中不能以臆断代替论证与阐释，更不能以臆断代替研究的真实过程。

（二）简单比附西方心理学理论

进入 21 世纪以来，关于儒家或道家的心理思想研究均呈现一种新的研究取向，也就是借用西方心理学理论诠释儒家或道家的心理思想。从学理来看，借鉴西方心理学理论阐释儒家心理思想，相较于 20 世纪八九十年代的单纯挖掘阐释是一种进步。毕竟这是儒家心理思想迈向诠释学的一个重要变化，是儒家心理思想研究的新阶段。但是，通过梳理可以发现，此类研究中也存在着简单比附的倾向。这种倾向主要表现在以下几方面。有的研究仅仅是从儒家思想中找寻与西方心理学某一理论相对应的思想，在解释过程中存在着过于简单化的倾向；有的研究对儒家仅做总体的概括，继而笼统性地找寻与西方心理学相对应的思想；还有的研究仅仅刻意地比附西方心理学的某某理论，其论述也存在着表面化的倾向。

之所以存在这种倾向，一方面是因为研究者在研究过程中缺乏对所要对照的西方心理学的全面、深入的了解；另一方面则是对所要诠释的儒家思想领会有待加深。对于此种类型的研究而言，既然是要从儒家思想中寻找与西方心理学某某理论相对应的思想,那么首先就应当对作为理论资源的西方心理学理论有全面、深入的了解,而不能仅仅依靠从教材或几篇论文中获得的文字作为解释资源。此外,既然是要对儒家或儒家代表人物的心理思想进行诠释,那么同样需要对儒家代表人物的文本、相关哲学阐释、相关心理学阐释有总体的了解。这样才能确保把握儒家思想的精髓,继而在此基础上再进行诠释与解读,最后再与西方心理学理论进行对照。

在研究中简单比附西方心理学理论,最根本的原因在于急于发表的心态。现实的环境确实给研究者造成过高的指标压力,当代研究者也不得不承受这种压力。但是过于追求可见的论文成果,刻意追求可见刊的文字,则难免对研究的质量及诠释的水平造成影响。急于取得可见的成果对理论诠释、思想比较、体系构建的初衷是好的,但最终的结果是产生许多可用性不高的文字。对于儒家心理思想研究而言,同样不能忽视这样的问题。

此处之所以指出这些误区,是因为研究本身不可过于简单化、表面化,不可以似是而非的联系代替真实的联系。学术研究应当阐释思想的精义、微义及隐义,对于儒家心理学研究同样应当如此。运用西方心理学理论阐释儒家心理思想应当具备双重功夫,就是应当既谙熟所运用的西方心理学理论,也应真正理解儒家思想,而不是停留在白话阅读的水平。对于儒家的西方心理学思想诠释,以及儒家思想与心理学理论的比较研究不应当进行简单的表面化联系找寻,而应当进行深入系统的诠释解读,并且应当体现出诠释学功夫。

(三) 过度依赖中国哲学的诠释话语

中国虽然原本并没有专以"哲学"为名的学问形式,但有着丰富的思想与义理系统。近代以来,西学东渐。随着大学的建立,"哲学"始获得正式的学术建制。此后,随着胡适《中国哲学史大纲》、冯友兰《中国哲学史》、张岱年《中国哲学大纲》的出版,中国哲学逐渐成为一门成熟的学问体系。尤其是1947年冯友兰先生在美国宾夕法尼亚大学进行的中国哲学史讲座,以及次年以英文出版的《中国哲学简史》,使中国哲学作为一门学问获得国外学界的认同。

中国哲学在我国有正式的学术建制。相较而言,无论在研究成果、研究队伍、研究认可度，还是在研究功力方面，中国心理学史均无法与之相比。而且在国内，中国哲学有专门的教学、研究和传承体系，其他国家同样有学者专门研究"中国哲学"。

中国心理学史包括儒家心理学都对中国哲学过度依赖。这是因为，一方面，中国心理学史几乎完全在空白的基础上展开，所以它必然要找寻依循的范本；另一方面，中国心理学史与中国哲学在各方面均有明显的差距，而且无论是中国哲学史中的"心""性""仁"，还是"知""欲""情""感"等范畴与心理学都有着天然的亲近性，所以中国哲学史的范本自然成为中国心理学史早期探索的必要参照。与之不同，无论是中国政治思想史、中国社会思想史，还是中国伦理思想史，其内容与"心理"这一主题都相对较远，所以中国心理学史自然未能借鉴这些学科的知识体系。也正因如此，中国心理学史及中国心理学思想史对中国哲学的话语及致思路径自然有更多的依赖。

但同时也需意识到，中国哲学毕竟是中国哲学，中国心理学史虽然与中国哲学有着重要联系，但这种联系却不能代替中国心理思想史自身的研究主题、学科特质、内在逻辑，同时也不能掩盖哲学文本中未曾述及但在现实生活中真实存在的、活生生的人之心理。如是，即有必要反思儒家心理思想研究中过度依循或过度模仿中国哲学话语体系及致思模式的问题。不得不承认，目前国内一些关于儒家的心理思想研究与中国哲学并没有太大差异，只不过在题目中加了"心理"或"心理学"而已。只能说，此类研究依然依循中国哲学的话语体系与思维逻辑，而且对儒家和心理学的内在联系依然缺乏进一步的理解。当然这并不是说儒家心理思想研究不应当借鉴中国哲学资源，而是强调儒家心理思想研究应当"先立乎其大者"，也就是首先要明确"心理学"应当研究什么，"中国心理学"或"儒家心理学"最应当研究的核心问题、关键问题是什么。这些问题若是不明确，则难免会依循其他学科的范式，模仿其他先进学科的思路体系及话语模式而不自知。

如在中国哲学中，由孟子所确立的"人性本善论"经由宋代儒者的发扬而成为儒家的正统，荀子的"性恶论"则被诟病及边缘化。中国心理学史中对于孟子和荀子的人性论阐释常存在着既想凸显每位思想家的理论价值，但是又回避二者在同一主题上的矛盾分歧的现象。一方面，对二者进行诠释时常认为两者都有道理，都给予肯定；另一方面，又想遵循中国哲学话语抬高孟子而贬低荀子，但是通过文本梳理又发现荀子与心理学更为接近。最终，对孟子的性善论①和荀子的性恶论都给予肯定，但似乎并没有真正理解二者②。

又如，心性是中国哲学的核心范畴，儒家心理学者同样注意到"心性"的权重意义，认识到应当以"心性"为根本建构中国本土心理学。关于心性心理学的精微阐释有必要结合日常生活中真实个体的"心""性"经验与心理现实，但目前此方面工作似乎仍有待进一步深入开展。

（四）以理想型代替人的现实心理

如前所述，先秦儒家文本中关于心理的专门论述并不多，而且关于儒家的心理思想研究过多借鉴了中国哲学的话语模式。因之，相较于中国哲学及中国哲学史而言，儒家心理思想研究及儒家心理学理论建构自然面临更大的困难，也即儒家心理思想研究或儒家心理学研究更容易陷入中国哲学的话语模式中，很难实现心理学的自性。

在此方面，儒家心理学研究存在的一个典型问题就是以理想化目标代替现实中人的心理。如对于儒家人格、儒家自我的研究呈现的多是一种理想人格或理想自我状态。又如，中庸心理研究所谈的也多是理想中庸，而非现实中庸③。再如关于"儒家式应对"或"儒家式压力应对"研究，所用的"儒家式应对"或"儒家式压力应对"说法本身就是一种理想化状态，是一种理想型。然而问题是，现实生活中个体的应对或压力应对本身是复杂的，只有很少个体能够依照"儒家式应对"去反应与行事，社会生

---

① "不知孟子言性并不自'气'言，故其所言之性亦非气性。孟子自恻隐、羞恶、是非、辞让等心以言性，此性是人所普遍具有的'道德心性'之当身。"参见牟宗三《才性与玄理》，吉林出版集团有限责任公司，2010，第23页。

② 实际上，不同学科对于孟子、荀子地位的理解会有很大差异，并非完全与中国哲学相同。如在社会史领域，对荀子的意义推举似乎更重。法国学者谢和耐就曾认为，"荀子（约于公元前298~前235）比孟子更深刻，更有独创性……在世界史上荀子很可能是认识道德的社会本源的第一人"。参见〔法〕谢和耐《中国社会史》，黄建华、黄迅余译，江苏人民出版社，2010，第79页。

③ 高志强：《中庸的文化心理特征及其实践理路》，《心理科学》2021年第4期。

活中更多个体是依靠社会生存逻辑和实践逻辑去应对与反应。

过于强调理想化的倾向既与儒家的精神祈向有关，也与相关研究缺乏反思密不可分。儒家的精神祈向本身就是趋于理想化的。无论是对理想社会的期许，还是对圣人、圣王统治的推崇，抑或对理想化人格、理想化精神气象、理想化仁政统治等的论说都是儒家的典型特质。推崇理想化的社会、理想化的君主、理想化的君子以及理想化的人格本身即是儒家的特质，同时也正因为对理想化的追求，对个体真实经验与现实体验的关注就显得不足。如在心理思想方面，目前学界关注更多的是儒家人格、儒家自我及儒家情感理论，所有这些研究都倾向于理想化维度。

此外，儒家心理学研究中以理想化目标代替人的现实心理，也与相关研究缺乏反思密不可分。儒家心理学研究虽然面向儒家文本展开，但是作为心理学研究，始终还是要面向现实中人的心理。一种情形是，研究者仅仅着意探究儒家心理思想，自然可以依照文本而对儒家的理想化心理进行研究。但若是与历史、现实、民众相结合的研究，则不能不顾民众的现实心理而一味地沉浸于理想化的探索之中。毕竟，心理学研究不能完全忽视人的现实欲望，不能无视人的存在因应，更不能无视人的无意识本能。

需要意识到，过度追求理想化会使人忽视现实，会使人用理想化目标代替真实状况。借用霍妮的话可以描述为，"真正的理想引导人谦逊，理想化的形象让人自高自大。理想化形象要么否认自己的缺点，要么让人过分谴责自己的缺点，所以他只会成为实现理想的障碍"①。儒家心理学确有必要反思过于理想化之弊，有必要将个体放到真实的社会生活中来理解及研究。但若是如此，儒家心理学或许又不再是儒家心理学，而将这样的矛盾统一起来是儒家心理学实现自身升华不得不面对的要务。

三 儒家心理学研究的返本开新之路

儒家心理学研究需要开新，但是开新之道在"返本"，唯有"返本"才有"开新"的现实可能。具体而言，儒家心理学的返本开新需要进行以

---

① 〔美〕卡伦·霍妮：《我们内心的冲突》，李娟译，长江文艺出版社，2016，第96页。

下几个方面的努力。

(一) 切近儒家思想之精髓

儒家心理学研究需要"返本","返本"的首要前提在于切近儒家思想之精髓。但是,对于儒家思想精髓之把握,不可仅仅通过阅读以中国心理学史、中国心理学思想史及"中国哲学史"为名的著作而实现。切近儒家思想之精髓,需要在上述努力的基础上深研儒家经典文本,需要在对经典文本的反复研读过程中切近儒家思想之精髓。

要想把握儒家心理思想之精髓,就需要对儒家心理思想进行"抽象",需要"抽象"出能够真正反映儒家思想精髓的范畴,并以此为儒家心理学理论建构的基点。关于儒学的基本范畴,崔大华先生等认为"孔子儒学有仁、礼、命(天命)三个最重要的基本范畴"[1]。李景林先生则将儒学思想归纳为治道、教化与人生、性与天道三个方面[2]。以往心理学者对于儒家心理思想的研究,最突出的是将"仁""心""性""心性""中庸"等作为核心范畴。多数学者认同并继承中国哲学界的主流观点,认为最核心的范畴是"仁"[3],但实质上,在儒学中始终存在着"仁""礼"之争,至今没有定论。儒家思想的精髓到底是"仁"[4] 还是"礼"?到底仅仅是"仁",还是"仁""礼"并重?[5] 如果连这样最基本的问题都不明白,那么儒家心理学又如何能够自我确证?如果做不到这点,又何谈创新?[6]

---

[1] 崔大华等:《道家与中国文化精神》,河南人民出版社,2003,第145页。

[2] 李景林:《教化的哲学——儒学思想的一种新诠释》,黑龙江人民出版社,2006,第198页。

[3] 钱穆先生写道,"仁者,乃一切礼教之所从出,所从立之基本也"。参见钱穆《中国学术思想史论丛》(一),生活·读书·新知三联书店,2009,第225页。

[4] "据郭沫若的考察,'仁'字是春秋时代的代名词,春秋以前的典籍中没有出现过'仁'字,甲骨文和金文中也没有这个字。孔子不一定是第一个提出这一概念的人,但仁的含义在孔子那里却被大大地丰富与发展了起来……正如梁启超所说的,'儒家言道言政,皆植本于仁',仁是孔子社会思想的核心所在。"参见谢遐龄主编《中国社会思想史》,高等教育出版社,2003,第18页。

[5] 关于儒家的核心范畴,张立文先生曾写道,"儒学的核心范畴是仁与礼,以仁礼贯通天地人之道"。参见张立文、彭永捷编《圣境——儒学与中国文化》,人民出版社,2005,第9页。

[6] 只不过中国哲学更加偏重"仁",多数心理学者未能进行中国政治思想史、中国思想史、中国社会思想史等学科的参照,对其他学科所推举的"礼"缺乏应有的重视。当然还和"礼"距离心理学学科较远有关。

就中国本土心理学而言，已有学者将中国本土心理学的精髓定为"心性"，黄光国先生也高度认同将"心性"作为中国本土心理学建构的范畴精髓。在此，本研究同样认同"心性"是儒家心理学之精髓，只不过，仅仅将儒家心理学的核心范畴定为"心性"是不够的。儒家心理思想的精髓除了"心性"之外，更应有"化"。也即儒家心理学的理论建构既需要最核心的"心性"范畴，同样也需要与之具有同等权重的"化"之范畴。其中，前者属于本体范畴，后者则既属于本体范畴，也属于工夫范畴。[①]

关于"化"在儒家思想中的权重意义，李景林先生有过系统的论证。在其看来，"中国传统哲学……核心的精神在于教化、教养"[②]。"儒学的教化，首先要使人的精神气质发生转变；而达到这种转变，必经由'工夫'。"[③] 这些都是对"化"在儒家思想中权重意义的说明。只是就心理层面而言，"化"在儒家中还有着更精微的内涵需要进一步探索，需要进一步地揭示与呈现。

（二）对现实个体心理经验的深描

目前，儒家心理学研究以思想挖掘及理论诠释为主，虽然也有实证类研究，但缺乏对个体真实心理经验的揭示与呈现。虽然其中也有少数经验调查类研究，但多数研究遵循的是实证主义的范式。此类研究看起来很科学，但容易忽视个体最鲜活、最真实的心理感受与生命体验。问题的关键点又在于，心理体验或生命体验是内隐的，是他人看不见的，需要细描才能清晰呈现。

通过前面的总结可知，儒家心理学最核心的范畴当为"心性"与"化"。目前已有学者从中国本土心理学角度对"心性"进行过系统的阐释与建构，只不过关于儒家心理学的"化"之研究尚未展开。就心性研究而言，儒家心理学在这方面虽然取得较多成绩，但已有的研究多止于理论建

---

① 在笔者看来，儒家最核心的范畴除了"仁""礼"之外，还有一个同等甚至更为重要的范畴，这个范畴就是"化"。中国哲学以"化"为体。儒家哲学同样有对于"化"的实践及对"化"的工夫的强调，只不过因为"化"的动词本性，"化"无法被作为一个本体范畴而进行阐释。所以"化"的范畴在很长一段时间内都被中国哲学忽视了。

② 李景林：《教化的哲学——儒学思想的一种新诠释》，黑龙江人民出版社，2006，第30页。

③ 李景林：《教化的哲学——儒学思想的一种新诠释》，黑龙江人民出版社，2006，绪言第11页。

构，而缺乏对现实生活中真实个体"心性"经验的细描①。但是这种细描又恰是心性心理学经验探索的必要路径，是儒家心性心理学呈现的必要方式。在此方面，有必要通过质性心理经验的真实呈现，为经验分析、理论建构、研究反思提供最真实有效的素材，最终通过此种方式实现文化大、小传统的有机结合。

就儒家的核心范畴"化"而言，同样有必要将其与心理学结合起来，而且需要将"化"与"心性"经验或体验结合起来。"化"在儒家既取"变化"的理解，也取"使之变"的意思，更取工夫修养的义理。对于"化"与"心性"相结合的研究不能止于单纯的理论建构，首先应重视真实个体的体验，需要从个体的体验中进行提炼与发现。因之就需要将"化"融入到对个体心性经验的细描、收集与分析中。需要通过细描的方式探索现实个体"心性"的特质与变化，探索重要他人、重要事件、重要经历、醒悟事件在个体心性变化中的作用。此外，还应当重点探索个体通过工夫修养、心性修养而变化气质或变化心性的内在历程。而此种探索路径不仅有助于超越儒家心理学单向度的理想化描述，更有助于使儒家心理学贴近实际生活。

要之，要想实现儒家心理学在当代的新发展，不仅需要理论体系的建构，更需要探寻个体真实的心理经验与内在体验，需要将之与儒家心理思想结合起来进行探索，需要对个体的真实心理经验或心理体验进行描绘与解读。在此方面，人类学的深描法、心理学中的心理传记法皆有助于更好地揭示个体的心理体验或生命体验。

（三）贯通性的儒家心理学研究之努力

通过"附录一"的梳理可以发现，儒家心理学研究已取得较大进步，而且研究成果的数量、质量、水平均有很大提升。但是也不应否认，目前儒家心理学研究仍有支离倾向，一些研究将自身限定在条条框框中，贯通儒家思想整体的研究依然不多。

---

① 唯有细描生活中真实个体的"心性"经验，儒家心理学的心性研究才不会止于理想化层面，才有现实的生命力。

儒家心理学贯通性研究的缺失主要表现在三个方面：①缺乏能够贯通儒家思想整体的研究；②缺乏贯通儒家与西方心理学某一学派的比较研究；③缺乏对儒家心理思想的再抽象与新诠释研究。要之，已有的儒家心理思想研究或是侧重于儒家某一代表人物的心理思想研究，或是侧重于冠以"儒家"之名的总体性研究，抑或侧重专对儒家某一方面心理思想的研究，如儒家人格研究、儒家自我研究、儒家情感研究等。

贯通性的努力对儒家心理学的发展异常重要。儒家心理学研究的贯通性努力是一个艰难的历程，可能只有少数具备此条件及职志的学者才能完成。从中国哲学、古典文献学或中国历史等专业转入儒家心理学研究的学者在这方面或具备更佳的资质。此外，在中国心理学界，师承中国心理学史或中国本土心理学名家，而且对儒家心理学感兴趣的学者在此方面会有较好的条件，但实现其目标则需要付出更多的努力，面临更多的曲折。

就前一种状况而言，目前国内已经有相关专业的学者转入这方面的研究，而且成就斐然。但是即便如此也需要意识到，由其他基础专业转入儒家心理学行列的学者依然甚少。就第二种状况而言，随着中国心理学史、儒家心理学研究的边缘化，目前这方面的研究人才在流失，虽然不断有新秀产生，但是他们的成长需要时间，需要师生共同体的传承。然而即便具备了上述条件中的一种，要想做出贯通性的研究仍然需要时间、条件、精力等，需要"高温"的陶冶，更需要慢慢地冷却；需要反复地锻造，也需要不断地淬炼；需要真积力久，最终才能曲成。

总之，要想实现儒家心理学的真正发展必然要克服当前研究的支离倾向，需要在儒家心理学的贯通方面下更多的功夫。不仅需要在儒家经典文本研读方面付出更多的努力，更需要真正谙熟心理学的知识脉络，在此基础上通过诠释学努力实现对儒家的心理思想新的解读，继而建构真正符合儒家特色的心理学体系。

第五章

道家心理学的新阐释

对于道家心理学思想的挖掘及阐释是国内外心理学者皆喜欢探索的主题。虽然中国古代道家经典文本相较于儒家文本数量偏少，但道家思想中包含的心理学蕴涵似乎更为丰富，因之也有许多学者喜欢挖掘并阐释道家的心理学思想，对道家心理学思想的探索亦构成学界关注的一个重点。但同时也可以发现，学者们关注更多的是道家思想对心理健康、心理保健及心理治疗的意义研究，对于道家心理学的理论阐释则有待进一步深化。在此，本章拟重点阐释庄子的撄宁观以及庄子的存在心理思想。

一 心理学视角的庄子撄宁解

《庄子》乃是先秦典籍中较为独特的一个文本。相较于其他诸子，《庄子》没有明显的用世目的，而更着意于对心灵及意义的追求。关于庄子的心理思想诠释一直是学界关注的重点：心理分析学家荣格较早关注庄子的心理思想，并将之作为自身理论的特色组成部分；人本主义心理学家马斯洛亦对道家心理思想进行过重要阐扬。此外，美国日裔心理学家波琳（Jean Bolin）在《心理学之道》一书中专门阐释了道家的心理学；沈娥（June Singer）在《雌雄论》一书中专门论述了"论道内的动力契合"；李绍崑则专门阐释了庄子的逍遥心理学，将逍遥（自由）作为庄子心理学的核心要义。[①]

[①] 参见李绍崑《道家心理学》，中美精神心理研究所，2006，第 45~49 页。

在国内，心理学史家高觉敷先生、杨鑫辉先生、燕国材先生均对庄子的心理思想进行过整理，汪凤炎教授在《中国心理学思想史》《中国心理学史新编》中亦对庄子的心理思想进行过解读。此外，余铁城将庄子的心理思想归纳为形体保神、重神轻形，法天贵真、泯灭差异，今吾丧我、瞬间无意识，得意忘言的言语和思维观四个层面。21 世纪以来，国内心理学界的庄子研究主要围绕以下几个层面展开：庄子的心理健康思想；庄子的情欲观；自性化视角下《庄子·内篇》的心理分析；庄子的心斋、坐忘思想与超个人心理学的比较；庄子的心性学与超个人心理学心性修养的比较；庄子的积极心理学思想。在先秦文学领域，有研究者以霍妮的"放弃型人格"对解《庄子》的人格思想，但这实是对庄子的一种误读。在中国哲学领域，朱童萍分别从心身论、认知论、言意论、梦忘论、人格论、幸福观等维度诠释了庄子的心理哲学；经纶先后研究了《老子》《庄子》的心理疏导思想，并以《老子》《庄子》为中心构建道家心理学思想史范畴体系；吴忠伟研究了庄子的"真人"认知心理学，并将庄子心理学思想的主旨归为达"至知"（道）的"认知心理学"。

总而言之，国内的庄子心理思想研究或是对庄子心理思想的总体性诠释，或是对庄子思想的心理学抽取（如心理健康思想、情欲观），再或是从某一心理学视角展开的解读（如积极心理学），抑或与西方心理学某一流派思想（如超个人心理学）的比较研究。[1] 不得不承认，尚缺乏对《庄子》文本思想的深度解读，而本章所述正是在此向度下的探究努力。

---

[1] 关于庄子的心理学论文主要有：余铁城《庄子心理学思想试探》，《心理学报》1987 年第 3 期；郭晓飞《庄子情欲本质及其调节的心理思想管窥》，《心理科学》2007 年第 1 期；谢苗苗《霍妮人格理论视野下庄子心理探微》，《西南农业大学学报》（社会科学版）2009 年第 6 期；李树军、张鲁宁《庄子"心斋"、"坐忘"思想与超个人心理学比较研究》，《河南社会科学》2011 年第 1 期；李娟《庄子心性学与超个体心理学的心性修养思想比较》，《山东社会科学》2012 年第 1 期；谭娟晖、张敏生《论庄子哲学中的积极心理学思想》，《湖南社会科学》2013 年第 1 期；经纶《论〈老子〉〈庄子〉的心理疏导功能》，《广州大学学报》（社会科学版）2015 年第 10 期；经纶《构建道家心理学思想史范畴体系之尝试——以〈老子〉〈庄子〉为中心》，《西南交通大学学报》（社会科学版）2016 年第 2 期；刘昌《论庄子心理学》，《南京师大学报》（社会科学版）2024 年第 2 期。关于庄子心理学的硕士学位论文主要有：强海滨《庄子心理健康思想研究》，硕士学位论文，陕西师范大学，2001；任增辉《〈庄子·内篇〉的心理分析研究》，硕士学位论文，华南师范大学，2007；朱童萍《庄子的心理哲学研究》，硕士学位论文，安徽大学，2011。

（一）"撄宁"的语境及思想蕴涵

作为一个专门的语词，"撄宁"一语最早见于《庄子》一书。它既是庄子所倡显的一种境界理念，同时亦是个体在纷繁撄扰中的一种静定智慧。

1. "撄宁"之古义探源

"撄宁"一语，最早出现在《庄子·大宗师》篇中。据篇文所载，南伯子葵向女偊求得道之法，女偊告之曰：

> 吾犹告而守之，参日而后能外天下；已外天下矣，吾又守之，七日而后能外物；已外物矣，吾又守之，九日而后能外生；已外生矣，而后能朝彻；朝彻，而后能见独；见独而后能无古今；无古今，而后能入于不死不生。杀生者不死，生生者不生。其为物，无不将也，无不迎也；无不毁也，无不成也，其名为撄宁。撄宁也者，撄而后成者也。①

此中，"撄"字的含义较为明确，《广雅·释诂》将"撄"释为"乱也"，《说文》将之释为"扰也"，《孟子赵注》则释为"迫也"。归纳言之，"撄"主要取挠、迫、搅、扰之义。"撄宁"一语，郭象将之注为："夫与物冥者，物萦亦萦，而未始不宁也。"成玄英疏之为："撄，扰动也。宁，寂静也。"②林希逸将之释为："撄者，拂也，虽撄扰汩乱之中，而其定者常在，宁，定也，撄扰而后见其宁定，故曰撄宁。"③吕惠卿注为："将迎成毁，虽皆撄之，而我未尝殆也，故名之曰撄宁。"④宣颖则这样作解："于世途扰攘中而得吾心之大定，故名为撄宁。"⑤而依钱穆先生的解释，"撄""是指对外面所接触的一切淆乱纷扰"，而"宁"则是指"此心之沉静安定"⑥。要之，撄宁主要是指个体在纷繁搅扰中保持内在的静定，

① 王世舜注译《庄子注译》，齐鲁书社，2009，第85页。
② （晋）郭象注、（唐）成玄英疏《庄子注疏》，中华书局，2011，第140~141页。
③ （宋）林希逸：《庄子鬳斋口义校注》，中华书局，1997，第111页。
④ （宋）吕惠卿撰，汤君集校《庄子义集校》，中华书局，2009，第132页。
⑤ 转引自（清）刘凤苞撰，方勇点校《南华雪心编》，中华书局，2013，第160页。
⑥ 钱穆：《双溪独语》，九州出版社，2012，第26页。

能够以其境界心超越外物之撄扰。

在此文本中，"撄宁"境界之生成主要有两重前提。其中，一是需经历阶段性的工夫修炼。具体而言，需经历"外天下""外物""外生""朝彻""见独""无古今""入于不死不生"等阶段性累积，并由远及近、由外及内、由易到难地做工夫性努力。此中尤突出一个"外"字。"外"即遗也，"外天下"即"天下一而已矣"，"外物"即"物与我一而已矣"，"外生"则是"生死为一而已矣"，此三段工夫历程由远及近地分别对应的是忘世、忘物与忘我。此外，"朝彻"意为"廓然如平旦之清明也"①。"见独"即见一②，"见独"即能够彻认古今为一、死生为一、成毁为一，能够"合古今为一时，通死生为一贯"③。"无古今"即古今一也。"入于不死不生"则死生一也。"杀生者不死，生生者不生"意为"绝贪生之妄觊，故曰杀生；安性命之自然，故曰生生。死生顺受，是不死不生也"④。具体而言，"朝彻"实为悟，为觉解，是一朝之彻悟。"见独"，即见一、见道，即洞晓绝大多数人无法察知的天、道、宇宙。"无古今"，实是要人超越"物"之视野中的古今之分，而以宇宙大化观待"物"以见古/今。"入于不死不生"则是得道的至高境界，让人看到物无成毁、复通为一，看到"死生成毁"非"死生成毁"。

撄宁境界达成的另一重前提是"撄而后成"。"撄而后成"的意思是，"经许多磨折，方能得道。若致虚守寂以求道，便算不得宁"⑤。"撄而后成"内蕴了前在"撄"扰经历对静定境界达成的必要性。若是没有前在的"撄"扰经历，那么其所实现的亦不是真正的"宁"⑥。从"外天下"到"外生"不断地持之守之，其实质正在于经历了天下之撄、物之撄与生死之撄。

---

① （清）刘凤苞撰、方勇点校《南华雪心编》，中华书局，2013，第 159 页。
② "唯达者知通为一。"王叔岷撰《庄子校诠》，中华书局，2007，第 61 页。
③ 转引自（宋）褚伯秀撰《庄子义海纂微》，华东师范大学出版社，2014，第 204 页。
④ （清）王先谦撰《庄子集解》，中华书局，2012，第 81 页。
⑤ （清）刘凤苞撰，方勇点校《南华雪心编》，中华书局，2013，第 160 页。
⑥ 对于缺乏相关经历或修炼之人，即使自认为处于宁静与淡泊状态，那么其所处的"宁"亦是不稳固的。当个体面临更大撄扰，抑或情欲与"诱惑唤起物"相接时更易被"他物"所扰。

2. 撄宁之为"德"

庄子哲学重"道",重"道"之意在其可成为个体之"德"。"德者,成和之修也。"① "德"可以为人所分有,可经由修守而达至,最终成为"人"的内在智慧。撄宁实为一种"德","死生亦大矣,而不得与之变,虽天地覆坠,亦将不与之遗。审乎无假,而不与物迁,命物之化,而守其宗也"②。"自事其心者,哀乐不易施乎前,知其不可奈何而安之若命,德之至也。"③ 常识视域中,"撄"之所来,首在"物"扰,外在之物对个体不成为"扰"的根本恰在得"道"。"风之过河也有损焉,日之过河也有损焉。请只风与日相与守河,而河以为未始其撄也,恃源而往者也。"④ 日光照耀与风之吹拂皆会造成河水减少,但"河"却并不以之为扰,其所恃的根本正在于源头之水的不竭注入。庄子以"河"喻"人",以"源"喻"道",个体恃"道"则自然"心"不生焦扰。此喻实说明个体不断分有"道"以成就"德",心倚至德则知"道通为一",知分、合、成、毁皆一;如此则"将、迎、成、毁,撄者自撄,而宁者自宁;大浸不能濡空洞之宇,大火不能热一实之块,卓然成其一大"⑤。

作为一种卓然之德,撄宁是以"无"之工夫修守为前提的。《应帝王》篇中讲,"无为名尸,无为谋府,无为事任,无为知主。体尽无穷,而游无朕,尽其所受于天,而无见得,亦虚而已。至人之用心若镜,不将不迎,应而不藏,故能胜物而不伤"⑥。《庚桑楚》中亦写道:"彻志之勃,解心之缪,去德之累,达道之塞。富、贵、显、严、名、利,六者,勃志也;容、动、色、理、气、意六者,缪心也;恶、欲、喜、怒、哀、乐六者,累德也;去、就、取、与、知、能六者,塞道也。此四六者,不荡胸中则正,正则静,静则明,明则虚,虚则无为而无不为也。"⑦

胸中能去除富、贵、显、严、名、利,容、动、色、理、气、意,

① (清)王先谦撰《庄子集解》,中华书局,1987,第53页。
② (清)王先谦撰《庄子集解》,中华书局,1987,第47页。
③ (清)王先谦撰《庄子集解》,中华书局,1987,第38页。
④ (清)王先谦撰《庄子集解》,中华书局,1987,第222页。
⑤ (清)王夫之:《老子衍、庄子通、庄子解》,中华书局,2009,第138页。
⑥ (清)王先谦撰《庄子集解》,中华书局,1987,第75页。
⑦ (清)王先谦撰《庄子集解》,中华书局,1987,第205页。

恶、欲、喜、怒、哀、乐，去、就、取、与、知、能，则自然能够正、静、明、虚。"正"可致"静"，"静"可致"明"，"明"可致"虚"，"虚"故能"无为"，"无为也，而后安其性命之情"①。

要之，庄子撄宁观意在去除执限之小我，以成就境界性之大我。撄宁之德是以"无我"为前提的，人的很多躁烦、苦恼、不安、困惑、忧惧均是与"我"连在一起的。个体之所以"感"到撄扰，正因有"我"之利、欲、情、执，正因有此利、欲、情、执之"我"，方有被撄获、被撄攫之对象化实体。正因此体非"空"，才有受撄之现实，才有被撄而又无法得脱的陷溺之境。对此可以老子的"身"之譬喻作解："吾之大患，为吾有身。及吾无身，吾何患之有？"（《老子·第十三章》）与之相应，庄子是要人去除我之"情"，"无人之情，故是非不得于身"。②

（二）卮言的叙事与宇宙想象力

在《庄子》文本中，有三种独具特色的叙述方式，即寓言、重言、卮言。其中寓言多以对话的方式展开，表达寄寓之意；重言则是借别人的话展开自己的叙事；卮言则为曼衍之言，取水到处流淌之意。庄子汪洋恣肆、正言若反、徜恍其意的思想正是通过此三种方式显发出来的。其中，卮言尤其具备对常识的颠覆力。作为创造性的叙事表达，卮言是不言之言、支离之言，更多时候它是要打破人们的常规认知，破除遮蔽人们洞晓至"大"的障眼法。同时它亦留给人们空间去琢磨、体味，让人用自己的心识填补语言的空白裂隙。"庄子有见于语言的固着性"，特"以颠覆性的语言策略来打破我们惯常的思维定式"。因"庄子想要表达的最深刻的东西，是无法用世俗的人类语言来表达的"③，故庄子的卮言，实是要人们以超越性的想象力观待万物、世事与人生，继而实现心的逍遥。

庄子文本中有许多颠覆常识认知的言诠方式。卮言作为庄子独创的叙事策略，其实质就是要启发人们超越常识话语导向的世界图景，要人以独特的想象力超越眼见、能见、所见的古/今、人/物、成/毁、是/非图式。

---

① （清）王先谦撰《庄子集解》，中华书局，1987，第91页。
② （清）王先谦撰《庄子集解》，中华书局，1987，第54页。
③ 郑开：《庄子哲学讲记》，广西人民出版社，2016，第35页。

换句话说，是要人具备宇宙想象力抑或宇宙意识①。此又是因为，庄子哲学起于对天地万物流变不已之观法，庄子深识，天地万物、有情生命皆泊然而生、又然而死，生与死又宛若一环。不仅人之生命为"气"之积聚变化，而且个体生命亦随时间而化转，人与万物皆"比形于天地而受气于阴阳"。"人"本身仅为"气"之一种存在形式，既已置身于此，则只能在此大化之流中，此是"人"作为生命所能体悟但无力改变的必然性事实。

在《逍遥游》的开篇，庄子即带领人们进入一个宏阔的视界。鲲鹏之大、大椿之寿，大得夸张、久得荒诞，此实是庄子带领人们想象更大物象、更浩渺宇宙及更玄妙实在的卮言路径。质言之，就是要人超越有限的视界、贫乏的想象、俗见的遮蔽。以俗观之，常人之所见、所闻往往为地籁、人籁，却很少有人能想象"天籁"；但多数人的不想象、无法想象、缺乏想象并不等于"天籁"不存在，多数人限于眼前、眼见、所见及能见而无法想象，并不等于我们所未见、所未能想象的事物、世界、实在不真实、不存在。要之，此实是庄子启喻世人超越有限的遮蔽，而以"心"去识见、想象无限与广大。

庄子以卮言的叙事，以颠倒的、不符合常理的逻辑叙事带领人们进入对"大"的想象，但庄子又并不以"大"为至"大"，不以"久"为至"久"，不以"小"为至"小"，并不断打破此小/大之分。其实质是要人们破除以眼前的"所谓真实"为唯一的真实，要人看到万物成毁皆一，彻识"凡物无成与毁，复通为一"。无论是庄子所言的鲲、鹏、大椿，还是大树、牦牛、巨鱼，其所摹绘的物量都远超出人们的想象，而庄子正是要人们通过对"大"之想象与承认而实现境界的提升，超越"小"的执见。②

（三）"撄宁"与庄子的"心—物"关系论

"心—物"关系向来是中国哲学的一对核心范畴，同时亦是中国心理

---

① 郑开：《庄子哲学讲记》，广西人民出版社，2016，第 3 页。
② "大"在此乃是庄子用以破除人们俗见的一种笔法。

学史研究的七对范畴之一①。庄子"撄宁"观在本质上探讨的恰是"心—物"关系。《大宗师》篇中虽未明言"撄"所直指的对象，但是透过全书精义可知，撄宁得以实现的本体确然为"心"②。"撄"的本体是"心"，最终实现"宁"的依然是"心"；"宁"是"心"之宁，是此"心"在纷繁搅扰中的静定持守。

在一般的常识理解中，"心"对应的是"物"，"物"又构成撄扰或搅乱己心的直"接"对象源头。每每"心"与"物"接，则有种种情执陷溺、魂神不宁的现象生发。然物与物异，物之价值不同，心识亦会随之发生变化。即便同样的活动，所用之"物"价值别异，"心"亦会现出不同的境态，正所谓"以瓦注者巧，以钩注者惮，以黄金注者殙"。③ 在一般的常识理解中，"物"是造成自身烦扰的"根源"，但究其实则不然，常识之浮见仅为一种假象。诚如钱穆先生所言，"人生演变，有逆境、困境、病境、衰境，此非向外撄取物质所能解消"④。于物质外，"心"之体悟、觉解、择取、定持对人之存在与生存的意义似当更重。

质言之，"撄宁"作为一种境界理念，源自对天地、得失、生死及造化的通彻体认。达此境界者则为真人、至人、神人，真人、至人、神人能明"化"之本，故不以表象纷繁为扰。"夫至人者，相与交食乎地而交乐乎天，不以人物利害相撄，不相与为怪，不相与为谋，不相与为事，翛然而往，侗然而来，是谓卫生之经已"。⑤ 天地是至大的，相对于天地大化，撄扰之物对真人、至人、神人而言极小而近于无，真人、至人、神人并不以万物相对待、相分别、相计虑、相侵夺。因天地万物与人本为一体，故"心"对万物并不觉其为事、为谋、为怪，故心物不相撄。于斯，更可见"心"对"物"撄的定止功能。《天运》篇中讲："以富为是者，不能让禄；以显为是者，不能让名；亲权者，不能与人柄。操之则栗，舍之则

---

① 燕国材：《中国心理学史》，浙江教育出版社，1998，第5页。
② 在"其为物，无不将，无不迎，无不成，无不毁"（《庄子·大宗师》）一句中，"物"所指的本体确然为"心"是不容置疑的。
③ （清）王先谦撰《庄子集解》，中华书局，1987，第159页。
④ 钱穆：《双溪独语》，九州出版社，2012，第429页。
⑤ （清）王先谦撰《庄子集解》，中华书局，1987，第200~201页。

悲,而一无所鉴,以窥其所不休者,是天之戮民也。怨、恩、取、与、谏、教、生、杀八者,正之器也,唯循大变无所湮者,为能用之。故曰:正者,正也。其心以为不然者,天门弗开矣。"①

"心"有定持、主宰、正定之功,能够以其心理现实、心理境界迷陷驾驭抑或超越外物撄扰;能够被撄扰的是"心",能够超越外物撄扰的依然是"心"。"境"在根本上与"识"有关,不同的心识可产生迥然别异的心境,于斯更可见心之灵动、主宰义,可见心对物的辩证关系②。

要之,庄子撄宁观乃是中国哲学"道—物"关系基础上的一种创造性阐发。其实质是让人通过"道"的视角观待万物,审视纷繁、是非与死生。具体而言,是要人通过"心—物"→"道—物"→"心—道"→"心—物"的认知序列,实现自身的境界性升华。庄子撄宁观喻显了这样的至理,即经受或遭遇外物撄扰未必一定会导致"心"之惶惧烦忧。面对外物撄扰,"心"依然可以保持摇曳中的定持,实现对外物撄扰的超越。所谓"自事其心者,哀乐不易施乎前"。外"物"撄扰本身并不是最重要的,最要紧的是要有不为物"撄"所扰的静定心③,以至高的境界实现"心"之静定。

(四) 撄宁境界生成的工夫路径

归本言之,庄子的"撄宁"观以淆乱中的静定心之建立启喻世人,其核心要义是要人以内在的定持超越世间的流变及撄扰。此中,知止、外物、去成心则是撄宁实现的必由路径。

1. 心之知止

"知止"向来是中国哲学倡显的一种文明理念,老子讲"知足不辱,知止不殆"(《老子·第四十四章》),《易传》亦讲"文明以止"(《易

---

① (清) 王先谦撰《庄子集解》,中华书局,1987,第127~128页。
② 与之对应,西方心理学中亦有类似的洞见。埃利斯 (Albert Ellis) 的合理情绪疗法认为:外在事件 (A) 并不一定会导致个体产生不良情绪及行为反应后果 (C);造成个体不良情绪及行为反应后果的恰是个体对事件的认知、信念与看法 (B)。因此,欲改变个体的不良情绪,最关键的是要改变个体非理性的认知方式。唯此,方是消除不良情绪反应并化除情结撄扰的根本。
③ 即人在面对外"物"时现出何种样态,最关紧的不是"物",而是应物之"心"。

传·贲卦·象传》),《大学》则讲:"《诗》云:'邦畿千里,惟民所止。'
《诗》云:'缗蛮黄鸟,止于丘隅。'子曰:'于止,知其所止,可以人而
不如鸟乎?'"(《大学·邦畿章》)《大宗师》篇虽未直接将"知止"与
"撄宁"联系起来,但是通观《庄子》文本深意可知,"知止"恰是撄宁
实现的必由路径。《养生主》开篇即讲,"吾生也有涯,而知无涯,以有涯
随无涯,殆已",某种意义上表达的正是知止之义。《德充符》篇讲,"人
莫鉴于流水而鉴于止水,唯止能止众止"。依成玄英的疏解,"唯止是水本
凝湛,能止是留停鉴人"①。流水无法鉴物,唯止水能起到鉴的作用,能鉴
故能使人"明"。与之相应,庄子撄宁观实质所表达的正是以知止之心止
息物撄、物扰、物论,使物撄、物扰、物论无足挠心。在这个意义上,庄
子的知止与《大学》所讲的定静工夫实有异曲同工之妙。《大学》讲,
"知止而后有定,定而后能静,静而后能安,安而后能虑,虑而后能得"
(《大学·明德章》)。于学无所不窥的庄子很可能正是继承并融合了《老
子》与《大学》的知止思想,在此基础上进行创造性发挥。当然,若是
《老子》与《大学》文本晚出的话,这种推论当不成立。

　　《庄子》的知止思想并不限于此。《德充符》中讲"平者,水停之盛
也",成玄英这样疏解,"停,止也。而天下均平,莫盛于止水"②。"止"
能够达到"平"的功效,而"平"又是"宁"实现的前提。《人间世》中
讲"吉祥止止",成玄英将之疏为,"止者,凝静之智。言吉祥善福,止在
凝静之心"③。"止"有独到的心理功能,"止则虚,虚则明"④。撄宁实现
的一个前提正是"明"。如前所讲,撄宁实现的一个前提阶段是"朝彻",
朝彻之意即为大澄明,是根本性的觉解,实质是庄子通过道—物关系的认
知比较,让人获得真知,让人以明。如此可推知,知止作为实现撄宁的工
夫前提是毋庸置疑的。

2. 外物的工夫持守

　　如上所述,庄子撄宁观本质上探讨的是"心—物"关系。因之,需处

---

① (晋)郭象注,(唐)成玄英疏《庄子注疏》,中华书局,2011,第 106 页。
② (晋)郭象注,(唐)成玄英疏《庄子注疏》,中华书局,2011,第 118 页。
③ (晋)郭象注,(唐)成玄英疏《庄子注疏》,中华书局,2011,第 82 页。
④ (宋)褚伯秀撰《庄子义海纂微》,华东师范大学出版社,2014,第 114~115 页。

理好"应物"问题，处理好对于"物"的价值择取。物是有形、有相、有声等自然及社会存在的代名词，"凡有貌象声色者，皆物也，物与物何以相远？夫奚足以至乎先？是色而已。则物之造乎不形，而止乎无所化"。[1] 貌、象、声、色乃是物的基本特征，物又是不断变化、有死生的。正所谓"道无终始，物有死生"。"物损于彼者盈于此，成于此者亏于彼。"[2] 万物皆有待而生、有待而死。在常识世界中，"物"之构成搅扰源，恰因其可与人发生种种价值关联。"'物'者，朝夕所需，切己难忘。"庄子充分看到这样的存在现实，即外"物"看似美好，有时却是与生命及自由相悖的。社会生活中的人们往往因外在之"物"或"物欲"而戕害生命、陷途网罗、搅结己心，此在庄子看来尤不可取，故必以"外物"为"撄宁"达成的中间阶段。

此处，接庄子之意，外物不仅需在"物"与"物"之间进行价值比较，更需在"物"与"道"、"物"与"心"、"物"与"生命"间进行权衡，需在根本性比较中弱化"物"在"心"中的权重。如是，即需做"外"物的辩证工夫，降低"物"之于"道"、之于"生命"及"心"的价值，做到"何肯以物为事"。通过辨认、省思及价值抉择，实现从"外天下""外物"到"外生"逐个阶段地持之、守之[3]。其中"外生"即是要去除对"死"之悲、惧、哀、恐，去除对"生"之固恋执迷，做到"死生无变乎己"。

3. 去成心的虚、忘之道

撄宁之境界达成需做知止、外物的工夫践履，更需在此基础上做去成心的修守努力。现实生活世界中，有太多因人心封执而起是非的现实，故庄子特以"成心"名之。成心乃是庄子独创的一个概念。所谓"成心"主要指成见或主观偏见，它"有我的自以为是，有我的一堆成见"[4]。"有成

---

① （清）王先谦撰《庄子集解》，中华书局，1987，第 157 页。
② 杨伯俊撰《列子集释》，中华书局，1979，第 30 页。
③ 因"天下疏远易忘，资身之物亲近难忘"（成玄英注），故"外"的功夫亦是由远及近地展开的。
④ 李振纲、王素芬：《化解"成心"对生命的遮蔽——解读〈齐物论〉的主题》，《河北师范大学学报》（哲学社会科学版）2009 年第 2 期。

心则有是非、有好恶，心会被外物所牵引，不得安宁。"① "夫随其成心而师之，谁独且无师乎?"② "夫胡可以及化! 犹师心者也。"③ 师心，即以成心为师。有成心，则物在此"心"中留驻并占据空间，成心存于胸中的一个必然后果是"是非"得生，"以无有为有"。庄子深识，"境有逆有顺，心便执是执非"④。以成心观之，往往此是而彼非，己是而人非。成心生，则是非起。尤有进者，庄子更深感"成心"造成人与人之间的不理解，造成人与人之间交融的藩篱，甚至是产生人与人之间误解、敌对、怨恨的机栝箭镞，构成多数人难以避免的"黮暗"。《山木》篇中物固相累的寓言，更是鲜活地喻显了"成心"乃是造成人与人之间不理解乃至怨恨的根源。

如是，确有去成心之必要。去成心即要人不执于小，不执于一时，不执于利害，不执于是非彼此，要人虚其心。去成心是一个不断践履的工夫过程，此中，心斋⑤、坐忘尤为关键。《人间世》中讲，"若一志，无听之以耳而听之以心，无听之以心而听之以气。听止于耳，心止于符。气也者，虚而待物者也。唯道集虚。虚者，心齐也"⑥ 王夫之这样解道，"心斋之要无他，虚而已矣"⑦。林希逸则这样注道："'听以耳'，则犹在外; '听以心'，则犹有我; '听以气'，则无物矣。'听止于耳'，则不入于心; '心止于符'，则与物相合，便是物我对立。虚者，道之所在，'唯道集虚'，只此'虚字'便是'心斋'也。"⑧ 要之，心斋即是要做"虚"心的工夫，即要去除成心的封执⑨。

去成心的另一工夫路径是"忘"。《齐物论》中讲，"忘年忘义，振于

① 王博:《庄子哲学》，北京大学出版社，2004，第 162 页。
② (清) 王先谦撰《庄子集解》，中华书局，1987，第 13 页。
③ (清) 王先谦撰《庄子集解》，中华书局，1987，第 35 页。
④ (晋) 郭象注、(唐) 成玄英疏《庄子注疏》，中华书局，2011，第 31 页。
⑤ 《在宥》篇中讲的"心养"亦含有去成心之意:"鸿蒙曰:'噫! 心养。汝徒处无为，而物自化。堕尔形体，吐尔聪明，伦与物忘，大同乎涬溟，解心释神，莫然无魂。'" (宋) 褚伯秀撰《庄子义海纂微》，华东师范大学出版社，2014，第 346 页。
⑥ (宋) 褚伯秀撰《庄子义海纂微》，华东师范大学出版社，2014，第 110 页。
⑦ (清) 王夫之:《老子衍、庄子通、庄子解》，中华书局，2009，第 112 页。
⑧ (宋) 褚伯秀撰《庄子义海纂微》，华东师范大学出版社，2014，第 115 页。
⑨ 《人间世》篇讲，"瞻彼阕者，虚室生白"。"阕"为"虚空之性"，"室虚则阳明生，心定则天光发"。参见 (宋) 褚伯秀撰《庄子义海纂微》，华东师范大学出版社，2014，第 114~115 页。

无竟，故寓诸无竟"。"'忘年'则死生为一条，'忘义'对可不可为一贯。"①《让王》中讲，"故养志者忘形，养形者忘利，致道者忘心矣"。忘心，即是去除主客二分、物我对立之心，去除此对立心、分别心。忘的至高境界是"坐忘"。颜回先忘仁义，后忘礼乐，最终坐忘②的过程，正是"忘"之境界不断提升的过程。孔子盛赞颜回的坐忘境界："同则无好也，化则无常也。"依宣颖解，"同则无好"乃"无私心"之意，"化则无常"为"无滞理"之意③。无私心则与道同体，无滞理则识大化之本。同于道，通于化，即具备宇宙意识，以此宇宙大化意识自然能化除"小"之遮蔽，化除"物"的搅扰。"忘"足以去是非，化除仇怨、封执；"忘"的最终效果是不以是非为是非，不以"成心"应物与物论。

究而言之，斋、外、忘皆是"无"的工夫路径，是"虚""无"工夫的不同名称，实质都是要达到"虚"其心的功效。虚则能大，能大则能明；"虚"其心则宇泰定，宇泰定即得撄宁。

总之，庄子撄宁观乃是指纷繁撄扰中的静定心。庄子撄宁观通过卮言的叙事，以宇宙想象力要人实现对外物的超越，实现心与道的合一。庄子撄宁观的启示在于：人可以在纷繁的人间世保持撄而后成、虽撄而益宁的静定状态，可以其境界心而实现对外物撄扰的超越。实质上它要人在"道—物"的观待中，通过心的工夫实现境界心的超越。此中，以"大""明"化除"物"的局限与"小"的遮蔽，恰是庄子撄宁观的核心要义，而知止、外物及去成心则是实现撄宁必不可少的工夫路径。

二　庄子的存在心理思想探索

庄子的思想与其他诸子有很大不同。在先秦诸子中，无论是以孔子、孟子、荀子为代表的儒家，还是以墨子为代表的墨家，抑或以李悝、吴起、商鞅、韩非为代表的法家，都以用世为学说创立的主要目标。其中儒

---

① （宋）褚伯秀撰《庄子义海纂微》，华东师范大学出版社，2014，第76页。
② "堕肢体，黜聪明，离形去知，同于大通。此谓坐忘。"（宋）褚伯秀撰《庄子义海纂微》，华东师范大学出版社，2014，第231页。
③ （清）王先谦撰《庄子集解》，中华书局，2012，第90页。

家、法家以直接服务于王者为最主要的用世目标，而墨家则以关注底层人的利益以及"非攻"为主要诉求。庄子的思想与老子也有很大不同，庄子学说并不关注政治及治世，而老子的思想则包含"无为而无不为"的生存智慧以及为君王谋的统治术。庄子思想关注的一个重点是全生、养年以及心灵的逍遥，而这也正是庄子思想的独特价值之所在①。

（一）人间世与个体的在世生存

在现存本的《庄子》33 篇中，内篇、外篇及杂篇的数量分别为 7 篇、15 篇、11 篇。在内 7 篇中，处于中间位置的恰是《人间世》，而"对人和世界关系的思考，似乎是《人间世》要讨论的中心"②。《庄子》第 4 篇被命名为"人间世"而不是"人世间"，正因为该篇对人与人所构成的人间世的独特理解。不同于儒家学说注重礼乐文饰及人文教化，庄子思想的一个鲜明特点恰是其对于"真"的追求。庄子思想对于"真"的追求又可细分为两个层面，一是对境界之真或形上之真的追求，二是庄子对社会之真、人际之真以及人心之真掩蔽的摒除。不同于儒家以"文""礼"形式对社会、人性及人心的文饰与遮掩，庄子学说的一个可贵之处恰在于其对社会之真、人际之真及人心之真的承认。庄子用看似缥缈诡谲、无端崖的写法揭示了那个时代虽然隐晦但最真实的社会与人心。庄子对社会及人心之真的揭示并非一味批判，他用看似醉意之言醒喻世人社会及人心的真实。庄子以多种不同的话语方式对人间世的真实性进行了揭显，而这种揭显则构成了庄子存在心理学思想的前提。

正如王博先生所言，庄子内篇的核心是《人间世》，但"人间世"却绝不是指日常语用中的"人世间"。在庄子笔下，人与人的相竞、相争、相用、相成、相谋、相误正构成庄子所说的"人间世"。既然是人与人之间的相互交往、相互作用甚至相互不理解，那么就不可避免地会涉及他人及他心之变量，涉及他人及他心对自身得、失、存、亡的计虑和影响。关于此，庄子在《人间世》篇中既刻绘了诸侯君王的恣意，也让人醒悟意想

---

① 王夫之"基于对生命价值的关怀，以为《庄子》高过于《老子》"。参见张立文《正学与开新——王船山哲学思想》，人民出版社，2001，第 52 页。

② 王博：《庄子哲学》，北京大学出版社，2004，第 29 页。

不到的殒身危险，同时还指出由人心所构筑的环境的真实性。

在人间世中，"有用"抑或"无用"皆会影响到人的得失、存亡。《庄子》全书中多处谈到无用的价值，并不得已地指出自己将立于有用和无用之间。庄子之所以反复强调"无用"的价值，是因为庄子看到那个时代有太多因为"有用"而丧命殒身的历史事实与社会真实。"有用"会害己殒身，"有用"会让人面临像梨树、柚树、桔树一样的枝毁根掘的遭遇，而"直木先伐，甘井先竭"恰是庄子对"有用"给自身带来危害的最真切的比喻。实质上，"庄子的'无用'观念并非否定世间的一切'有用'，而是要化解因为执著于'有用'而带来的困扰与危险"①。

庄子对于人间世生存逻辑的阐喻，为人们戳破了这样一个幻象，也即社会生存不可能简单地按照个体预想的模式运演，社会生存也不可能完全是儒家所摹绘的理想模式。在真实的社会生活中，有太多超出个人心理预期以及儒家学说描绘的理想型事件发生。超出伦理预期以及超出常规预期事件的偶然发生，本身就是人间世不可预料但又是必然出现的真实。庄子看到，人间世中的真实并不遵循等价的原则，甚至有时并不符合人们头脑中所认定的社会逻辑与伦理规则。对此，庄子相关的描绘颇有代表意义。

> 夫爱马者，以筐盛矢，以蜄盛溺。适有蚊虻仆缘，而拊之不时，则缺衔、毁首、碎胸。意有所至，而爱有所亡，可不慎邪！②

对此，宣颖将之注为："怒心忽至，忘人爱己。"③"怒心忽至，忘人爱己"的实质表明，人和动物在无意识及本能层面多更爱自己，更多以自身利益或自心的"以为之是"作为本能性的第一反应。这是儒家的理想型预期在真实社会中常遭遇反例的一个重要原因。当然，《人间世》中这句话真正所要表达的是：在人间世中，好的动机未必一定会收到与之相对应的效果，甚至有时好的动机还可能带来意想不到的灾祸。而之所以会发生这种现象，是因为真实的交往或互动效果并非完全由交往一方之动机所决

---

① 傅佩荣：《傅佩荣解读庄子》，线装书局，2006，第62页。
② （清）王先谦撰《庄子集解》，中华书局，1987，第41页。
③ 钱穆：《庄子纂笺》，生活·读书·新知三联书店，2010，第42页。

定，而更在于他心对另一方动机及行为的理解。人间世中的真实是，他心的理解与个体之动机未必一定相应，最重要的乃是他心的理解！是他心如何做理解！这也是人间世中最容易出现误解甚至怨恨的一个重要原因。

此又涉及庄子对社会生活中真实人心另一侧面的揭示。在庄子看来，人间世中不仅有仁心、爱心、善心，而且同样还有嫉妒心、比较心、怨恨心甚至误解心。正因如此，人间世中的生存更加充满了复杂性与风险。这种风险更多不是来自自然界，而是来自人类社会，其中不仅有来自敌对者、对立者的风险，还有来自邻近、熟识、亲近之人或在社会比较中发生的风险。"人同于己则可，不同于己虽善不善，谓之矜。"① 在庄子所描绘的人间世中，事实是什么以及对于"事实是什么"的认定似乎并不重要，重要的是他心对于"是否同于己"的判断，以及在此基础上心弩的无意识发射以及有意识的不控制。在这方面，马斯洛有类似的描述："对于一个相当不安的人，每一外部影响，每一触及机体的刺激都较容易被理解为不安全的而不是安全的。例如，露出牙齿的笑容易被看作是嘲笑，原谅容易被解释为污辱，不关心容易被看作是厌恶，而温和的感情成为不关心。"② 这恰恰是人之在世存在必然会面临的境遇。庄子意识到，人心之误解或是世间最容易发生的事情，也是个体最经常遭遇的事情，这是每个在世存在的个体都不得不面对的。人间世中的个体，尤其是虚室生白的个体不得不进行自我图存的努力，不得不认识人间世中的他心问题。

庄子对于人间世的摹绘，突出体现在他对人心的认识上。根据郑开先生的观点，《庄子》文本中的"心"可分为两种，"其中，'机心'与'成心'就是指心的表层，也就是'思''心''知'，属于思虑、计谋的层次。此外，庄子还有'常心'的说法，它相当于老子所说的'无心'。与平常所讲的表层意义的'心'的概念不同，'常心'与'无心'属于深层的'心'。它不是'思虑'和'知识'而是'无思无虑''无知无识'，是

---

① 刘劭同样有对人心的认识："夫人之情有六机：杼其所欲则喜；不杼其所能则怨；以自伐历之则恶；以谦损下之则悦；犯其所乏则媚；以恶犯媚则妒；此人性之六机也。"参见梁满仓译注《人物志》，中华书局，2014，第142页。

② 〔美〕马斯洛：《科学心理学》，林方译，云南人民出版社，1988，第181页。

前一个层面的反面"①。除此之外,《庄子》之中还有很多对于现实人心的描绘,这是以往中国哲学所忽视的。《庄子》描绘人心的一个突出特点,是其对人心的现实性的刻绘丝毫不做作、不伪装。在如下语句中可以清晰地看到其对现实人心的描绘。

> 兽死不择音,气息茀然,于是并生心厉。克核大至,则必有不肖之心应之,而不知其然也。②

> 佞人之心翦翦者,又奚足以语至道!③

> 世俗之人,皆喜人之同乎己,而恶人之异于己也。同于己而欲之,异于己而不欲者,以出乎众为心也。夫以出于众为心者,曷常出乎众哉!因众以宁所闻,不如众技众矣。④

当然,《庄子》全书关于人心之现实的描述并不止于此,此外还有对怒心、争胜心、唯我心、嫉妒心的揭显,以及对"逆心"一带而过的点显。《大宗师》中讲子桑户、孟子反、子琴张三人"莫逆于心,遂相与为友"。透过这句话可以看出,能够"莫逆于心"确为一极难得的情谊境界,但同时也从反向说明偶然的"逆于心"恰恰是心"机"发动的常态,同时也是人间世中生存的常态。实际上庄子一笔带过的写法,更衬显了"逆于心"的真实样态。不伪饰的庄子对他心之隐、他心之伪、他心之执皆采取自然的承认态度,而没有使用文饰或否认的策略,此恰是庄子思想的一个至真之处。

此外,庄子对于人之存在最经典的描绘就是其所采用的"悬解"这一比喻。在《齐物论》及《大宗师》篇中,庄子均用"悬解"来形容人的

---

① 郑开:《庄子讲记》,广西人民出版社,2016,第 142 页。
② (清)王先谦撰《庄子集解》,中华书局,1987,第 39 页。
③ (清)王先谦撰《庄子集解》,中华书局,1987,第 93 页。
④ (清)王先谦撰《庄子集解》,中华书局,1987,第 96 页。

存在境遇。在庄子看来，个体在人间世中存在好比被绳子悬吊在半空中，但人自身却无法将自己解下来。正如林云铭所注的："人之生，如物悬在空中，死则解其悬而下矣。此皆天之所为，非人得与，哀乐何益？"① 正因为人处于"悬解"的状态中，所以这种状态是人所不能自解的。"而不能自解者，物有结之。且夫物不胜天久矣，吾又何恶焉！"②

（二）死生与存在

死生是庄子哲学的一个重要命题。庄子哲学的一个核心主旨是要人全生、养年，让个体保全自己的生命。但这并不表示庄子害怕甚至惧怕死亡。庄子对于死亡的理解是与其自然哲学联系在一起的。在庄子看来，人及天地间的万物不过是一气之化，是气的不同表现形式，而天地间乃至整个宇宙的一切事物都是"气"③。庄子关于死生的理解同样是在其气化的宇宙观下进行理解的。在庄子看来，人的死生同万物的生灭皆不过是气的不同变化形式而已。在这个意义上，庄子的思想较接近唯物主义的理解。

如何克服死生带来的焦虑，是存在主义的一个重要论题。对于死生问题，庄子以气化的宇宙观进行理解，并以达观的认知境界提升来克服死亡的焦虑。《庄子》中关于死生的论述主要有：

> 死生，命也，其有夜旦之常，天也。④

> 人上寿百岁，中寿八十，下寿六十，除病瘦、死丧、忧患，其中开口而笑者，一月之中不过四五日而已矣。天与地无穷，人死者有时，操有时之具而托于无穷之间，忽然无异骐骥之驰过隙也。⑤

---

① （清）林云铭著，张京华点校《庄子因》，华东师范大学出版社，2011，第33页。
② （清）王先谦撰《庄子集解》，中华书局，1987，第63页。
③ 中国哲学语境中的"气"并非今日简单的"空气"之义。实际上，包括宇宙、星球、山川、植物、动物、人等都可理解为"气"，空气或气体也在"气"的理解范畴之中，是"气"的基本含义。
④ （清）王先谦撰《庄子集解》，中华书局，1987，第58页。
⑤ （清）王先谦撰《庄子集解》，中华书局，1987，第265页。

庄子关于死生最著名的理解是在涉及"庄子妻死"以及"庄子将死"的相关对话。惠子质问庄子，（庄子）妻子死后不仅不哀伤反而鼓盆而歌，庄子给出的回答远超出常人的理解：

> 察其始而本无生，非徒无生也，而本无形，非徒无形也，而本无气。杂乎芒芴之间，变而有气，气变而有形，形变而有生，今又变而之死，是相与为春秋冬夏四时行也。[①]

此外，从庄子对待自身死亡的态度同样可以看出其独到的理解，看出其对世俗生死观的超越。

> 庄子将死，弟子欲厚葬之。庄子曰："吾以天地为棺椁，以日月为连璧，星辰为珠玑，万物为赍送。吾葬具岂不备邪！何以加此！"弟子曰："吾恐乌鸢之食夫子也。"庄子曰："在上为乌鸢食，在下为蝼蚁食，夺彼与此，何其偏也！"[②]

庄子对于死亡焦虑的克服，是通过其对生命本质以及世界之本质的认知而实现的。在庄子看来，人不过是天地万物中的一物，而人与物又是相平等的。因之，人的死亡不过是重新回到物的另一种形式上去。在庄子看来，天地万物无时无刻不在变化，人同样是万物变化中的一个中间环节，是一种假借的形式。正如钱穆先生所言，"庄子论宇宙，其最要义，厥为万物皆本一气，其死生成毁，皆一气之化，故内篇屡言'造化'，又称'物化'。万物尽属一气之化，故曰：'假于异物，托于同体'"[③]。在庄子看来，天地间最真实的实在只有变化，所有变化皆是通过"物"所表现出的"气"的不同形式的递嬗。而人不过是"物"而已，是处于"气"之变化链条上的一"物"。世间最真实的实在就是变化，而人的生命也正在此大化之流中。人所能做的就是随顺宇宙大化之流，能够安于变化而不会

---

① （清）王先谦撰《庄子集解》，中华书局，1987，第150~151页。
② （清）王先谦撰《庄子集解》，中华书局，1987，第285~286页。
③ 钱穆：《庄老通辨》，生活·读书·新知三联书店，2002，第94~95页。

为变化所烦扰。庄子的这种观点，在西方心理学中也能找到对应的理解。《灵商：人的终极智力》一书的作者写道，"我们对待死亡的害怕，来自视野的匮乏，不能把死亡放在一个更大的框架内"①。这实质上与庄子教人如何克服死亡焦虑的路径是相同的。此外，荣格也有类似的论述。荣格这样写道：

> 人是一种社会存在，正是由于这个缘故，所以不与社会发生关系，他就不可能生存下去。因此，除非遵循某种超越现实的原则——这种原则能够与外部世界的强大影响力相匹敌，否则个人就永远无法为自己的生存和自己精神上的自主性和道德提供任何现实的说明……于是，为了抵御尘世的诱惑，个人在内心深处就需要一种超越尘世的经验，一种能够保护他独立自主的经验，否则他将不可避免地要服从群众意志，为外物左右而走上人云亦云的歧途。②

总之，庄子对于死亡的超越态度来自其对世界及对生命本质的认知，源自其对世俗性的常识认知的超越。庄子对死亡的超越是通过境界性的自我提升而实现的，正如庄子在《齐物论》中所言的，"且有大觉而后知此其大梦也"。这种大觉本身就需要认识"道"并体认"道"，借以超越原有的狭隘认知。

（三）庄子对于存在的态度

庄子充分意识到人乃是"有待"的存在。"有待"意味着人本身并不是自足的存在，人的存在需要多方面条件的汇聚及作用支撑，需要利用外部条件，同时被外部条件所用。同时正因为人是有待的存在，所以人的自由更多时候只能是精神自由，而人的身体自由更多受到社会及现实条件的制约。正如庄子所写的：

---

① 〔英〕达纳·佐哈，〔英〕伊恩·马歇尔：《灵商：人的终极智力》，王毅、兆平译，上海人民出版社，2001，第307页。

② 〔瑞士〕卡尔·古斯塔夫·荣格：《未发现的自我》，张敦福、赵蕾译，国际出版公司，2001，第15~16页。

罔两问景曰："曩子行，今子止，曩子坐，今子起，何其无特操与？"景曰："吾有待而然者邪！吾所待又有所待而然者邪！"①

且方将化，恶知不化哉？方将不化，恶知已化哉？吾特与汝其梦未始觉者邪！②

身体的化与不化，皆非人自身所能决定。在这个意义上，人的身体乃至生死都需交给自然。如是，绝对的自由只能是心灵的自由。庄子追求心灵的自由，并意在通过心的境界提升而实现对外物及环境的超越。庄子指出，"古之人，外化而内不化；今之人，内化而外不化。与物化者，一不化者也"。不仅如此，庄子同样注重个体如何认识并远离现实生命世界中的谣言、困厄与无奈。只是庄子对于人间世的因应不像老子的"无为而无不为"那样老练，而更多是洞晓后的远离与"无用"的退离，继而通过内心的调适以达到与外面世界必要的距离。

"庄子思考的主要是生命在乱世中的安顿。"③ 对于人间世中的种种无奈与不得已，庄子给出的态度就是安时而处顺，强调"安时而处顺，哀乐不能入也"，强调"知其不可奈何而安之若命"。庄子注重"无用"之用，在其看来，"有用"更有可能让自身处于人间世中被利用、被支配、被谋划甚至被戕害的险境。"无所可用，安所困苦哉！"这是庄子给出的个体如何在世存在的一个具体策略。

庄子还特别强调一个"忘"字。庄子的"忘"在本质上是就小、大关系而言的，是就"小"之于"大"的比较甚至商值而言的。依庄子见，世俗之人往往因视野的遮蔽、心灵的狭隘、利益的缠绕、情感的纠葛、见识的短浅而只能从"小"的孔洞看待自然、世事、他人及自我。但这种"小"或是缺乏对世界的整体观照而让自己盲目自大，或是被"小"遮蔽而使自己褊狭。庄子强调"忘"的意义，在庄子的思想中"'忘'暗示了或指向了解构，即解构不合乎'道的真理'的种种关系，解除人陷溺其中

---

① （清）王先谦撰《庄子集解》，中华书局，1987，第26页。
② （清）王先谦撰《庄子集解》，中华书局，1987，第67页。
③ 王博：《庄子哲学》，北京大学出版社，2004，第23页。

的各种束缚与窠臼"①。庄子之"忘"是就"道"而言的,同样也是就生命之本质而言的。在庄子看来,宇宙间最真实的实在就是"化",人的生命本身也是变化中一个小到不能再小的环节。因此,洞悉了"道"也就认识了生命的本质,继而世间的一切得失存亡、荣辱毁誉都无足以患心。

除此之外,庄子人生态度的独特表达就是"游"。"'游'其实就是若即若离,也是不即不离,这是庄子选择和世界相处的方式。"② 根据严复先生的分析,"庄书多用'游'字。自首篇名'逍遥游',如'游于物之初'、'游于物之所不得通'、'游乎天地之一气'、'游乎遥荡恣睢转徙之涂'、'圣人有所游'、'乘物以游心'、'入游其樊'、'游刃'、'游乎尘垢之外'、'游乎四海之外'、'游方之内'、'游方之外'、'游无何有之乡'、'游心于淡'、'游于有无'、'而游无朕'。皆是"③。可以看出,"游"是庄子实现全生养年的人生态度,也是实现精神自由的超越路径。

总之,上述是对庄子存在心理思想的基本探索,庄子的存在心理思想更多源自其对人间世及人心的揭示,但这绝不表明庄子是一个人性本恶论者。实际上,庄子的存在心理思想是与其所处的战国时期特定的背景联系在一起的,是与当时诸侯统治的黑暗以及战争频发、诸侯专制分不开的。庄子虽然身处人间世,但其心灵却是超世的。庄子并非人性本恶论者,正如钱穆先生所言,"庄周的心情,初看像悲观,其实是乐天的。初看像淡漠,其实是恳切的。初看像荒唐,其实是平实的。初看像恣纵,其实是单纯的"④。

在《庄子》文本中,庄子只言人心而未言人性。庄子的存在心理思想并不以"认识"为核心指向,庄子虽然采用了重言、寓言、卮言三种不同的表达方式,但是庄子对于人间世的超越又恰恰是通过对道及大化的境界性提升而实现的。在这方面,庄子的思想中确有"知"的成分。庄子思想中所言的"化"并不同于进化论,其思想中也不可能有现代的进化心理学思想。但是,通过庄子对人间世的描绘可发现庄子对在世生存之艰难、险

---

① 郑开:《庄子讲记》,广西人民出版社,2016,第 243 页。
② 王博:《庄子哲学》,北京大学出版社,2004,第 27 页。
③ 钱穆:《庄子纂笺》,生活·读书·新知三联书店,2010,第 9~10 页。
④ 钱穆:《庄老通辨》,生活·读书·新知三联书店,2002,第 11 页。

境的充分认识。在这方面，庄子以无用之用或者说以无为的方式寻求全生、养年，意在以这种方式实现道家式的适应。

特需说明的是，庄子对于人间世之险境的描述，是与当时战争频繁及诸侯专制联系在一起的，其中的很多分析并不适用于当代人的生存环境。庄子对人间世之真的描述，恰恰是为了反思甚至纠偏儒家关于社会的过度理想化的学说，是为了让人们不被儒家的文饰、虚文所蒙蔽，是为了让在社会生活中生存的个体彻识社会之真实，继而采取适合自身的全生、养年的策略。如是可见，庄子的存在心理思想与对儒家学说的纠偏联系在一起，有其在那个时代的特殊理论动机。

|第六章|

俗民语境中民众"随"之观念的本土心理学阐微

"天性"与"教养"抑或经验论与先天论的问题是心理学的永恒主题①。在西方心理学史中,关于"天性"与"教养"的问题之争经历诸多曲折反复②,其实质是"科学追求"与"事实本身"二者此消彼长、渐趋融合的过程。由于"科学目标"之设定,学院心理学以科学主义的主客二分为研究立场,但缺乏对民众自身如何看待此类问题的揭示与反映,因而产生诸多遮蔽与疏离。至于生活世界中的一般民众如何看待此类问题,则是以往研究所忽视与缺失的,而这也正是本土心理学所理应揭示与诠显的。

俗民语境,是民众真实生活情态的观念显现场域,包含着民众对于社会、心理及生活现象的丰富理解,因此理应成为人文社会科学关注的重要层面。在西方心理学的历史演进过程中,"科学"目标的设定与遮蔽,导

---

① 〔美〕B. R. 赫根汉:《心理学史导论》,郭本禹等译,华东师范大学出版社,2004,第27~28 页。

② 心理学家阿德勒用环境论解释一个家庭中不同孩子的差异。阿德勒写道:"有人问:'在同一个家庭成长的孩子,差别为什么会如此之大?'这个问题曾被一些生理学家解释为基因构成的差异,而我认为这是极为荒唐可笑的。我们不妨用小树的成长来解释孩子的成长。一片树木生长在同一个地方,但每棵树木的小环境又各有差异。有的树因为汲取了更多阳光和土壤养分而生长较快,那它就必然侵占了其他树木的生长资源,如遮挡阳光照射、根系四处蔓延、抢夺土地养分。如此以来,其他树木就无法正常生长,显得矮小和萎靡。一个家庭与此相似,其中一人鹤立鸡群,别人则必定相形见绌。"参见〔奥地利〕阿弗雷德·阿德勒《自卑与超越》,李青霞译,沈阳出版社,2012,第 95 页。但熟知常识的人们都会看出这一观点的偏颇所在。

致长期以来对"俗民语境"的漠视。然而恰恰是俗民语境蕴涵着至为丰富的本土心理资源。譬如,在西方民众的日常话语体系中常有这样的表述:"'她的奢侈是从她母亲那里继承来的。'或者,'他是一个像他祖父那样的无赖。'还有,'这种音乐天赋来自他的父亲'。"① 这些都是俗民语境层面的民众"心理"理解,代表了民众在"科学"话语系统之外的观念认知。关注并挖掘俗民语境,有助于丰富中国本土心理学的原生性概念资源库。本章正是以"俗民语境"为研究展开的基本背景,力图真实地揭示民众视角的"天性"理解。

"随",是中国俗民语境中再平凡不过的一个字眼,它在中国民众的口耳相传中绵延了数千年。虽然它从未在书面世界以"文字"形式显示其重要性,但是在"文化小传统"的世界中绵绵不绝地生发着观念影响力。作为中国俗民社会中的素朴心理观念,"随"表征着民众对于自身生活世界的原生性心理理解。因之,有必要将其从俗民的常识世界中提取出来,使之成为一个表征中国本土特质的"实质心理学"概念。

一 "随"及相关语词的界定与区分

本研究对于"随"之选取,有其特定的语境及语义限定。这就需对"随"之语义选取以及"随"与"像"的异同之分进行必要的说明。

(一)"随"之语义选取及概念界定

在当代中国的语境中,"随"字常嵌入在词语之中使用,这些语词主要有:随后、随从、跟随,随便、随顺、顺随,随心、随意、随性、随心所欲,随和,随缘,随礼、随份子,随遇而安,随波逐流等。这些语词中的"随"的确包含中国特有的文化心理内涵,但本章探讨的主旨却不在此,故此处不再详述。

需要说明的是,本章所欲研究的"随"与上述语词中的"随"之含义截然不同:本章选用的"随"并非以两个或四个字的语词形态存在,而是

---

① 〔美〕威廉·赖特:《基因的力量》,郭本禹译,江苏人民出版社,2001,第10页。

以单字形式存在于民众的日常话语体系中。而且本章所采用的"随"并非跟着、顺从、任凭、顺便、就着等含义①，而是类似于西方生物学中的"遗传"之义，代表了"遗传自谁"的理解方式。

本章对于"随"之概念界定暂移用前文的观点："随"主要是指个体与其父母双方或父母一方基于血缘关系，先天秉承而来的生理、心理特征方面的相似性；同样还指个体与其父亲或母亲的上代及同代直系亲属如爷爷、奶奶、姥姥、姥爷、伯父、叔叔、姑姑、舅舅、姨妈等在生理与心理方面的相似性。它是西方遗传学传入以前，操汉语的多数中国民众基于日常生活观察及自身生活体验所形成的一种模糊的、直觉性的观念认知及现象归因。其中，个体所"随"的特质既可表现为生理性的相貌、身高、体重、体质等，也可体现为心理性的智力、性格、能力、品质、行为风格等。在俗民语境中，个体所"随"的特质，既可归于其父亲或母亲中的一方（或双方），也可归为其爷爷、奶奶、姥姥、姥爷中的一方（或几方），亦可被归为其伯父、叔叔、姑姑或舅舅、阿姨。总之，"随"是个体秉承基因性状而显现出来的，与上一代或上两代直系血亲在生理及心理方面的相似性。它与民众日常话语中的"像"之含义接近，但二者又有较大差异，这是需要特别说明的。

（二）"随"与"像"的同异之别

本章所选取的"随"与"像"有着近乎相同的含义，"随"在很大程度上可理解为"像"。然而正因为二者相似，才更容易相混，更需要进行专业的区分。

在俗民语境中，"像"既可指涉任何两类事物间的相似，也可指涉同一类事物的不同个体在颜色、形貌及其他方面的相似。就指涉的对象而言，"像"既可以指向人，也可以指向自然界或社会中的事物。此处所要区分的"像"常包含在如下语境中，如"这孩子长得像他爸爸"，"这孩子说话办事像他妈"，"这哥俩长得很像"，"他俩长得很像"，"他

---

① 日常话语中的"随你的便""随他去吧""随你"等语句中的"随"，取的都是"听凭""任凭"之义，而"嫁鸡随鸡，嫁狗随狗"中，"随"取的是"跟从""跟着"之义，故不在本章的论述范围之内。

俩性格很像"。

在上述含"像"的五个句子中,前两句中的"像"可以置换成"随",而后三句则不能。这是因为,第一,"随"在汉语语境中仅用来指涉"人"与"人"之间的相似,而"像"还可以用来指涉"人"之外的一切相似。第二,就二者同指"人"的相似而言,"随"只表征基于血缘关系的相似性,而"像"还可以表达血缘关系以外的相似性。第三,"随"所表达的是一种基于血缘的"自下而上"的相似关系,而"像"除了可以表征这种相似之外,还可以表征同一家庭或家族同代人的相似以及家族成员"自上而下"的相似。

具体而言,"随"所表达与指涉的含义更为明确,内涵也更为丰富。它表征了同一家庭或家族成员基于血缘关系而呈现出来的,民众以"自下而上"的话语方式指称的相似关系。除了"相似性","随"还兼有"秉自'谁'而来"的理解,表达了一种"血缘性"征相的传承理解,而"像"并无上述含义。此外,就民众话语中"某人随某某人"的猜测及判断的形成过程而言,生理与心理性的"像"是"随"之判断形成的前提与中间阶段。民众首先是观察到"相似"与"像",之后通过"他者"的言说印证自己的琢磨与揣测,最终形成"某人随谁"或"不随谁"的判断。

二 民众"随"之观念的本土心理蕴涵

作为俗民生活世界中的心理观念,"随"乃是中国民众在长期生活基础上的语言凝练。它不是凭空而生的心理臆想,而是因象而生、因象而起的观念凝结。经过笔者不断地挖掘与梳理,现将"随"之本土心理蕴涵归纳为以下几点。

(一)"随"与基因的遗传之"隐"和遗传之"显"

在中国民众的日常话语体系中,"随"主要可分为随父/母,随爷爷/奶奶、随姥姥/姥爷,随叔伯、姑姑、舅舅、阿姨,以及"随根儿"这四种类型。

第一种：随父亲或随母亲①。此种"随"所指涉的关联对象最容易理解。随父亲或随母亲，也就是指父亲/母亲或二者的基因相状在子女身上有明显的相似性体现。用遗传学的术语可理解为"显性遗传"。

第二种：随爷爷/奶奶或随姥姥/姥爷。此种现象，是个体在生理、心理方面与爷爷/奶奶或姥姥/姥爷有较高的相似性，往往被言说为"随他（她）爷爷/奶奶""随他（她）姥姥/姥爷"，而不被言说为"随他（她）的父亲/母亲"。此类现象用现代遗传学来理解，是基因的隔代遗传，即基因的隐性遗传。也就是爷爷/奶奶或姥姥/姥爷的基因相状在个体的父亲/母亲身上体现得不明显，而在个体身上却有鲜明的相似性体现。

第三种：随叔伯/姑姑或舅舅/阿姨。此类现象是基因的复杂性与遗传的偶然性的又一形态。其中一类是，爷爷/奶奶或姥姥/姥爷的基因相状既在个体身上有着相似性显现，又在个体的叔伯/姑姑或舅舅/阿姨身上有所体现。另一类则是，爷爷/奶奶或姥姥/姥爷的基因相状的相似性在个体身上体现得不明显，而叔叔/伯父/姑姑或舅舅/阿姨的外显基因相状在个体身上却有鲜明的相似性体现。

第四种：随根儿。此种现象一般表现为某些生理、心理的遗传相状在个体自身、个体的父亲/母亲、个体的爷爷/奶奶或姥姥/姥爷甚至更上一代人身上有着一贯性的绵延体现。"随根儿"现象体现的是一种遗传的家族相似性，而此种相似性在家族的几代直系成员身上都有历时性的具身体现。此种现象，在西方的卡利卡克家族研究中有着鲜明体现。在中国，此类现象也不鲜见②。在朱晓阳所著的《罪过与惩罚——小村故事：1931—1997》中亦有类似描述："四十年代的保长中有一个叫刘贵的，说他因为胆小，支应不了兵役和丁粮而上吊。在三十年后的 1975 年，刘贵的孙子刘耀祖正是小村生产队的政治指导员。小村人称他'大囊栋'，意思是又傻

① 钱穆先生曾写道，"司马迁性格，很富他父亲遗传"。参见钱穆《中国学术思想史论丛》（三），生活·读书·新知三联书店，2009，第 10 页。
② 阎云翔先生在《私人生活的变革》一书中虽然没有直接用"随"字，但其所表达的确为本地人关于遗传影响力之理解。阎云翔先生写道，"村里人相信，性格是遗传的，所以姑娘父母的性格也在考虑之中"。参见阎云翔《私人生活的变革：一个中国村庄里的爱情、家庭与亲密关系：1949—1999》，龚小夏译，上海书店出版社，2006，第 91 页。

又大。村里人认为从刘耀祖能看到他祖父的影子。"① "刘耀祖在小村人眼中是一个头脑简单的老实人,人们在背后叫他'大囊栋',意思是个子大,但是为人窝囊,没有头脑。刘耀祖的祖父刘贵在四十年代,村中无人愿意当保长时,被村里人推出来当保长。现在刘贵的孙子也在领导危机中被推上了前台……"②

(二)"随"作为同一家庭中子女差异的一个解释依据

个体差异,尤其是同一家庭不同子女间的差异是人格心理学关注的一个重要层面。但是心理学却较少从"遗传"的角度进行研究。"心理学最悠久的研究领域——例如知觉、学习和语言——从未重视过个体差异,因此还没从遗传的角度进行系统探索。"③ "有趣的是,在达尔文的《物种起源》出版之前,个体差异通常被归为意志的差异性。早期心理学强调训练意志的重要性……在阅读高尔顿的著作之前,达尔文甚至还强调,热情与努力工作是个体差异的主要决定因素。"④ 需要特别强调的是,我国汉代思想家王充对先天因素之于个体差异的影响有较深刻的认知。牟宗三先生这样评价道:"王充对此'差异强度之等级性'以及由之而来的'命定',似有极强烈而真切之感受,于此真知其有无可奈何处。吾人亦可推而言之,知其于'自然生命'之独特性有极真切之认识。彼能以彻底之材质主义、自然主义、命定主义,将此自然生命之领域显括出。王充之思想,如其于学术上有价值,其价值即在此。"⑤

在现实生活中,我们经常可以看到同一家庭中不同子女在智力、脾气、秉性、能力、性格、品质等方面殊异。此类差异,民众往往根据眼观、耳听及其生活经验做出相应的归因解释。在俗民语境中,"随"往往被用以解释同一家庭不同子女"生就"之差异。排除异常胎内环境及早年

---

① 朱晓阳:《罪过与惩罚——小村故事:1931—1997》,天津古籍出版社,2003,第82页。
② 朱晓阳:《罪过与惩罚——小村故事:1931—1997》,天津古籍出版社,2003,第242页。
③ Robert Plomin 等:《行为遗传学》(第四版),温暖等译,华东师范大学出版社,2008,第285页。
④ 〔美〕韦恩·瓦伊尼、〔美〕布雷特·金:《心理学史:观念与背景》,郭本禹等译,世界图书出版公司,2009,第210页。
⑤ 牟宗三:《才性与玄理》,吉林出版集团有限责任公司,2010,第31页。

意外因素的影响，同一家庭中的不同子女往往存在先天的差异倾向，而此种差异往往在其父/母或上一、两代亲属之间即有鲜明的体现。生活世界中的民众，往往将其解释为"随……"，也即分别"随"不同亲属所致的差异性后果。

（三）"随"作为中国民众的一种归因方式

"随"是中国民众对同一家庭（或近支家族）不同代际的直系血亲在生理、心理方面之遗传相似性的一种语词指称。在这个意义上，它有具体的指称内容。另一方面，"随"还是中国民众在日常生活经验的基础上，对日常生活中的真实现象，基于其所能够运用的观念资源所做的一种素朴归因。作为俗民语境中的常识语词，"随"表达了中国民众素朴的观念认知，表征了在"科学"的常识话语尚未达至农业社会以前民众的一种素朴归因方式。

中国民众的"随"之观念，主要是对自身生活世界中的相关现象的素朴归因，同时它还是对他人常识观念的传承理解与内隐认同。此种观念的得出是以大量日常观察与生活经验为参照依据的。对于现实生活中的民众而言，"随"还是他们理解日常生活现象的一个重要观念参照，是他们对此类现象做出解释与归因的必要观念资源。无论是个体的身高、外貌、体质，还是个体的智力、能力、性格、习性、品质等，都能在"随谁"或"不随谁"的现象关联中找到最基本的归因解释。

在以熟人为构成主体的俗民生活场域中，民众以"随谁"来归因某人在现实生活中生就的能力与品质、性格的优缺点、必然性的人生境遇等都是再正常不过的事情。此类相关现象往往被归为"随谁"或"不随谁"最终所致的一种结果。当然，民众并不会以"随谁"或"不随谁"为唯一的解释依据。

三 "随"之研究展开需关注的基本问题

以上对"随"之本土心理蕴涵的探讨很大程度上是一种总体性探究。只有进行更进一步的细究与深研才不至于让后来者迷惑，这就需要厘清以下问题。

(一)"随"到底是取"遗传"解？还是兼含"家庭影响"之义？

在西方，"行为遗传学家们开玩笑说，只生一个孩子的人是环境论者；生一个以上孩子的人是遗传论者"①。在今日中国，自然也会有类似的现象与问题。这里需要重点关注的是，在此类汉语语境中"随"到底应仅仅被释为"遗传"，还是应兼括"家庭影响"之义？二者如何细分？这是"随"之研究的一个难点，同时也是关键点。对此笔者依然采取前文的观点，取其"遗传"解，对于后者采取悬置的态度②。

至于如何解决这一难题，在笔者看来，最好的解决办法是就此一问题向合宜的民众展开调查。通过调查获悉民众自身的理解，而我们所要做的就是揭示并传递他们的真实想法，然后在此基础上再做"研究"。不能因为我们是"研究者"，就在民众不知情的情况下替他们下结论，用我们的逻辑推论代替他们的生活见解。我们所应达致的是与民众的视域融合。

本研究的观点是"随"是否含括"家庭影响"之义，可立一反例，若是此一反例能被驳倒，则可含括"家庭影响"之义。此点类似于自然科学中的"判决性实验"。也即如何理解同一家庭中的不同子女会有如此之大的差异，而此种差异的相似性又可以在其上代或上两代直系血亲之中找到。之所以立此反例，是因为多数人会认为在同一家庭中不同子女的成长环境是基本相同的，受到的父母影响也是大体相当的。但我们更需注意到的是，虽然每个人的具体经历会有差异，也即非共享环境并不相同，但这些都不足以解释（不同）子女分随不同亲代所致的差异。因此，必须确保的是无论"随"是取"遗传"解，还是兼含"家庭影响"之义，最终都要确保这个问题是在心理学的论域范围内，确保涉及与探讨的应是心理学问题。

(二)从"随谁的姓"到"随谁"

"随"本身原为一生物性现象，也是经由"生物性"而体现出来的"社

---

① 〔美〕威廉·赖特：《基因的力量》，郭本禹等译，江苏人民出版社，2001，第284页。
② 我国早期社会学家潘光旦先生特别强调遗传的重要作用，"他认为个人品质和能力的形成，取决于先天遗传和后天环境两个方面，但先天遗传更为根本"。参见杨雅彬《近代中国社会学》（上），中国社会科学出版社，2001，第318页。

会性"现象。这也印证了费孝通先生所讲的，在中国文化中，"生物性"与"社会性"往往是紧密联系在一起的。① 中国传统家庭多实行"单系偏重"，"我们对父亲方面的亲属记认得很广很远，而对于母亲方面的亲属则很多就不认账了"②。父系姓氏的继嗣传承是父姓制社会"家庭制度"的一种总体性规定，而父系宗族传承下去的一个保障就是子女"应随"父系之"姓氏"。

"随谁的姓"纯然为一"社会性"问题，属于一种礼俗规定与社会共识。在中国俗民语境中，"随谁"的语用方式很可能正是从"随谁的姓"转化而来。但在性质上二者却截然有别："随谁的姓"表征的纯然为"社会"属性，是人的社会性表征，可因社会性的因素而发生改变③；而"随谁"的问题则首先是一种生物性之实然，是一种生物性基质的定然倾向，表征的是人的自然属性。每一个体，自其出生之日起，其所"随"的特质就是"既定"的。只不过随着时间的延展，个体所随的特质及与"所随对象"的相似关联才慢慢呈现。作为一种实然，"随谁"不会像"随谁的姓"那样可因社会性因素而加以改变。"随谁"与父姓制是无关的，与个体的家庭结构亦无关联。这是因为个体所显现出来的"随"，其关联对象可以是其母亲，而不是父亲；可以是其姥姥、姥爷、舅舅、阿姨，而不是爷爷、奶奶、叔叔、姑姑。当然，更多的情况是个体既随其父也随其母，这是因为，任何一个人的身上都兼有其家人甚或其本身都无法分清的"到底随谁"的"混成"的特质。最重要的是，"随谁"是一种经由生物性而显现出来的心理性与社会性，是基于生物性的心理性与社会性的混合体。

（三）"随"之于"基因与人格关系"研究的可能价值

"基因"与"人格"的关系问题一直是人格心理学与行为遗传学研究的重要主题。"基因"与"人格"关系研究的困难性在于，研究过程中不可避免地要涉及环境、文化及个体经历等因素。人所共知的事实是，"人

① 费孝通：《试谈扩展社会学的传统界限》，《北京大学学报》（哲学与社会科学版）2003年第3期。
② 费孝通：《乡土中国生育制度》，北京大学出版社，1998，第240页。
③ 这些情况包括母亲改嫁、拉帮套、过继与领养、入赘、私通、夫妻协商等。这些情况下的子女，或有改"随"姓氏的问题。

格"不仅受基因的影响，同时还受到环境、文化、经历的影响，而问题在于无论是基因、人格，还是环境、文化、经历都具有极大的复杂性、不确定性以及难观察性。目前，关于"基因"与"人格"关系的研究主要有两大方法体系。其中一种是心理学所采用的双生子和收养法，也被称为数量遗传学技术。另一种则是生物学、医学中采用的分子遗传学技术。其中，前一路径一直是心理学人格研究的经典方法，兼具科学取向与人文色彩，缺点是易被生物遗传学者诟病为不够细致与精确。后一路径作为纯粹自然科学的研究取向，其优点显而易见，近年来更是进一步验证了存在影响人性和人格的个别基因[①]，有力地促进了研究的进展。但分子遗传学研究也存在其固有的困境与局限，主要表现为三点。第一，由于研究费用巨大，研究样本一般数量较小。不仅研究工作烦琐，而且研究结论的代表性也值得商榷。第二，由于基因的复杂性，很难发现某种人格特质由某单一基因决定。第三，研究方法及样本构成等差异的影响可能远超过基因的影响，导致相同的研究可能得出不同甚或是完全相反的结果[②]。

归纳来说，分子遗传学的研究方式可以称为"纯粹科学"的客观研究，是在分子层面展开的"科学研究"，其研究的困境与局限也是科学主义范式本身所固有的。而对于民众"随"之观念的调查研究，显然不同于分子遗传学的研究路向，与传统心理学的双生子法、收养法也有一定区别。"随"作为"遗传"偶然性所致的同一家庭血亲在智力、能力、品质及人格子维度等方面的代际相似性，体现的是俗民的常识理解。不同于分子遗传学的纯客观探究方式，对民众的"随"之观念的研究所应采取的是主观调研的方式，具有面向民众心理理解的本真特性。作为兼具社会性、人文性的研究取向，它本身采取的是对"基因"与"人格"关系研究的外围路线。透过民众原生的、直观的心理理解，这种研究或可得出新的学术理解，对于"基因"与"人格"的关系研究亦有新的启示。至于通过这一外围路线具体能为"基因"与"人格"关系研究提供怎样的借鉴，则需要进一步的研究揭示。

---

① 孔宪铎等：《基因与人格——试述基因为人格特征的原动力》，《文史哲》2006 年第 3 期。

② 董琴、戴晓阳：《人格特征基因研究进展》，《中国心理卫生杂志》2006 年第 12 期。

四 对于民众"随"之观念的理性反思

"随",是中国民众对相关生活现象的一种语词指称与归因理解。在俗民语境中,民众自然而然地使用"随"而不加反思。这样就有一些问题需要在研究过程中加以注意。

(一)民众的"随"之语词指称与"随"之现象实质的关系

研究中必须分清的是,民众用"随"来指涉现实生活中的一类现象,是因为有其"事实本身"在先。但同时还应看到,"随"同时亦是民众的一种归因和理解方式。它与归因者的性别、年龄都有关联,同归因者对被归因者及其家庭的熟知度也是密不可分的。而且个体自身所作的归因,父/母的归因,身边他人的归因,以及个体在不同人生阶段及境遇下的归因,都会有所不同。这就需要注意,"随"既是一种遗传偶然性所致的相似,同时还是民众对此类现象的归因,而这两者又未必完全对应。民众的归因在多大程度上反映了现象之实质?这是在今后的研究工作中需要加以细分的。

(二)"随"之归因作为民众思维简单性的一种表征

不得不承认的是,民众在俗民语境中所做的"随"之归因乃是简单性思维的一种表现。简单性思维不可避免地具有直觉性、模糊性的特点。而学术研究正是要破除简单性思维,就是要把这种简单性背后的复杂性解释清楚。因之,需要进行复杂性思考。民众"随"之归因的简单性体现为在现实生活中,民众在以"随"去解释身边现象时,往往不是具体细分其哪些特征分别随"谁",而是更多关注其"主要特质"随谁,往往用个体的主要特质"随谁"来指涉问题的全部。这种归因是总体性归因,缺乏清晰性与明细性[1],具有以偏概全的特点。

---

[1] 如李创同先生就曾做过这样的事例描述:"人们说我的弟弟像我妈妈,后来我才知道,事情根本不是那么回事,我弟弟其实更像我父亲,而我才更像妈妈。"虽然李创同先生所用的字眼为"像",但是根据生活世界中的常识理解,其实质所表征的正是"随"。参见李创同《论库恩沉浮:兼论悟与不可通约性》,上海人民出版社,2006,第2页。

（三） 对于"某人随谁"的归因会因"归因主体"而有所不同

在现实生活中，民众对"某人随谁"的归因会因"归因主体"不同。此类归因按"主体"之不同可细分为自我归因、父母归因、兄弟姐妹归因、其他直系亲属归因、邻里归因、友人归因等。而且，个体在不同的人生阶段对自身所"随"之归因的认识亦会有所不同。这又涉及"随"之现象显现与自身及他人对"现象"的主体感知问题。不厘清这些细节，就很难发现民众在现实生活中可能存在的归因谬误。要之，民众的"随"之归因乃是一种意会之知，他们自身很难说清楚。在现实生活中，民众亦不会对其进行对象化的认知关注与理性反思。

五　余论

总之，"随"是俗民语境中民众对个体与生俱来的先天特质与潜能倾向之现象溯源的一种语词指称。它是现代西方遗传学传入我国之前，汉语民众在常识生活中对相关现象的语词凝练与现象归因。正因其基于俗民的日常生活语境，故难以免去民众日常语用的模糊、笼统甚至以偏概全等思维特点。虽其如此，我们并不能因此而忽视"随"作为本土研究的价值，不能因此而忽略民众作为现实生活的"实然主体"所特有的观待生活世界的视角和观点。源自民众视角的现象揭示，正是本土心理学作为一种方法论的宝贵特质所在。

当下，中国本土心理学要想实现真正的发展，既不能一味地走中国"古代哲学"心理学研究的道路，亦不能蜂拥于已有的实质概念资源诠释，更不应对西方心理学进行简单的文化改造。中国本土心理学必须开辟出崭新的学术领域，因此就有必要发展中国本土的实质心理学，就有必要尝试建立具备中国本土特质的实质心理学①。因之，就有必要将"随"从俗民语境中擢升出来，使之成为一个本土心理学概念。

---

① 实质心理学不同于理论心理学。实质心理学不是为了理论而理论，而是针对"实质"而"理论"；它不是仅有理论，而是将理论建立在调查与发现的基础上。

以往中国心理学对于"天性"与"教养"问题或是采取回避的策略，或是倒向行为主义"环境万能论"的怀抱。尤其是后者以环境、教育甚至教养来解释一切，以专家的"科学"为"权威"的话语，根本上忽视乃至漠视民众在生活世界中的素朴理解。近些年来，随着后现代话语的兴起，社会生物学的传播，以及分子遗传学的影响，学者们在观念上已不再唯"行为主义"马首是瞻，多数研究者转向更热门也更具魅力的问题领域。"天性"与"教养"问题因其早已过时，目前已鲜有人问津，遑论民众自身如何看待此一问题。在这样的背景下，民众成为学术热潮时代"软弱的芦苇"，他们随风飘摇，鲜有学者尤其是心理学者关注他们的"理解"与"思考"。尤其是他们那缺乏逻辑、含混不清且不便于"问卷"作答的思维特点，更是让学者难以认为他们能对"学术问题"有所理解。但问题是，学者们忽视了"天性"与"教养"问题首先是一种常识，它来源于常识，来源于生活中的常识这样一个事实。尤其是在现代，"学术"在某种意义上已成为学者与专家们的文字性或数字性的"话语权力"。"学术"已成为专家对于外行而言的独断权威，成为"科学"对"常识"的遮蔽游戏。但问题是，"事实本身"究竟是如何呢？而"事实本身如何"不亦很重要吗？

特需说明的是，虽然"随"在实质上关联着"天性"与"教养"问题，但我们在研究中径可放弃"天性"与"教养"这样的字眼，径以"随"为调研或访谈的门钥与主线。通过民众自身的口述，或可更好地窥见民众视角的"天性"与"教养"问题之真相。通过对民众视角的天性与教养问题的揭示与诠显，通过"随"的门径，中国心理学界的天性与教养研究或可更好地获得民众的"认同"。至于研究如何展开，笔者粗疏地认为不必过于拘泥于方法，这样或许才能更好地获得"方法"。当然更重要的是要到民众中，在实践中，去认识与揭示"随"所内蕴的真实样态。

第七章

全球化背景下中国本土心理学发展的困境及挑战

　　本土心理学乃是四十余年来伴随世界各地的心理学本土化运动而产生的一种研究取向。自20世纪70年代末以来，世界各地的本土心理学研究产生了许多标志性成果，凸显了本土心理学的学术生命力及影响力。然而，随着时代的快速变迁，全球化的影响与冲击正在对本土心理学的立论之基及理论前提构成全新的挑战，对本土心理学倚之为标的的"地方性心理观念"产生全新的影响。在此现实背景下，来自全球化的影响已遽然成为"中国本土心理学"研究必须关注与反思的根本性问题。可以说，不认真反思全球化的影响就无以确立"本土心理学"在当代的合法性，亦无以延续其在当代的生命力。

一　地方化、本土化与本土心理学的立论之基

　　地方性的文化与文化心理乃是本土心理学及心理学本土化运动最重要的现实资源，同时亦是本土心理学研究最核心的焦点。可以说，地方化与本土化的实然体认与信念假设恰构成本土心理学的立论之基。

　　作为一项学术运动，心理学本土化主要是在对"西方心理学"文化普适性之不满与反抗的基础上产生的。进一步言之，心理学本土化运动的产生既源于心理学自身的"文化"诉求，也源于对本国或本地区政治性及民族性的意识考量。就中国大陆而言，心理学本土化运动在肇生之初同样是与对"民族自尊心"的考量分不开的，这种相对狭隘的因素虽不是本土化

运动起因的全部，但确实是其中的一部分①。

本土心理学作为一个正式的研究领域得以确立基于这样一个事实，即世界上不同国家、民族或地区都有其自身的文化传统与文化独特性，在"文化独特性假设"及"边界防御心态"的作用下，本地学者自然认为，该地域内的文化心理及民众观念具有不同于其他地域的文化特质与差异性。如是，地方化、本土化的文化传统自然成为本土心理学得以确立的事实性前提。

通过历史向度的考察可以发现，心理学本土化运动兴起的背景是二战后许多殖民地国家纷纷获得独立，继之开始现代化建设与民族复兴。对于这些国家而言，向西方先进国家尤其是向美国学习便成为其通往现代化的一个必经之途，而西方国家的科学、技术、工业、教育皆是其所要学习引进的重要资源。在缺乏现代学科土壤的前提下，由于本国未能诞生出现代的人文社会科学，因之，模仿、引进、跟随、照搬就成为这些国家人文社会科学研究的必经之途②。然而，随着时间的演进及教学研究的展开，越来越多的学者意识到西化心理学的弊端，深感盲目照搬西方心理学理论、概念及方法并不适用于本国或本地区的文化观念及民众心理常识。有识之士深感本国或本地区有沦为西方学术殖民地的危险。于是，伴随政治独立意识的觉醒，许多国家纷纷开始了寻求自身学术实践主体性的本土化努力。

虽然独立意识与觉醒意识构成本土化运动兴起的潜意识动因，但是支配本土心理学得以进行的显在信念前提却是对在地化的本土化文化心理资源的独到体认。本土化运动得以确立的事实性前提在于，各个国家或地区都有着不同于西方的独特思想与文化传统，具有不同于西方的文化生命与文化现实，而这些文化生命与文化现实又恰建基于其地方性/本土性的历史、文化及传统。要之，心理学本土化运动起于对地方化、本土化的文化边界及文化心理的感知，而这些感知又是在与异文化接触、碰撞、对照的基础上生发出来的。心理学本土化是在西方现代化全面展开之际，边隅后进国家或地区基于强烈的差异意识、对抗意识及自主意识而展开的一种学

---

① 周晓虹：《本土化和全球化：社会心理学的现代双翼》，《社会学研究》1994 年第 6 期。

② 当然也有一些国家如英国、加拿大等对美国的学术话语霸权不满继而展开学术本土化运动。

术探求。归本言之，心理学本土化是对全球化的一种"边界防御"反应。而此种"边界防御"反应背后的信念支撑，正可理解为学术主体性的觉醒及探求。

然而，随着心理学本土化运动的纵深展开，人们逐渐遗忘了"心理学本土化"与"全球化"的原初关联，对全球化演进所致的地方性文化心理变化缺乏充分的考量，仍然在依照几十年前的地域、本土心理现实而起论。然而这恰恰是本土心理学研究视域固化的表征，是本土心理学研究所应摒弃的。此是因为，本土心理学就其精神生命而言不应是单纯的哲学心理学探求，亦非纯粹历史向度的资源找寻，它理应揭显"活"的心理，而不是成为"死寂的"心理学。

二　全球化与本土化的原初关联

心理学本土化起于对地方性及本土性文化传统的强烈认知，而此种认知又起于这样一个大的背景，也即全球化效应在世界范围内的卓然显现。以往，学者们多关注"心理学本土化"产生的学科背景，但是对全球化与反全球化、全球化与本土化、全球化之于本土化影响的大背景缺乏足够的考量。本土心理学研究若是缺乏对全球化维度的考察，难免会造成盲人摸象的"真实"迷惘。尤其是在现今时代，信息与交通技术的加速更替以及金融资本的驱动，使任何地方都无法免受"地方之外"因素的侵袭与干扰。推本言之，全球化对任何地方性的文化尤其是通俗文化、大众文化产生弥漫性的影响，这种影响与冲击造成的一个后果是引发当地民众的常识性感叹，而民众的常识性感叹反映在学术精英层次则必然会成为一种学术诉求。"本土学者在文化接触上的这种苦闷和忧郁，投射到学术上就是一种由对自身文化的敏感而产生的自我保护的机制，在这种保护当中寻求自己学术实践的安全感"便成为"一种本土主义的心理防卫机制"[1]。

如前所述，全球化之于"地方"的一个必然影响是其所激发的"差异意识"，正是此差异意识激起了"地方"学者对"本土化"的自主探索。

---

① 赵旭东：《超越本土化：反思中国本土文化建构》，《社会学研究》2001年第6期。

正如挪威学者托马斯·埃里克森所言，"全球化的抽离特性，只是在非常肤浅的层次上制造全球的同质性。它创立了一种全球可比较的文法，使通讯与交换变得相对容易跨越边界。因此，全球化激发了一种差异意识"①。全球化会产生复杂影响，会对地方性文化产生冲击，继之在边隅世界引生地方性的差异意识、独特意识及对往昔"传统"的救亡意识。后进地区的人们在民族意识及国家意识的刺激之下，最终生发出差距意识、自卑意识甚或对抗意识。可以说，许多传统的复兴多"是对'全球化'的抗争"②。在全球化的席卷之下，部分学术精英身怀强烈的民族意识、国家意识，在差异性、独特性及传统性的事实及信念体认基础上，在差距意识、自卑意识与对抗意识的支配下，在其心力所及的范围内开展了学术本土化运动。

社会科学的本土化运动（包括心理学本土化运动）在肇生之初即与全球化有重要关联。本土化运动的产生既有其学科发展的内在动因，更有全球化的外在诱因。心理学本土化运动可谓与全球化相伴生的反全球化运动之弱表现。之所以说是弱表现，是因为其并不具备"反全球化"的明确口号，亦未有反全球化的显在行动。但是，认真反思心理学本土化产生的整体背景，我们终无法否认其确为全球化所激起的差异意识与对抗意识引导下的学术运动。

当下的一个事实是，全球化正深深地改变着地方性及本土性的观念及常识系统，加速地弱化着"地方性的边界"。在全球化的冲击下，许多学科再也不能无视此种影响。如是，心理学本土化与全球化的原初关联恰构成中国本土心理学研究必然要反思的一个重要前提。

三　全球化作为当下历史发展之必然

全球化乃是当下及未来人类历史发展的一种必然态势，它一经产生就对整个人类社会的历史进程产生全面而深刻的影响。当下，任何一门社会科学若无视或否认全球化的影响都必将导致自身缺乏生机，无法真正反映

---

① 〔挪威〕托马斯·许兰德·埃里克森：《全球化的关键概念》，周云水等译，译林出版社，2012，第156页。

② 翁乃群：《全球化背景下的文化研究及其思考》，《社会学研究》1999年第6期。

变化着的时代与现实。

（一）全球化的由来及概念厘定

"全球化"作为一个专门概念产生的时间较晚。但是，就其客观历史进程而言，早在欧洲航海运动及随后的殖民贸易活动中它就已渐次展开。只不过由于早期通信及交通技术的局限，全球化的深度、速度及广度远不如当代。在学界的常识语境中，人们更经常用的是"经济全球化"一词①。

1. 全球化的概念生成及主要内涵

最早使用"全球化"一词的是一位名叫泰奥多尔·莱维（Theodre Levitt）的学者。他于1985年在《哈佛商报》上发表了一篇文章——《谈市场的全球化》，用"全球化"来形容此前20年间国际经济的巨大变化②。在此后的短短几年，"全球化"作为一个专门概念逐渐引起经济学、政治学、社会学、民族学、人类学、哲学等学科的重视，成为多学科关注的主题。关于"全球化"的概念理解，可谓众说纷纭。鲍曼将"全球化"描述为正"发生在我们大家身上的东西"③。美国社会学家罗兰·罗伯逊（Roland Robertson）认为"全球化既是指世界的压缩（compression），又是指对世界作为一个整体的意识的增强"④。吉登斯则认为全球化包含了整体意义上的所有变迁，认为全球化的概念最好被理解为时空分延（time-space distanciation）的基本方面的表达。全球化使在场和缺场纠缠在一起，让远距离的社会事件和社会关系与地方性场景交织在一起。⑤ 王成兵教授则认为，"全球化的本质特性在于其流动（flow）和追求同质性（homogenizing）"⑥。综合上述定义可以发现，全球化的核心要素是时间与空间，正是空间与时间的压缩使原本没有或鲜有联系的地域及地域中的人们联系在

---

① 然而，很可能正是这一用语遮蔽了心理学者对于"全球化"问题的关注。
② 程光泉：《全球化与价值冲突》，湖南人民出版社，2003，第1页。
③ 〔英〕齐格蒙特·鲍曼：《全球化：人类的后果》，郭国良等译，商务印书馆，2013，第57~58页。
④ 转引自文军《全球化概念的社会学考评》，《马克思主义与现实》2000年第6期。
⑤ 〔英〕安东尼·吉登斯：《现代性与自我认同》，赵旭东、方文译，生活·读书·新知三联书店，1998，第19页。
⑥ 王成兵：《当代认同危机的人学解读》，中国社会科学出版社，2004，第64页。

一起，使不同地域间的社会接触加强，不同地域的元素渐趋混融。

总之，全球化是使距离变得无关紧要的一个过程，其轴心变量是当代日趋翻新的交通及信息媒介。全球化使世界范围内的社会联系加强，使任何一个地方都会受到其他地方因素的影响；它将距离遥远的人类活动稳定地组织起来，推动社会变迁。作为一场世界历史性的革命，全球化实质上是技术、管理、通信、劳动力、资本等要素的全新组合；它不仅是一种经济的、物质的全球化，同时也是生活方式、交流方式的全球化。最重要的是，"地球村"的人们已然无法不受全球化的影响，已无法脱离全球化的影响。

2. 全球化的主要特征

全球化具有多维特征。埃里克森将全球化的特征概括为抽离、加速、互联性、移动、混合、脆弱性、再嵌入和标准化八个方面。其中，"抽离"意味着对于地方性元素的抽离，它意味着空间距离越来越不重要，或者是相对不重要，社会生活凭借抽离机制从地方性的固定空间背景中分离出来。"加速"则是指社会节奏的加快，全球化使"一切事情都变得越来越快，使世界上毫不相干的地方日益互相靠近"[1]。"互联性"是指随着信息、交通、商业、娱乐等媒介的发展，全球化越来越将远距离的人们联系在一起，使相隔遥远的人们之间的联系日益紧密，人们互联的速度与范围也逐渐加快、扩大。"移动"则是指远距离地流动、游走已成为当代人生活中最平常、最频繁的活动特征，而移民、商务旅行、国际会议、旅游等则是"移动"的主要形式。"混合"则是指不同地域、不同文化、不同种族、不同国家的人们，经由交往互动载体的多样化及多元化而形成的交融与混杂。正是在全球化的进程中，当代人的生活环境比历史上的任何时刻都更具混杂性[2]。"脆弱性"指的是"边界"的脆弱性，此种边界既包括地域的边界，也包括族群的、文化的边界，所谓"脆弱性"即指当代任何地域性的边界都难以阻止流动性的影响与冲击。"再嵌入"则是指脱离了原有

---

① 〔挪威〕托马斯·许兰德·埃里克森：《全球化的关键概念》，周云水等译，译林出版社，2012，第42页。

② 以当代的一些世界著名音乐为例，"爵士音乐借用了印度的传统曲调拉格斯；摇滚乐借用了非洲的打击乐；高科技圆舞曲借用了爪哇人的民族管弦乐加麦兰；而牙买加在借用其他音乐的同时，也把自己的音乐借给其他人"。参见〔挪威〕托马斯·许兰德·埃里克森《全球化的关键概念》，周云水等译，译林出版社，2012，第126页。

地域环境的文化元素，重新嵌入到新的地域或文化环境之中①。

所谓"标准化"，是指步入工业社会以来人类生产、生活、语言、文化等各个方面都愈发地趋同、统一。全球化的标准化特征在许多方面皆有显现，"书写、货币、有薪工作、政党与国家是标准化的重要维度，使全球整合变得可能"；时钟、机械时间成为标准化的重要促进元素②，"微软文字处理器"并"不亚于历史上从羊皮纸到纸，从羽毛笔自来水笔的转变：它影响了语言、工作和思考的方式"③。当代，国家、社会、商品、服务，以及社会组织和个体的社会化模式都渐趋标准化了，人们越来越认同并惯用现代化的语词，形成标准化的生活方式。与之相应，社会的生产模式、人们的思想观念、组织的运作模式都愈发地趋向标准化、趋同化了④。

（二）全球化作为客观发展的必然态势

作为客观历史趋势，全球化是当下历史发展之必然结果。"对每个人来说，'全球化'是世界不可逃脱的命运，是无法逆转的过程。它也是以同样程度和同样方式影响我们所有人的一个过程。"⑤ 作为不可逆转的世界历史进程，"不论喜欢还是不喜欢或准备好还是没准备好，全球化都在以前所未有的速度发展，并且对我们这个世界各个方面都已经产生了巨大的影响"⑥。

全球化直接根源于技术的高度发展。通信与交通技术的创新改变了人们的空间观念。19 世纪电报的发明，使人类第一次可以摆脱物质载体的运

---

① 譬如，今日的"伦敦云集了印度美食，就像旧金山汇集了中国美食一样……到奥斯陆旅游的人，购买的小绳钓、T恤和昂贵的针织毛衣，分别产于中国台湾、巴基斯坦和伊斯兰卡"。参见〔挪威〕托马斯·许兰德·埃里克森《全球化的关键概念》，周云水等译，译林出版社，2012，第 79 页。

② 〔挪威〕托马斯·许兰德·埃里克森：《全球化的关键概念》，周云水等译，译林出版社，2012，第 62 页。

③ 〔挪威〕托马斯·许兰德·埃里克森：《全球化的关键概念》，周云水等译，译林出版社，2012，第 71 页。

④ 对标准化的不满与反抗，也创生出许多"个性化"或追求"个性化"及"传统化"的事物。

⑤ 〔英〕安东尼·吉登斯：《失控的世界：全球化如何重塑我们的生活》，周红云译，江西人民出版社，2001，第 32 页。

⑥ 〔德〕乌尔里希·贝克：《风险社会》，何博闻译，译林出版社，2004，第 20 页。

输而传递信息；1866年大西洋海底电缆的开通，使从伦敦到纽约的信息传递可以在几分钟之内完成。今天，网络作为人类社会新的沟通形态，使无论是政治、经济还是社会组织模式皆从相对稳定的结构状态变成更易于流动的网络形式。

总之，全球化已成为一种整体性环境。"全球化并不是我们今天生活的附属物。它是我们生活环境的转变。它是我们现在的生活方式。"① 全球化深深地影响着每个人，个体的生活方式亦在其中发生不自觉的改变。正是全球化使当今的人类步入一个全新的世界，步入一个距离与时间愈发抽离的世界。在这个世界中，许多事物都具备了加速的特征。文化、组织及个人都在不停地移动，"不管愿意与否，无论是有意还是无心，我们每一个人都在移动着"②。世界上的每个角落都与外来文化相混杂，继而转化、变异。而随着技术的加速演进及资本的流动升级，全球化的影响已无处不在。在技术、商业与资本的推动下，全球化必将对未来的人类社会产生新的难以估量的影响。彼时，人类社会的生活样态及文化特点定与今日迥然不同。

四　全球化对地方文化及地方文化心理的冲击

全球化就其本质而言是以经济为主的全球化。全球化不可避免地会对地方性文化造成冲击，而地方性、本土性的文化及文化心理在遭遇全球化冲击之后不可避免地会发生变化。

（一）全球化对地方文化的冲击

全球化起自现代化，现代化又产生于西方。虽然我们不能简单地将全球化看成西方化，但是全球化的动力源头确实在西方。对许多"落后"国家及地区而言，全球化首先是一种西方化与现代化，是西方现代技术、商业、资本及文化在世界范围内扩张的过程。

---

① 〔挪威〕托马斯·许兰德·埃里克森：《全球化的关键概念》，周云水等译，译林出版社，2012，第63~64页。
② 〔英〕齐格蒙特·鲍曼：《全球化：人类的后果》，郭国良等译，商务印书馆，2013，绪论第2页。

全球化在世界范围内扩张的一个必然后果是世界各个地方（尤其是边隔之地）原生性文化的消失、衰退、转化甚至变异。列维-斯特劳斯在《忧郁的热带》中这样写道，"现代化将使全部的生活世界过时，人类过去的世界观、文化多样性和真实生活都将失去"①。埃里克森亦看到这样的事实：在全球化时代，文化被淘汰的速度正在加快，许多地方性的特色事物正在被全球化的共性东西所取代。但是，在此过程中，"某些本土文化是可能被毁灭的，但是另外一些本土文化形式……将不可避免地被改头换面，特别是朝着商业化方向变形"②。

无论是 2 世纪还是 13 世纪，不同地域的事物在空间上都相隔遥远，很难相互影响，地方性的事物稳定地保有其地方化、本土化的特点。然而在当下，大量地方性文化正在变化或消失已是一个不争的事实。随着全球化的演进，"西方社会通行的钱币逐渐淘汰了贝壳和铜钱；世界宗教逐步占领大多数本土宗教曾经支配过的社会；正式的教育代替了通过观察的学习；数以千计的语言有可能在几十年内消失"③。此外，"现时因教育与交通之便，各地区的独特性正日趋消失"④。

随着私用汽车与手机在乡村的普及，传统的、地域性的农村也就走到了尽头；随着除草剂与收割机进入农村，传统的农民慢慢闲了下来，不得不到都市中谋求生计。在社会的麦当劳化背后，则是许多传统的、地域性的、地方性的独特民俗被商业文化所取代。总之，在一个远距离联系愈发频繁的全球化世界，几乎不存在真正隔离的地区；在全球化时代，任何一个地方想不受本地之外因素的影响都只能是一种幻想。

（二） 全球化与传统思想变迁

全球化必然会对"传统"产生冲击，只不过对此一问题需要辩证地看待。这又是因为，传统有文化大传统及文化小传统两个不同的向度。文化

---

① 转引自〔挪威〕托马斯·许兰德·埃里克森《全球化的关键概念》，周云水等译，译林出版社，2012，第 64 页。

② 〔英〕莱斯利·斯克莱尔：《全球化社会学的基础》，《社会学研究》1994 年第 2 期。

③ 〔挪威〕托马斯·许兰德·埃里克森：《全球化的关键概念》，周云水等译，译林出版社，2012，第 64 页。

④ 〔法〕谢和耐：《中国社会史》，黄建华、黄迅余译，江苏人民出版社，2010，第 6 页。

大传统是由统治阶级推行并由知识精英提倡、传承及守护的文化。文化大传统是相对稳定的，它构成一个文明的根和魂。一般而言，文化大传统虽然会受到外来文化的冲击，但是其发生变迁的程度却很小。相反，文化小传统是民众在日常生活中所形成的文化，它是民众基于自身生活环境、地域特征而形成的文化。一般来说，文化小传统通常会随着生活环境、生计方式、交往媒介的变革而发生变迁。因此，全球化对文化小传统的影响作用更大，它会促进通俗文化、大众文化、地方文化的变迁。正如《农民的终结》一书的作者孟德拉斯所写的，"随着机械化的到来，技术的和城市的时间最终闯入了农业劳动，并带来了时间的新单位"①。而问题是，每一种文明中时间的观念都是与其日常生活结构和价值体系相联系的。与之相伴，全球化的"混合"作用，使往昔相对静态化的城市容纳了越来越多异质性的元素，城市愈发成为多元文化混居及共生的场域。大量异质化的移民的到来，改变着城市往昔的面貌与文化构成。"据 2001 年的统计数据，伦敦的居民来自 179 个国家……仅仅在奥斯陆南部郊区霍姆里就有 124 种语言。"② 伴随移民到来的，不仅有新的肤色、语言，还有其所携带的文化。大量的移民来到新的城市，不仅会受到当地文化的影响，同时也会给本地文化带来新的元素，促进本地文化与外来文化的混杂与融合。

就当下的社会现实而言，传统的农民职业角色行将消失，此点由每年浩浩荡荡的农民工流动大军以及村庄不断消失的现象即可窥见。同时，私用汽车在农村普及率的提高，智能手机对农民个体时间的占有，使许多原本与农村及农民相伴的生活方式、传统观念消逝或转化。今天很多人虽然生活在农村，但他们的生活方式及生活观念正在被当下建立在时尚、娱乐、新媒介基础上的商业所改造，被本地之外的因素所抽离。通过智能媒介，淄博成为烧烤的圣地，哈尔滨成为很多游客的冬季梦想之地。在今天，似乎人们不是生活在此时此地，而是更多与"遥远"相伴，因为"遥远"就在他们的身边。人们每天观看短视频，被短视频中的八卦、娱乐、信息、观念所影响。

---

① 〔法〕H. 孟德拉斯：《农民的终结》，李培林译，社会科学文献出版社，2005，第 64 页。
② 〔挪威〕托马斯·许兰德·埃里克森：《全球化的关键概念》，周云水等译，译林出版社，2012，第 117 页。

（三）全球化背景下的文化与心理

全球化主要是经济的全球化。但是，经济全球化的附加影响却会使地方性、本土性的文化及文化心理与现代化相趋同，会使新旧文化交互影响与融合。"没人能否认世界上任何一个国家，在语言、饮食习惯、风俗制度等多方面都发生了融合。有时，来自两个或多个不同群体的文化脉冲混合在一起，创造出新的事物；有时，全球化的普遍主义驱动力和本土文化相混合，创造出普遍存在的全球在地化类型。"[①] 在变化与融合的过程中，全球化常借助市场和商品影响人类的价值观，继而促进地方文化的变化。一方面，全球化呈现出现代化的普遍特征，使地方文化体现出现代化的特点[②]。现代化是一个趋同的过程，现代化使不同国家相互依赖、相互合作，最终朝着一体化的方向发展。另一方面，全球化又总是地方文化基础上的全球化。地方文化、本土文化虽然受到全球化的影响，但不会呈现与外来文化一模一样的特点。"有时，人们能敏锐地觉察到环境所发生的直接变化，并采取措施阻止、加强或按照自己的偏爱的方向加以引导。另外一些时候，人们可能意识不到这个过程，即使外来的影响和文化的混合或许深深地改变了他们的文化环境。"[③] 全球化会与地方文化融合。与之相应，文化全球化背景下的人的心理已不是完全的传统意义上的地方性心理，它已深深地烙上了文化融合的印记，融入了新的血液[④]。

当代全球化伴随着网络化、智能化、数字化的全新媒介而不断推进。经由网络媒介，全球化正引起人们生活方式、思维方式、社会关系及社会结构性质的全新变化，而"信息和通信技术（ICT）的发展以及全球化扩

---

① 〔挪威〕托马斯·许兰德·埃里克森：《全球化的关键概念》，周云水等译，译林出版社，2012，第 120 页。
② 现代化的一个核心特质是现代科学技术的应用，现代科学技术应用引起政治、经济、社会结构的整体性转变。作为一个复杂的过程，现代化体现为工业化、城市化、商业化、社会分化、社会流动、世俗化等多个方面，文化及教育水平的提高，以及传播媒介的发展等都是现代化的重要方面。
③ 〔挪威〕托马斯·许兰德·埃里克森：《全球化的关键概念》，周云水等译，译林出版社，2012，第 125 页。
④ 张晓丹：《文化全球化语境中的心理学研究的前瞻》，《辽宁师范大学学报》（社会科学版）2003 年第 5 期。

张正在改变着文化认同的内在性质和价值"①。文化认同的多元化、新异化必将改变一个地方社会中的人们所崇尚的文化，继之引起文化心理的变化。如伴随新媒体而出现的网红，俨然已成为男女老少日常关注的焦点；而智能网络视频所传递的外地文化及新观念也随之嵌入到人们的常识观念中。与之相应，本土心理学不能仅仅研究传统的、故纸堆中的文化与文化心理，而更应关注文化变迁过程中地方性的、变化着的文化心理。

总之，全球化会导致地方文化的变迁乃是客观的事实。一方面，全球化表现为时空压缩及地方性因素的向外延展；另一方面，则表现为"地方"受到的外部因素的干扰越来越大，地方文化及文化心理越发呈现杂糅的特征。更重要的是，边界的弱化不可避免地会使原本以领土、地域为标志的特殊文化心理事实变弱，使本土心理学所立志坚守的"边界意义"减弱。

本土心理学得以确立的一个重要信念即"边界设定"与"边界防御"。对此，一方面应认真反思中国本土心理学学科得以确立的立论逻辑，重新省思方法论地域主义的适宜性，并有必要对研究策略及研究重点做出相应的调整。另一方面，又需切实关注地域性文化心理的变化，关注文化均质化、文化转化、文化杂糅、文化变异状况下本土心理的现象表征，关注文化变化情况下的文化心理。

最要紧的是，中国本土心理学应认真省思如下问题。一是全球化背景下本土心理学的学术领地是否依然合法，或者说中国本土心理学的学术领地是否应当保全。二是面对全球化挑战，什么样的文化心理资源才能更切合日趋变动的文化心理现实，而中国本土心理学者在此方面又当何为。三是中国本土心理学是否有必要反思"超越本土化"的发展之途，是否有必要矢志构建中国心理学的自主学科知识体系。

---

① 〔美〕曼纽尔·卡斯特主编《网络社会：跨文化的视角》，周凯译，社会科学文献出版社，2009，第422页。

第八章

中国本土心理学的未来出路及前景展望

随着时代与社会的飞速发展，心理学的问题焦点与研究主题也在不断发生变化。尤其是近 20 年来，社会科学研究本土化的热潮正在逐渐退去。在这样的现实背景下，中国本土心理学的发展仍面临诸多艰难。然而愈是在这样的背景下，愈应当思考中国本土心理学的发展出路，思考中国本土心理学的发展前景。

一　学术实践主体性的艰难探索

依照黄光国先生的观点，中国本土心理学研究的实质是要追求自身的学术实践主体性。自 20 世纪 80 年代以来，我国的本土心理学已走过 40 余年的历程。在中国本土心理学发展的早期，伴随着心理学本土化浪潮的兴起以及港台学者的带动，我国的本土心理学研究都是比较火热的。作为一种自觉的学术探索，中国本土心理学研究在这几十年的历程中产生了一些较有分量的著作，涌现出一批有代表性的学者，同时也为中国本土心理学的人才培养做出了重要贡献。中国本土心理学在人情与面子、心性心理学、中庸思维、唯识心理学、儒家情论、老子思想的心理学解读、儒道释与西方心理学理论的比较方面均取得重要进展[①]。这些成就的取得是与中国本土心理学者的艰难探索分不开的，也是与各学科的合力作用密不可分的。

① 　具体可参见附录一、二、三。

（一） 中国心理学史的研究探索及其后继困境

在心理学本土化浪潮正式进入我国以前，实质性的本土心理学研究就已在摸索之中。我国早期的心理学者张耀翔先生、郭一岑先生、陈大齐先生、唐钺先生均为中国古代心理学的思想探索做出过开拓性贡献。尤其是改革开放以来，在"建立有中国特色的心理学"理念下，中国古代心理思想研究更是取得重要成绩。以潘菽先生、高觉敷先生为代表的老一辈心理学家积极挖掘、梳理古代典籍中的心理学思想，并于 1985 年出版了我国第一部《中国心理学史》，这标志着中国心理学史学科的正式确立。

中国心理学史研究的重点是对历史上主要思想家的心理思想进行挖掘、梳理、阐释，意在呈现中国心理学思想的完整脉络[①]。但是也需意识到，从事中国心理学史研究有其固有的困难。这种困难首先源自中国传统思想和西方传统思想在本质上的差异。中国传统的学问形式并非以认知为导向。中国传统思想的典型特点是"重人生而不重知论"[②]"重了悟而不重论证"，具体而言，"只重生活上的实证，或内心之神秘的冥证，而不注重逻辑的论证"[③]。钱穆先生亦写道，"中国思想，常见为浑沦一体。极少割裂斩截，专向某一方面作钻研。因此，其所长常在整体之融通，其所短常在部门之分析"[④]。可见，缺乏专门的分析以及缺乏论证意识恰是我国古代思想的形态特点。对此，我国心理学史的早期开创者潘菽先生有真切的认识，"我国古代思想家有关于心理学的看法或思想和西方古代的情况一样，都是和他们的哲学思想混在一起，成为他们的哲学的一部分。所不同的是，西方古代思想家有不少人都有关于心理学问题的专著，而我国古代思想家则几乎没有，但论述有关心理学问题的专篇则有几篇的"[⑤]。因之要对中国古代心理思想进行现代诠释，将其转换为现代学问形式，不可避免地需要当代学者进行更具开创性的努力，需要在真正谙熟古代文本与西方心

---

① 后期研究者主要是从教育心理、社会心理、养生心理、中医心理、人性心理等方面进行的探索。
② 张岱年：《中国哲学大纲》，商务印书馆，2015，第 25 页。
③ 张岱年：《中国哲学大纲》，商务印书馆，2015，第 29 页。
④ 钱穆：《庄老通辨》，生活·读书·新知三联书店，2002，第 105 页。
⑤ 高觉敷主编《中国心理学史》，人民教育出版社，1985，序言第 1 页。

理学的基础上进行融合与会通。

从事中国心理学史研究的特殊困难，在于文献研读及文本工夫方面。杨鑫辉先生很早就曾指出这方面的困境，在其看来，"研究中国心理学史，需要具备心理学、哲学、史学等方面的知识和阅读古籍文献的能力，这方面后继乏人问题更为严重"[①]。杨鑫辉先生指出的问题虽然是就 20 世纪八九十年代而言的，但这种困境在当下依然存在，依然是中国心理学史研究需要克服的困境。

就学科内而言，中国心理学史、中国心理学思想史研究在国内心理学界处于边缘化的境地已是一个不争的事实，在目前的科研考评体系下，从事中国心理学史研究愈发困难，很少有心理学者会主动选择从事这方面的研究。就学科外而言，从事中国心理学史研究相较于中国哲学、中国古典文献或是中国古代史研究，同样不具有可比较性。从事中国古代文学、古代史或古典文献研究的学者，经历了本科至硕士、博士阶段的学习，多年的积淀使其具备深厚的古文功底，所以其从事中国古代文学、古代史或古典文献研究更加容易。与之相类似，从事中国哲学研究的学者自本科至研究生阶段即开始接触相关课程，如中国哲学史、中国哲学原著选读等课程进行中国哲学的专门训练，因之同样会有较好的古文字功底。但是从事中国心理学史研究，则不可避免地需要学习中国古代文献，需要研读古代文献，而若缺乏长期的古文字学习训练是很难把握文本真义的。如果单纯满足于白话本的翻译，那么其对古代文本的理解就较浅，而这种功夫必然要通过中国古代文学、中国古代史、中国哲学或是中国古典文献学等学科来获得。在此方面，不得不承认，中国心理学史学科相较于前述的几个学科是有缺陷的。而且即便是心理学专业出身并努力以中国本土心理学为用力方向的学者，也很难跳出"心理学"的学科视域，很难产生超越学科视域的理论自觉。

正是由于上述原因，从事中国心理学史研究有其特殊的困境。虽然2010 年以后中国心理学史、中国本土心理学研究也产生了一些较有分量的著述，但总体的趋势似乎并没有太大改变。一些积淀深厚的学者因为工作

---

① 杨鑫辉：《中国心理学史研究》，江西高校出版社，1990，第 3 页。

缘故而转向其他学科，一些学者则偶尔发表一些关于中国心理思想的文章。虽然中国心理学史仍有传承，但总体而言已无法与二十几年前相比①。

除了上述困境，中国心理学史的探索路径也多为学界所质疑。如有研究者认为，此类研究"在抽取和摘引中国古代思想家思想的过程中，是按照西方科学心理学作为标准，结果就是一些破碎的片段和摘引的语录。这等于是打碎了一个完整的东西，又把碎片按西方心理学的标准进行了重新组织。这种片段破碎和语录摘引的理解，出示的仅是中国古代思想家以肤浅的形式或幼稚的话语表达的某种前科学的猜想"②。亦有研究者指出，目前的中国心理学史研究"严格遵循西方心理学的体系框架来整理、解释中国古代心理学思想，这种求同、印证式的研究成果与逻辑严谨、体系庞大的西方心理学相比，显然较为零散且稚嫩，更谈不上凸显本土体系的特色与个性"③。正因如此，中国心理学史或中国心理学思想史无法有效地诠释中国古代的心理思想，或者说其在中国古代心理思想的诠释方面是有缺陷的。这些问题既与时代及相关的条件限制有关，也与中国传统心理思想探索中的支离倾向密不可分。因之，这不能不构成中国心理学史研究过程中必然要省思的问题。

（二）中国本土心理学中的介绍、引进与跟随模式

中国本土心理学最重要的研究志向，就是要通过实现学术实践主体性而在研究中体现本土文化心理的独特性。但是，文化心理独特性的实现又需要学术研究的自主性求索。虽然中国本土心理学研究的理想是追求独立自主性，但是必须承认，中国心理学目前仍存在严重的依附性问题。而此依附性已不是简单地依附西方心理学的问题，还包含着依附国内及国外其他地区主要研究者的弊端与倾向。

与从事西化心理学研究相仿，在中国本土心理学的研究中同样存在着

---

① 当然，这是将"中国心理学史"放在"中国本土心理学"的广义下来理解的。

② 葛鲁嘉：《新心性心理学的理论建构——中国本土心理学理论创新的一种新世纪的选择》，《吉林大学社会科学学报》2005年第5期。

③ 彭彦琴：《中国心性心理学的确立与体系构建》，《西北师大学报》（社会科学版）2020年第4期。

翻译、介绍、引进的取向，这种取向与西化心理学本质上没有太大差异。在世界范围内的心理学本土化浪潮兴起后，就有一些学者将翻译、介绍国外的心理学本土化或本土心理学成果作为研究进路。港台地区的本土心理学研究传入内地后，介绍、引进、评论港台学者的本土心理学研究成果在一段时间内即成为中国内地本土心理学研究的热点。此类研究对于知识的传播、借鉴有重要作用，但若是仅止于此，则很难实现中国本土心理学的真正发展。

因之，在一段时间内，中国本土心理学的研究队伍看似壮大，但更多属于介绍、引进、评介式的研究，此种研究取向与西化心理学的单纯翻译、介绍、引进、模仿研究范式没有太大的差异。对此，翟学伟先生有深刻的认识："现在的多元化格局尽管造成了更多的讨论空间，不同的学者在其中可以寻找自己的视角和方法，但这未必就意味着本土化有什么实质性的进展，因为走投无路或东张西望都可能导致多元化，比如原先的套用和二元对立也还继续潜在地发展着，它们本身也构成了本土多元化中的一个部分，或许还是主流。"① 此外，一些本土心理学研究实质上是西方心理学框架下的本土经验找寻，一些"本土化研究能做的事，不过是在西方的某种取向下做些具体研究来告诉大家，我们的研究同西方的结论不一样而已"②。

总之，缺乏实质性的内容依然是中国本土心理学研究需要反思的一个问题。这样的问题若不解决，长此以往只会导致中国本土心理学求实精神的退化，导致中国本土心理学失去开拓精神，继而难以实现自身的学术自主性。如是，中国本土心理学研究必然需要自主探索精神，需要秉持自主精神展开探索，而且唯有如此方能使中国本土心理学真正被认同与尊重。

（三）心性心理学的努力与建构

相较于中国心理学史研究，心性心理学研究意在实现新的突破。"中国古代思想家提供的心性学说就是独特的心理学，是对心理学事业的独特

---

① 翟学伟：《人情、面子与权力的再生产》，北京大学出版社，2005，第4页。
② 翟学伟：《人情、面子与权力的再生产》，北京大学出版社，2005，第9页。

贡献。"而中国本土心理学的传统正是"心性学说或心性心理学"。①

心性心理学以"心性"范畴为根本而展开建构。在中国哲学中有许多重要范畴，如"仁""礼""德""易""道""天""理""命""义""诚""神""中庸""良知"等。在众多传统文献典籍中确定"心性"而不以其他概念为核心范畴是因为"心性"在中国传统思想体系中的重要意义。根据儒家的理解，"性属理，在静的一边。而心属气，则在动的一边。故须由心来主宰一切动。虽说性为心主，但须人尽心以知性。"② 对于心性的推举是与宋代新儒家分不开的。中国儒学的第二个辉煌阶段是宋明理学，宋代理学通过对先秦儒学的新阐释以及对儒家精神的弘扬实现了儒学的新生。其中，宋代儒学推举的一个最主要的范畴就是"心性"。宋代儒者继承韩愈、李翱等学者的精神志向，意在传承人文精神，在对抗佛家、道家的过程中从先秦典籍中挖掘出心性资源。此后，心性逐渐成为儒家、道家、佛家一个最主要的理论资源。

心性心理学是为突破西方科学心理学支离弊端的一种努力。以往中国学者依照西方心理学的分支切割中国传统思想，但这种切割不可避免地具有支离的倾向。如翟学伟先生所言，"中国学人在西方分类学的影响下可以在这里面切出自己想要的东西，但一旦切出，这个东西就不再是原先的样子了，即使我们对这个东西研究得再精细也不能说明它原来的意义和作用"③。

新心性心理学是中国本土心理学的建构努力。新心性心理学以心理文化、心理生活、心理环境等为主要框架，意在"超越物本与人本的分裂"，"构建大科学观和统一观"，并且"倡导方法的多元性和多样化"④。但是新心性心理学也面临着质疑的声音。如有的观点认为，新心性心理学更像是哲学研究而非"心理学"研究，至少实证取向的心理学者多持此观点。此外也有学者认为此类研究过于理想化，过于强调心性的理想化维度，缺

---

① 葛鲁嘉：《新心性心理学的理论建构——中国本土心理学理论创新的一种新世纪的选择》，《吉林大学社会科学学报》2005 年第 5 期。

② 钱穆：《中国学术思想史论丛》（二），生活·读书·新知三联书店，2009，第 41 页。

③ 翟学伟：《人情、面子与权力的再生产》，北京大学出版社，2005，第 40 页。

④ 葛鲁嘉：《新心性心理学的理论建构——中国本土心理学理论创新的一种新世纪的选择》，《吉林大学社会科学学报》2005 年第 5 期。

乏对当代个体心理的解释力。也有研究者指出，"新心性心理学更强调研究对象的文化性及哲学性，其哲学意蕴显然多于心理学。此外，新心性心理学反对西方科学主义，强调以人文主义取向来研究本土心理学，这势必会由于其缺乏必要的实证研究范式，而很难让中国传统心性心理学真正进入理性的视野与科学的平台"①。

彭彦琴教授同样矢志于心性心理学研究，并且在这方面多有创见。在其看来，之所以将中国本土心理学的核心范畴定位为"心性"是因为两点。"其一，以'心性心理学'命名更准确地代表了中国本土知识体系各个时期、各种流派思想在精神领域探寻开拓的高度。"其二，心性心理学涵盖了以知、情、意为代表的心理现象，"更将研究领域突破至精神主体范畴——心性自身，这是中国人对精神领域及心理现象的独特贡献，目前为止西方心理学较少涉及此领域"②。总体而言，彭彦琴教授将中国心性心理学的研究内容归为"基本理论"和"训练模式"两部分。"基本理论"部分包括心理观和理论范畴。其中"心理观"以心法为研究对象，以内证为研究方法；"理论范畴"包括心物论、知虑论、习性论、情欲论等。"训练模式"则包括基础身心训练和高级心智机能训练两部分。彭彦琴教授的心性心理学研究的一个鲜明特点是侧重佛教心理学的知识根基，并且突出强调了心性心理学在基础身心训练、高级心智机能训练方面的实践探索。

总之，作为中国本土心理学的理论建构，心性心理学有助于诠释中国本土心理学的独特理论特质，有助于呈现中国本土的心理学传统。当然，心性心理学研究还有待开拓者们进一步地诠释、建构与创造，也更需要矢志于此的研究者倾注更多的工夫、努力。

二 中国本土心理学创新的路径探寻

中国本土心理学的创新不仅关系到"中国心理学"的学术生命力，还

① 彭彦琴：《中国心性心理学的确立与体系构建》，《西北师大学报》（社会科学版）2020年第4期。
② 彭彦琴：《中国心性心理学的确立与体系构建》，《西北师大学报》（社会科学版）2020年第4期。

关系到"中国心理学"的文化独立性，关系到"中国心理学"能否获得更多的认同。

（一）传统思想的抽象及再诠释

如前所述，传统思想可以从不同角度进行分类。此部分具体从儒、释、道的角度探索中国文化大传统，从常识角度探索中国文化小传统。以儒、释、道为核心的文化大传统是中国本土心理学理论建构最核心的资源。为了更细致地展开研究，就不可径直对每一家的心理学思想进行总体性的论述，而是需要长期的积累，以确保真正理解一家思想之精髓。需要在真正谙熟儒家、道家或佛家思想的基础上，结合意识与心理主题进行思想精髓的抽象①，继而运用抽象出的核心范畴进行中国本土心理学的理论建构。

在这个意义上，对于儒、释、道心理学的理论建构最关键的是把握其核心范畴，尤其是与心理紧密相关的核心范畴。要做到这一点，就需要"抽象"，需要"抽象"地把握各家思想，抽象出各家思想最核心的范畴。而要达到此点，必然需要长期的累积。对此，黄光国先生曾将能够创造出具备扭转性力量的知识话语作为人文社会科学研究最重要的目标。在其看来，"社会科学研究所创造出来的'知识话语'应当获得一种扭转性的力量，可以在本土社会的'语意场'中流通，能够改变人们对问题的看法，甚至成为一种新的历史的开端。这一点，可以说是人文社会科学研究最重

---

① 杨国枢先生在《中国人的心理与行为》一书中，针对"如何才能有效建立中国人的本土心理学"这一问题，指出不利于本土化研究的做法原则。在其看来，其中一个不利于本土化研究的做法就是"采用抽象性过高的项目"。参见杨国枢《中国人的心理与行为：本土化研究》，中国人民大学出版社，2004，第36页。对此，笔者并不认同此种观点。在笔者看来，如果中国心理学或中国本土心理学完全不采用抽象度高的范畴，那么中国心理学或中国本土心理学的研究将始终是缺乏深度的，缺乏深层解释力，最终将导致研究流于肤浅。而中国本土心理学能够采用抽象度高的范畴，本身就是为中国本土心理学奠定坚实的理论基础。而且即使采用了抽象度高的范畴，也可以将之界定或阐释清楚，具体可通过子范畴或次级子范畴的拆解，结合个体经验、文学作品、社会心理现象将之阐释清楚。抽象度高的范畴本身意味着丰富的内涵，具有较高的解释力。如西方心理学中的现象学心理学及存在心理学抽象度都很高，但并不能因其抽象度高而认为其没有价值，或因为抽象度高而认为此类研究不可行。

要的目标所在"①。黄光国先生这段话中所说的"知识话语创造"包含多个层面的理解，对于中国本土心理学研究而言，这种"知识话语"的获得主要是通过对传统思想的"抽象"。

"抽象"本身具有重要意义，"抽象论证所以必需，是因为它供给我们思想以方向"②。西方心理学家乔治·凯利同样强调抽象在心理学中的意义，在其看来，"好的心理学理论应该用抽象的概念来表述，这些抽象的东西是追踪很多心理学领域所对待的现象而获得的"③。西方心理学中就有因思想抽象而常青的学派，现象学心理学和存在心理学即是这方面的典型。现象学心理学中的意向性、本质直观，存在心理学中的被抛、生命力等都是抽象概念。抽象的概念本身能够反映更复杂的现实，能够对混沌、庞杂的社会、文化及心理进行概括。真实的社会及心理本身就是复杂的、混沌的，因此在必要的时候只有用抽象的概念才能对之进行表征。

至于如何抽象，则必然要经历沉潜、玩味甚至深玩的工夫历程，而且只有谙熟经典文本后才能得其精，才能有所创获，才能以抽象的概念把握一家思想之精义。对于中国传统思想资源有必要进行新的诠释，需要在概念抽象的基础上进行新的解读。如周一骑先生就曾对老子的心理思想进行过创造性诠释，也对儒家心理思想进行过全新的解读。在其看来，要想真正实现儒家关系学说的治疗与精神价值，就必须"正本清源，对创始期的儒学重新诠释"④。这在某种意义上就是强调要对先秦儒学精髓进行新抽象与新解读。

中国本土心理学中的"心性"概念本身就是抽象的典范。中国本土心理学研究不能离开"心""性"而展开建构，但是对于"心""性"的诠释又必结合与之高度相关的次级范畴而展开。如与"心"紧密相关的次级核心范畴有"欲"和"情"，对于"性"的探讨也不可离开"命"之概

---

① 黄光国：《知识与行动：中华文化传统的社会心理诠释》，心理出版社，1995，第100页。
② 〔美〕保罗·法伊尔阿本德：《反对方法：无政府主义知识论纲要》，周昌忠译，上海人民出版社，2007，第137页。
③ 〔美〕乔治·A.凯利：《个人结构心理学》（第一卷），郑希付译，浙江教育出版社，2001，第50页。
④ 周一骑、李英：《儒家关系学说与存在虚空之治疗：来自本土文化的思考》，《南京师范大学学报》（社会科学版）2014年第2期。

念。"情"能扰"心","欲"更能扰"心",利欲皆可熏心。在中国古代传统中,无论是儒家还是道家都强调以心驭情,以心制欲。"欲"与"情"构成中国本土心理学中仅次于"心""性"的核心范畴。同理,"命"同样是与"性"紧密关联但又能凸显民众的日常生活理解的一个范畴,是中国本土心理学理论建构过程中仅次于"心""性"的重要范畴。而对于中国本土心理学的"心性"论建构有必要采取先分析再综合、先分阶段再做总体统观的方式;有必要先对儒家、道家抑或佛家的心性心理思想做细致入微的研究,然后再从整体上阐释或建构中国本土的心性心理学。

此处特需追问的是,儒家、道家典籍中最精微的心理思想除了"心""性"之外①,是否还有同等重要的范畴?如果没有的话,那么自然可以更坚定地沿着"心性"的道路进行理论建构及经验收集。但如果有的话,那么新的范畴对中国本土心理学的理论建构及经验阐释又将起到怎样的作用?

在此方面,已有学者将人情与面子作为中国本土心理学的核心范畴,并进行了系统的研究。②此处,笔者结合多年体悟,认为儒家及道家还有一个可以和"心性"相比肩的核心范畴,这个范畴就是"化"。"化"与"心性"是一种体用关系。就中国本土心理学的理论建构而言,确有必要将"化"融入核心范畴之中。

通过对中国文化根本精神之省思可以窥见,"化"乃是中国哲学之真几③,是中国文化的精髓所在。"化"就其语用类型而言,可以区分出作为过程的"化"、作为结果的"化"以及作为方法的"化"三种类型。"化"在本质上有渐进性、潜隐性、过程性、自然性、神妙性的特点,而中国传统文化观的要意即是以"文"化之、以"文"化人。中国文化大传统中的"穷神知化""大化流行""参赞化育""人文化成""出神入化""潜移默化"等皆是"化"之观念的重要表征,而"教化""感化""德化""点化""自化""化生""化成""化育""化除""化解""化诱""化境"

---

① 此处之所以未将"佛家"纳入建构范围中,一是因为佛家典籍过于深邃、浩繁,二是本人的佛学知识有限,更不敢轻言阐释、建构。
② "长期的农耕性的与聚居性的家庭生活要求人们在彼此的面对面的关系上将'情'而非'理'作为日常生活的核心。"参见翟学伟《人情、面子与权力的再生产》,北京大学出版社,2005,第228页。
③ "真几"是中国哲学中的一个常用语,意为真正精微的概念。

等亦为"化"之精神的重要体现。此外，中国民众常识语境中的"大事化小，小事化了""化解恩怨""化掉烦恼"等都是"化"在民众生活中的观念体现。

中国传统的"心性"范畴，需要与"化"结合起来才能更清晰地呈现心性心理学的独特蕴涵。"心性"是本体，"化"是工夫。心性心理学的丰富内涵需要在具体的化"心"及化"性"的工夫实践中才能得到更好的呈现。同时，正因为"化"是中国文化观念的精髓，故有必要以"化"为主线架构中国本土心理学。因之，需在通晓西方心理学演进脉络的基础上，在与西方心理学逻辑脉络的比对中，以"化"为精髓阐释中国人的心理思想、心理文化、心理问题、心性观念，以此建构中国本土心理学。

如在哲学心理学意义上，可以从化与性、化与心、化与觉、化与"心—物"、化与"天—人"、化与"性—习"、化与中庸思维等关系进路展开建构。在常识心理学维度，则可以从情结化除、执著化除、恩怨化解、心结化去、气质变化、心性陶化等层面，结合具体的经验案例展开诠释与探索。而且，心性化育研究的重点不应是哲学或理论层面的探讨，更多应是对个体经验层面的资料收集、观点提炼。或许只有这样，才能更充分地反映民众真实的心理生活，才更有利于揭示其中的经验规律。

（二）新概念及新方法的引入

以往的中国心理学研究很大程度上受到西化心理学的影响。如潘菽先生就曾写道，"我们对心理学的大部分时间和大部分精力是花在引进上的，自己的研究创新工作相形之下显得少了一些"[1]。这虽然是近四十年前的话语，但这种现象在今天依然有所显现。以往中国本土心理学研究之所以创新不足，其中部分原因就在于缺少对新概念及新方法的创造及引入。具体而言，中国本土心理学的创新需要在真正谙熟心理学、中国传统思想及中国本土心理学的基础上，通过引入新的概念及新方法进行中国本土心理学的阐释及研究实现。在此方面，哲学社会科学中的概念、方法都可作为"他山石"引入到中国本土心理学研究中来。

---

[1] 高觉敷主编《中国心理学史》，人民教育出版社，1985，第425页。

1. 中国本土心理学与新概念的创造

中国本土心理学的新发展有必要创造新的概念。费孝通先生特别强调研究概念应与实地经验抑或本土经验相符，强调"且慢用外国名词来形容中国事实，我们先得在实地详细看一下"①。使用本土概念有其重要意义。在翟学伟教授看来，"寻求本土概念的益处在于这些概念的本身就是中国文化的结晶，而深入研究这些概念不但可以清楚地认识文化的诸要素及其同中国人的心理与行为的关系，且能够不为西方概念所困扰"②。

新概念的借鉴或引入本身就属于思想的新创造，新概念是新思想得以寄托的载体。正如先秦时期诸子百家思想的一个重要特点就在于新概念的创造。正如钱穆先生所言，"先秦诸子著书，必各有其说特创专用之新字与新语，此正为一家思想独特精神所寄"③。在心理学中，同样有必要创造新的概念。如在学院之外异军突起的精神分析，其独特的思想体系和概念范畴已然使心理学的致思路径发生变化，对今日心理学的范畴体系也产生重要影响。正如罗洛·梅对弗洛伊德的评价，"他确实完成了太阳底下某件具有创新的事情——将这些新的心理学概念转化进入西方文化的科学潮流中，在这种潮流中，这些改变可以得到客观的研究，可以建立在其之上，而且在特定的范围内它们表现为是可以被教授的"④。

关于新概念的采用，20世纪以来我国人文社科领域的学者就曾提出一些具有影响力的概念。"例如冯友兰在《新世训》中对'接人待物'发表了很富启发性的观点；梁漱溟在《中国文化要义》中提出的'伦理本位'和西方社会的个人中心形成了鲜明的对照；费孝通创立的'差序格局'已成为海内外学者研究中国人际关系的基础；而许烺光的'情境中心（或相互依赖说）'更是把中国人际关系的特色看成是分析中国人整个生活方式的关键。"⑤ 此外，胡先晋先生、杨联升先生、黄光国先生、金耀基先生、阎云翔先生、任克安先生和杨美慧先生在这方面均做出重要贡献。如以杨

① 《费孝通全集》（第二卷），内蒙古人民出版社，2009，第9页。
② 翟学伟：《人情、面子与权力的再生产》，北京大学出版社，2005，第78~79页。
③ 钱穆：《庄老通辨》，生活·读书·新知三联书店，2002，自序第3页。
④ 〔美〕罗洛·梅：《存在之发现》，方红、郭本禹译，中国人民大学出版社，2008，第81页。
⑤ 翟学伟：《人情、面子与权力的再生产》，北京大学出版社，2005，第78页。

联升先生、黄光国先生、金耀基先生为代表的学者"试图将本土的概念如'关系''人情''面子'和'报'等规范化，然后用它们去解释中国人社会的社会互动过程。这一批人的研究于 70 年代在台湾获得很多回应。从那时起的中国社会学和心理学本土化趋势就是从这一批人那里汲取灵感的。中国大陆学者最近二十年追随这一风气的人也不少"①。

可见，这些年来中国本土心理学的成就很大程度上得益于对新概念资源的挖掘与创造。因之，中国本土心理学的新发展仍有必要在新概念挖掘及创造方面下功夫，毕竟这是中国本土心理学创新的一个必要构件。但这并不是说，中国本土心理学要刻意创造新的概念，或者说是要为了创造而创造。创造的前提一定要把握问题的实质，要有实质性的所指，需确保所研究的问题要真正有意义。而且，中国本土心理学研究有必要保持必要的省思精神，对于盲目出现的新概念，或者没有实质意义的新概念，或是噱头式的概念需保持必要的清醒及理性的省思。

2. 中国本土心理学与新方法的引入

"方法"对于心理学作为一门学科的自我挺立起着重要作用。1879 年，为哲学问题寻求突破的冯特在莱比锡大学创立了第一个心理学实验室，标志着心理学作为一门科学诞生。在此后的心理学史上，行为主义一系列反常识的观点频出，受众愈多，不能不说与心理学的"科学"追求有关。心理学有着"科学"追求的情结，而最接近科学的路径就是"科学方法"，认为只要严格遵循科学方法，那么心理学一定会产生自己的"牛顿"，最终一定会获得像物理学一样的"科学"地位。

但是，这种信念下所取得的成就并没有支持心理学走多远。行为主义最初的怪异假设最终又结束了其自身，终被人们认作虚妄。"科学"作为"信念"在心理学中似乎并不够坚挺，但是作为"惯性"它却一直延续着。在其后的西方心理学史中，马斯洛反对行为主义"方法中心主义"。在其看来，心理学更应以"问题"为中心，而不是以"方法"为中心；"方法"并不是万能的，只要能够切中"问题"，抓住真问题，并能真正揭示、解释问题，无论何种方法都是可以的。马斯洛这样批判道："我们有意识

---

① 朱晓阳：《罪过与惩罚——小村故事：1931—1997》，天津古籍出版社，2003，第 65 页。

的理智是太极端地分析性的了，太理性，太数量化，太原子论，太概念化了，因此，它丢掉了大量的现实，特别是不能领会我们自身内部的现实。"① 马斯洛还明确反对简单的元素分析法，强调"我们应该彻底放弃为内驱力或需要制作分解式表格的企图"②。

对于科学主义研究方法的反思，一直是心理学及科学哲学领域关注的问题焦点。科学哲学家法伊尔阿本德对研究方法的颠覆性反思尤具启发性。在其看来，"没有'混沌'，就没有知识。不频频弃置理性，就不会进步。今天构成科学之真正基础的思想所以存在，仅仅因为存在着偏见、奇想、激情之类东西；因为这些东西反对理性；还因为它们被允许为所欲为。因此，我们应当下结论说：甚至在科学内部，理性也不可能并且不应当被容许一统天下，它必须常常被废弃或排除，以支持其他因素。不存在一条在一切环境条件下都持之有效的法则，也不存在一个始终可以诉诸的因素"③。我国早期的社会学者同样深切认识到，"社会现象错综复杂，常常不是几句纸上问答就可得到其真相的"④。同理，既然社会现象并非几句纸上问答可以了解，那么心理现象就更远非简单的纸上问答或网上问答可以窥知。

中国本土心理学在 40 余年的发展历程中曾探索过不同的研究方法。其中，港台本土心理学者的研究以典型的科学心理学方法为主，主要是运用定量研究法，意在以本土文化为背景，以真实民众为对象，以具有本土意味的文化心理概念为主题展开科学化探索。长期研究本土心理学的葛鲁嘉教授在其理论体系中，特别强调体证方法，认为体证法具有区别于西方实验、实证方法的独特价值。所谓体证就是通过意识自觉，直接体验到和构筑出自身的心理。体证的重要特点是意识的自我觉知和自我构筑。其核心则是通过"内圣"以达至"外王"⑤。在其看来，未来中国本土心理学实

① 〔美〕马斯洛：《人性能达的境界》，林方译，云南人民出版社，1987，第 73 页。
② 〔美〕亚伯拉罕·马斯洛：《动机与人格》，许金声等译，中国人民大学出版社，2012，第 9 页。
③ 〔美〕保罗·法伊尔阿本德：《反对方法：无政府主义知识论纲要》，周昌忠译，上海人民出版社，2007，第 155 页。费耶阿本德之名又译法伊尔阿本德。
④ 杨雅彬：《近代中国社会学》（上），中国社会科学出版社，2001，第 411 页。
⑤ 葛鲁嘉：《新心性心理学的理论建构——中国本土心理学理论创新的一种新世纪的选择》，《吉林大学社会科学学报》2005 年第 5 期。

现原始性创新需要重点探索这种方法。只是这种方法还有待学者们在研究中创造性地运用，应通过创造性运用彰显此方法的魅力。近年来，彭彦琴教授同样注重内证（体证、几证、内自证）的方法，"所谓内证即要求研究者通过静坐、禅定等技术对身心进行系统训练，最终获得对心性本质的直接领悟与自证自知"。研究指出，这是"西方心理学正式进入本土之前，中国人研究心理现象时最常使用、最典型的研究方法"①。内证具有统合主客、摒弃言语、超越经验三个特征。它"不只是一套揭示和探索精神本质、洞察和体悟身心灵实相的研究方法与操作技术，它更关注研究主体自身的道德修养与人格境界的提升，展示了中国人文主义心理学独具个性的方法论研究体系"②。

当然，中国本土心理学的方法探索不应仅限于此，其他学科如社会学、人类学中的方法经过认真学习及借鉴采择都可以作为本土心理学研究的新方法③，如深描法、传记法都可以为中国本土心理学所借鉴采用。而自然科学中的科学论同样可以为中国本土心理学的理论创新提供方法论借鉴，如协同学、耗散结构论、混沌理论、模糊理论等都可借鉴到中国本土心理学的研究中来。此外，当代新儒家代表人物牟宗三先生提出的客观了解、根据文献、紧扣问题、生命进路④的四步现代诠释学方法对中国本土心理学的理论探索同样有借鉴意义。

（三）意识的研寻与本土的诠释

"意识"乃是心理学的核心主题，心理学正是以"意识"为核心主题而展开的研究。心理学的创始人冯特明确将心理学界定为"研究'意识事实'的科学"。在此基础上，冯特认为心理学有两大任务，"第一是发现意

---

① 彭彦琴、胡红云：《内证：中国人文主义心理学之独特研究方法》，《自然辩证法通讯》2012年第2期。

② 彭彦琴、胡红云：《内证：中国人文主义心理学之独特研究方法》，《自然辩证法通讯》2012年第2期。

③ "人类学的调查方法是吴文藻等认识中国社会实际的重要途径，同时，结合人类学来改造中国的社会学，是社会学中国化的重要基础工作。"参见杨雅彬《近代中国社会学》（下），中国社会科学出版社，2001，第677页。

④ 牟宗三：《才性与玄理》，吉林出版集团有限责任公司，2010，序第9页。

识的元素；第二是发现元素的结合以及支配结合的规律"①。冯特的心理学体系因为"研究意识的内容，所以这个体系有时被称为'内容心理学'"②。在冯特的心理学体系中，感觉、知觉、反应时、注意、情绪、联想、梦等都是意识研究的重要主题。在西方心理学史上，无论是构造主义心理学、机能主义心理学、现象学心理学、格式塔心理学，还是精神分析心理学、认知心理学都明确将意识作为心理学研究的核心主题。以精神分析为例，精神分析所言的"无意识"虽然名为"无意识"，但就其实质而言，它仅仅是就个体能否"意识到"而言的。从广义来看，精神分析所研究的"无意识"仅是"意识"地图的一部分，是广义的意识的一部分。

要之，心理学将意识作为核心主题当是无疑义的。而几十年来中国本土心理学研究之所以未能获得应有的认可度，其中一个重要原因是中国传统思想中专门论述意识的文本资源过少。正因为中国古代很少有对意识资源的专门论述，所以中国本土心理学者常面临资源挖掘不充分的困境。然则要想实现中国本土心理学的真正发展，不仅需要进行心性心理学的理论建构，更需要进行"意识"资源的找寻与诠释，需要在中国本土的"意识"挖掘、阐释及建构方面做出更多的探索。

实际上，中国传统思想中确有关于"意识"的专门论述，这一资源就是唐代由玄奘引进的唯识学。唯识学中有一整套关于意识的阐释系统，蕴含着不同于西方心理学的智慧理解。唯识学将人的认识分为眼、耳、鼻、舌、身、意识、末那识、阿赖耶识八种，并对人的意识有着系统的分析。"佛教心理学对其研究对象描述之精微复杂，是佛教心理学的特色之所在。尤其是阿赖耶识，五遍行心所之触心所、受心所与想心所，其对认知心理过程论述之精彩和深刻，更是佛教唯识学之特色所在。"③ 只不过经由玄奘传入并翻译的唯识学在中国只传了两代，由玄奘传至其弟子窥基，此后几

① 〔美〕韦恩·瓦伊尼、〔美〕布雷特·金：《心理学史：观念与背景》，郭本禹等译，世界图书出版公司，2009，第251页。
② 〔美〕詹姆斯·F.布伦南：《心理学的历史与体系》，郭本禹、魏宏波、吕英军、王东等译，上海教育出版社，2011，第129页。
③ 张志芳：《"心王"与"禅定"：佛教心理学的研究对象与方法论》，硕士学位论文，苏州大学，2010，第59页。

乎中绝，只是到了近代晚期才又兴起。民国时期，欧阳竟无大师在南京创办支那内学院，王恩洋、熊十力等皆在欧阳竟无大师门下学习唯识学。此后，熊十力先生更是将《周易》与唯识学结合起来，创作出《新唯识论》，开创唯识学研究的新境界。

中国传统思想中对意识分析、阐释得最透彻的恰是唯识学。根据前面的梳理可知，20世纪末以来，国内的宗教学者、心理学者、中国哲学研究者在唯识心理学方面做出多元化的探索。在此方面，陈兵先生、彭彦琴教授、石文山教授、尹立教授、张海滨先生均有重要的开拓之功。学者们通过对西方现象学心理学、精神分析心理学、存在心理学、超个人心理学的借鉴及交互诠释①，在唯识心理学方面取得许多重要的成绩。未来中国本土心理学的深度发展，依然需要对唯识心理学进行更为深入、系统的研究与建构。

中国本土心理学创新所应努力的一个重要方向就是唯识心理学研究。唯识学中确有独特的关于意识的阐释系统，而唯识心理学研究也或将成为中国本土心理学研究新的突破点，有可能建构出更能阐释意识现象的中国本土心理学。依笔者之浅见，对于唯识心理学的阐释除了需结合现象学心理学、精神分析、心理分析、存在心理学外，还有必要会通中国本土心理学中的"心""性"资源。只是此处所言的"心""性"，并非儒家或道家理想化的"心""性"理解，需结合生活世界中真实个体的意识经验及意识内省，对现起的"心""性"②以及隐藏的"心""性"、难以掩藏的"心""性"进行诠释。具体而言，需要结合个体真实的意识经验，对个体意识中呈现出的"心""性"进行阐释，而且如果必要的话，甚至可以创造新的但有真实意义的概念进行阐释。

除此之外，中国本土心理学研究还有必要对中国传统思想中关于意识的零星论述进行整合，将其中的关键范畴整合起来进行建构与解读；有必要选取其中的精微论述，通过更广阔的视角进行解读。如对于"心""性"

---

① 参见"附录三"。
② 《初刻拍案惊奇》第三十八卷"占家财狠婿妒侄延亲脉孝女藏儿"中曾写道，"话说妇人心性，最是妒忌"；该卷还描述张郎："怎当得男子汉心性硬劣，只逞自意，那里来顾前管后？"参见（明）凌濛初《初刻拍案惊奇》，浙江文艺出版社，2018，第489、494页。

"知""情""智""心性"的梳理及诠释皆有助于揭示中国古代关于"意识"的理解。

（四）西方心理学与中国本土心理学的会通

中国本土心理学不是要创建自说自话的封闭体系，也不是要创建仅仅自我循环而其他人并不理解的话语系统。同样，中国本土心理学的定位也不应是早期港台学者所说的大同理论。①

中国本土心理学发展的一个重要目标就是要获得西方心理学的认同，而认同的前提是中国本土心理学确有实质性的文化心理蕴涵，也即中国本土心理学研究既能彰显中国文化心理的独特之处，同样亦能确保所进行的是实质心理学研究。尤有进者，中国本土心理学的真正发展需要与西方心理学相会通②，只有在交融与会通的基础上才能实现中国本土心理学的真正价值。如是，借鉴西方心理学理论阐释中国传统心理思想就是一个必由路径。在此方面，许多学者都曾尝试借鉴西方的人本主义心理学、精神分析、心理分析、积极心理学、超个人心理学、现象学心理学、存在心理学等诠释儒家、道家抑或佛家的心理学思想。但是，借鉴西方心理学理论不应是为了借鉴而借鉴，也不应当是为了新颖而借鉴。借鉴西方心理学理论阐释中国传统心理思想有三个最基本的前提。一是真正谙熟所诠释的西方心理学理论，二是真正理解所要诠释的某家思想，三是在此基础上实现会通。在此方面，童俊先生、冯俊分别从精神分析视角诠释儒家人格，这可谓创造性的尝试，而任增辉对《庄子》内篇的心理分析同样值得重点关注。

要之，中国本土心理学创新的关键是能熟练运用西方心理学的实质心理学理论与中国本土心理学进行对接、会通与融合。在此，确有必要反思以简单的中西二元对比来理解中国本土心理的倾向。正如翟学伟教授所言，"任何一个想建构本土理论的人，如果想在西方社会和理论的对立面上来建构自己的理论，一来说明其本身就没有摆脱二元对立的纠缠，二来

---

① 翟学伟：《人情、面子与权力的再生产》，北京大学出版社，2005，第12页。
② 汪凤炎教授即强调中国心理学的发展，"必须培养大批'中魂西才'的心理学研究者"。参见汪凤炎、郑红《中国文化心理学》，暨南大学出版社，2004，第369页。

西方现有的理论已经给我们提供了很充足的、让我们省心的范式，诸如西方与东方、个人主义和集体主义、罪感和耻感、普遍主义与特殊主义等等，这些都是无需我们再辛苦了"①。如是，有必要与西方心理学历史演进的三重脉络进行比较，需要对照西方心理学的认识、存在与进化发生三重逻辑进行阐释分析，需要在对照、省思的基础上探索中国本土心理学的特质与建构路径。

首先，有必要区分出中国传统各家心理思想中是否有"认识"取向。如果有的话，应探索中国传统各家心理思想中的"认识"取向相较于西方心理学的"认识"取向有哪些独到的特点；中国传统心理思想在"认识"方面的缺失体现在哪里；不同于西方的认识取向，中国传统心理思想的独到特点体现在哪些方面。

其次，有必要梳理中国本土心理学中是否具备"存在"取向；如果有的话，这种"存在"取向有哪些独到的特点；如果没有的话，又为何没有。中国古代的存在心理思想资源有哪些，应当如何结合个体的真实生活及存在感受，建构出能够反映中国文化心理特点的存在取向的心理学。

最后，有必要理解中国本土心理学中是否存在进化发生取向，如果有的话，它在哪里；如果没有的话，与进化发生取向最为类同的思想资源有哪些。这种取向与中国人的国民性有怎样的关系，这种取向与中国文化的大、小传统又有什么样的区别。顺此可以做进一步的推测，若是未来科学的发展超越进化论假说并产生更为突破性的起源论，那么又会对心理学产生怎样的影响。若是如此，是否会成为一场新的类似于范式的心理学革命。

三 本土化浪潮的消退与中国本土心理学的未来出路

心理学本土化运动是 20 世纪 70 年代兴起的一种热潮，这种热潮在反殖民主义的心态下，以追求自身文化心理的独特性为要务，强调心理学要研究并揭示本地或本土文化元素及脉络。就中国本土心理学而言，早期的港台学者主张要发展一种"'将中国人当中国人来研究'的心理学，而不

---

① 翟学伟：《人情、面子与权力的再生产》，北京大学出版社，2005，第41~42页。

是一种'将中国人当美国人或西方人来研究'的心理学",就是要"从过分优势之西方心理学的主控或宰制中重新获得自发性、自主性及自动性,也就是要使有关中国人之心理与行为的研究能做到自由化及独立化"①。可见,在心理学本土化运动的早期,对于西化心理学的抵制成为当时的一股潮流。但是随着时间的推移,心理学本身也发生许多新的变化。在当下,一个不得不承认的事实是,心理学本土化的浪潮正在退去。

虽然 21 世纪的头十年,中国本土心理学的论文比 20 世纪 90 年代初多了许多,但依然不得不承认的事实是,中国本土心理学及心理学本土化研究的热潮正在退去。中国本土心理学作为 20 世纪 80 年代兴起的一种学术运动,在 20 世纪 90 年代及 21 世纪的头几年达到高潮,而近年来则逐渐失去原有的热度。尤其是 2010 年以后,心理学本土化浪潮已然退去,这是一种必然的趋势,追寻新的前沿、热点及更有意义的主题已成为常态。真正关注并致力于本土心理学研究的人数在国内心理学研究队伍中的比重降低;跟随热潮的研究者随着浪潮的退去而减少,本土心理学现已不再是当前研究的热点。

在早期心理学本土化的浪潮下,从事本土心理学研究多少是一种荣耀,也更容易获得成绩与认同。但是大潮退去后,中国本土心理学研究更多是一种寂寞中的坚持,一种角落中的坚守。心理学本土化浪潮的退去是一种自然现象,对此应当辩证地看待。心理学本土化浪潮退去的一个影响是,中国本土心理学研究的群体抑或共同体变小,学界对这一主题的关注也开始降低。或许只有热度下降之后才更有可能做出真正有实质意义的研究②。这是因为,中国本土心理学的真生命在于实质性研究,在于踏实谨严的不懈探索。因之,心理学本土化的浪潮退去后,"本土心理学"的口号式研究可能逐渐消失,本土心理学的遗存或将转化为部分学者更扎实严谨的工夫努力,转化为更为扎实严谨的志向持守。

此外,随着文化全球化以及媒介技术不断变化,未来的地方性社会受外来的、同质性的文化影响将越来越严重,时空抽离会对文化产生新的影

① 杨国枢:《中国人的心理与行为:本土化研究》,中国人民大学出版社,2004,第 31 页。
② 毕竟中国本土心理学研究不能靠蹭热度而实现。

响。"地方性"以及"地方性"的文化心理逐渐消失或被同质化,"现在则到了一个想做'化外之民'而不得的时代"①。费孝通先生还写道,"到了改革开放以后,我们的国家已经经历了相当长的社会变化,我们面对的社会,也不再简单用'乡土中国'来概括了"②。翟学伟教授同样指出,"当中国社会由传统进入现代化后,传统中那些可预见的、稳定的人际关系开始被那种不可预见的、流动的生人交往所取代"③。所有这些都是传统变迁所带来的全新变化,是在全球化时代不得不面对的新变化。而且在未来,文化变迁还会加剧,未来本土性的文化心理的流动性也会变得更强,全球性的文化交融会进一步加强。当然,或许更重要的是,未来越来越多的个体将不得不通过数字化产品学习、工作、娱乐、生活,当个体间的交往开始被数字化媒介隔绝,未来世界中的文化心理或许会更加同质化、趋同化。所有这些的前提是,媒介技术与交通技术的革新带领人类进入一个越来越小的地球村,在这样的现实背景下,中国本土心理学的前提会面临严峻挑战。因之,未来的中国本土心理学可能会融合到文化心理学之中,或是作为一种学术自主的精神而保留下来,但"本土心理学"之名或将不再以口号的方式而存在。当然,还有另外一种新的可能,就是随着建构中国自主知识体系理念的提出,中国本土心理学研究会迎来一个新的蓬勃发展期。同时也应相信,在此理念下一些在中国本土心理学领域长期深耕的学者于不久的将来会有真正的精品问世④。这是心理学学科为增强中华民族的文化自信而进行的一种探索与努力。

---

① 费孝通先生所言的"化",当理解为"全球化"。参见费孝通《费孝通九十新语》,重庆出版社,2005,第127页。

② 费孝通:《费孝通九十新语》,重庆出版社,2005,第106页。

③ 翟学伟:《人情、面子与权力的再生产》,北京大学出版社,2005,第122页。

④ 在"附录"所做的梳理中,有识之士或将发现儒家心理学、道家心理学、佛教心理学领域创新与创造的端倪。当然,更希望能更多的创新与创造出现于"附录"所做的梳理之外。若能如此,则确为中国本土心理学之幸,确为中国自主知识体系建构实践值得骄傲及自豪的幸事。

附录一

儒家心理学的本土探索

"传统思想"与"中国本土心理学"这一主题内在地决定了二者之间复杂多维的关系。因之，欲对这一主题进行探索就不能止于"传统思想"的字眼，而必须对之进行更具体的拆解。唯有如此，才能通过细微层面把握"传统思想"与"中国本土心理学"的交互关系。中国传统思想的大传统主要可分为儒、释、道三家，有必要通过儒、释、道三个向度分别展开探索。

国内学界在儒、释、道心理学方面已做出过较多探索，经过几十年的累积一定会产生一些有价值、可借鉴的研究成果。因此就需对四十余年来国内学者所做的心理学研究进行一番梳理，以此增进对国内已有成果之了解。同时亦应承认，对于"传统思想"与"中国本土心理学"关系的理论建构必应基于真正知晓已有研究成就、主要探索路径、经典理论成果。基于此，有必要重点梳理四十余年来国内心理学界所取得的儒家心理学研究成果。

为了尽可能全面地搜集关于"儒家"的心理学研究成果，笔者分别以"篇名""儒家+心理学""儒家+心理思想""儒家+心理""儒家+人格""儒家+自我""儒家+心性"为检索主题在中国知网及各中文图书网站进行搜索。由于以"儒家+心理思想"为检索主题检索到的内容均包含在"儒家+心理"的检索范围内，故最终确定以"篇名""儒家+心理学""儒家+心理""儒家+人格""儒家+自我""儒家+心性"为主题进行检索。

"儒家+人格""儒家+自我""儒家+心性"亦是典型的中国哲学、中国伦理学及中国教育学的研究领域，为了获得更准确的结果，笔者又分别从论文题目、研究方向、论文内容等方面进行核对，最终方确定本研究的直近相关论文。由于"儒家"本身是一个覆盖领域极广大的范畴，所以在具体检索过程中为了避免遗漏关键成果，笔者又分别以"孔子""孟子""中庸""荀子""朱熹（朱子）""陆九渊（陆象山）""王阳明（王守仁）""王夫之（王船山）""戴震""周易""易经""易传"等为检索词，同时逐一配合"心理学""心理""人格""自我""心性"等关键词进行检索。继之删减实质无关的文献，然后再从剩余的检索结果中将质量粗糙、水平过低的论文剔除。最终，在上述工作的基础上再对相关文献进行分类。

由于改革开放前，相关研究多被列入中国心理学史的现代史部分，此处对改革开放前国内学者的儒家心理思想研究不再赘述，而仅重点对 20 世纪 80 年代以来的相关研究进行归纳与梳理。

一 20 世纪八九十年代的挖掘与阐释

20 世纪 80 年代是我国人文社会科学的学术恢复期，20 世纪 90 年代则属于我国人文社会科学的学术成长期。总体而言，20 世纪八九十年代关于儒家心理学的研究数量并不多，以下即分别对这两个阶段的代表性成果加以梳理①。

（一）20 世纪 80 年代的代表性研究

20 世纪 80 年代，我国的人文社会科学刚恢复建制不久，老一辈学者在资料匮乏的条件下从事教学研究。对于心理学而言，当时面临的一个主要问题就是西方心理学资料稀缺。即便如此，也难掩老一辈学者的学术热情，他们在条件允许的情况下开始了对于中国古代心理思想的挖掘阐释，而其中对于儒家心理思想的挖掘就构成此方面研究的重点。这一阶段，相关的代表性研究主要有：

---

① 出于学术分期的现实考虑，原拟将 20 世纪 80 年代及 20 世纪 90 年代的研究分别论述，但由于这两个阶段的成果数量较少，故此部分特将这两个阶段的成果一并加以论述。此外，因燕国材先生、杨鑫辉先生的相关论文在其中国心理学史的著作中多有体现，所以此处不再赘述。

［1］曾立格：《荀子的心理学思想初探》，《心理学报》1980 年第 4 期。

［2］许其端：《〈论衡〉中心理学思想的研究》，《心理学报》1980 年第 4 期。

［3］罗忠恕：《荀子的唯物主义心理学思想》，《心理学报》1981 年第 1 期。

［4］朱永新：《张载的学习心理思想》，《江苏师院学报》1981 年第 4 期。

［5］刘述均：《试论先秦儒家关于自我意识的思想》，《心理学探新》1982 年第 4 期。

［6］朱永新：《二程心理思想研究》，《心理学报》1982 年第 4 期。

［7］邹大炎：《范缜的心理学思想述评》，《心理学报》1983 年第 2 期。

［8］邹大炎：《龚自珍的心理学思想述评》，《心理学报》1984 年第 2 期。

［9］朱永新：《王廷相心理思想研究》，《心理科学通讯》1983 年第 2 期。

［10］朱永新：《颜元心理学思想初探》，《锦州师院学报》（哲学社会科学版）1984 年第 4 期。

［11］朱永新：《二程关于"知"的心理思想》，《中州学刊》1985 年第 1 期。

［12］林瑞山：《从"仁、知、勇"谈孔子的人格心理学思想》，《山东师大学报》（社会科学版）1986 年第 2 期。

［13］朱永新、燕国材：《陆九渊心理思想研究》，《锦州师院学报》（哲学社会科学版）1987 年第 2 期。

［14］刘伟林：《先秦儒家的艺术心理学》，《华南师范大学学报》（社会科学版）1988 年第 4 期。

［15］邹大炎：《试论荀子的教育心理思想》，《河北师范大学学报》（社会科学版）1988 年第 2 期。

可见，其中既有对荀子、范缜的心理学思想探索，也有对张载、程颢、程颐、陆九渊、颜元、王廷相、龚自珍的心理思想研究，亦有对《论衡》的心理学思想诠释；既有对先秦儒家的自我意识思想研究，也有对孔子的人格心理学思想的探索；既有对先秦儒家的艺术心理学思考，亦有对荀子的教育心理思想探究。总体而言，当时的研究基本上遵循的是中国心理学史或中国心理学思想史的路径，研究视野及研究路径也较为单一。

（二）20世纪90年代的代表性成果

20世纪90年代，关于儒家的心理思想研究仍是这一阶段探索的重点。同时可以发现，关于儒家的人格心理研究已开始萌芽。这一阶段代表性的研究成果主要有：

[1] 赵国权：《朱熹学习心理思想再探》，《心理学探新》1990年第2期。

[2] 朱永新：《试论朱熹的心理思想》，《齐齐哈尔师范学院学报》（哲学社会科学版）1990年第2期。

[3] 邹大炎：《试论颜元的教育心理思想》，《心理学报》1992年第3期。

[4] 朱永新、艾永明：《王充的犯罪心理思想研究》，《心理科学》1992年第6期。

[5] 郭祖仪：《荀子〈正名〉篇的心理语言思想探析》，《陕西师大学报》（哲学社会科学版）1993年第4期。

[6] 朱永新、艾永明：《宋代理学家的犯罪心理学思想研究》，《心理学报》1993年第1期。

[7] 徐汉明：《孔子人格心理学思想及人格分类》，《健康心理学》1995年第1期。

[8] 燕良轼：《曾国藩学习心理思想探析》，《湖南师范大学社会科学学报》1995年第5期。

[9] 毕世响：《孟子心理历程探析——孟子人格论》，《徐州师范学院学报》1995年第4期。

[10] 张积家:《康有为人性论思想研究》,《心理学报》1996 年第 1 期。

[11] 庞守兴:《荀子的德育心理思想及其现代意义》,《齐鲁学刊》1997 年第 2 期。

[12] 柳友荣:《梁漱溟心理学思想摭谈》,《心理科学》1999 年第 5 期。

[13] 刘华:《孟子人性心性论学说探讨》,《贵州师范大学学报》1999 年第 4 期。

可见,这一时期儒家心理思想研究依然是学界关注的重点。孟子的人性心性论思想、荀子的德育心理思想、荀子的心理语言思想、朱熹的学习心理思想、朱熹的心理思想、王充的犯罪心理思想、宋代理学家的犯罪心理思想、颜元的教育心理思想、康有为的人性论思想、梁漱溟的心理思想、曾国藩的学习心理思想等都是这一时期探索的主题。这一阶段,一方面出现了关于清末民初的儒家心理思想研究,研究的对象范围有所拓展;另一方面,对于儒家的心理思想研究开始呈现细化的特点,如学习心理思想、犯罪心理思想、人格心理学思想、人性论思想、德育心理思想、心性论思想等都是研究主题细化及专门化的体现。此外,这一阶段儒家的人格研究开始起步,相关研究主题涵盖了孔子的人格心理学思想、孟子的人格理论。

在著作方面,20 世纪八九十年代直接以儒家或儒家代表人物为对象的心理学著作并不多,而且相关研究多体现在中国心理学史、中国心理学思想史、中国心理学史资料汇编、中国心理学思想史的分期史中。由于这些都属于专门的中国心理学史及中国心理学思想史研究,故此处不再赘述,而仅对以"儒家"为专题对象的心理学著作进行梳理。要之,改革开放以来的"儒家"心理学著作主要出现在 20 世纪 90 年代。相关著作主要体现在两个领域,一是在管理心理学方面,代表性的著作为张顺江的《自导式管理:儒家的管理心理研究》(辽宁大学出版社,1993);二是在人格心理学方面,代表作是张平所著的《孔子西游记:中西人格研究方法之比较》(江苏教育出版社,1998)。由于这两本著作距离今天较远,加之这两本书与实质的儒家心理学有一定距离，此处不再专门阐述。

二　21 世纪以来的研究取向和研究特点

关于儒家的心理学研究，在经历了 20 世纪八九十年代的相对沉寂后，到了 21 世纪逐步呈现蓬勃的生机，不仅研究数量增加，研究主题也呈现多元化的特点；不仅形成了一些较有特色的研究方向，而且产生了一些较有代表的学者。此外，在研究方法、探索路径、致思深度等方面也有较大提升。

（一）儒家心理思想研究

儒家心理思想研究是国内心理学界在儒家心理学方面最早开辟出的研究领域。相较于 20 世纪八九十年代的同类研究，21 世纪的儒家心理思想研究不仅在研究对象方面更加细化，出现了对宋明理学理欲辨的心理学解析、儒家责任心理思想研究，而且开始从西方心理学的不同子学科视角探讨儒家心理思想，体现为孔子德育心理思想研究、儒家的积极心理思想研究、儒家的生态心理思想研究、二程兄弟的"理欲"观与弗洛伊德"超我"说的比较研究。此外还有关于梁漱溟的心理学思想研究，分别为再论梁漱溟的心理学思想、梁漱溟的人类心理学思想、梁漱溟心理学思想研究的工夫论视野。此外，还有较为本土化的对儒家"德性之知"的认知思想研究。具体而言，相关的代表性研究成果主要有：

[1] 邹大炎：《孔子德育心理思想探析》，《河北师范大学学报》（教育科学版）2000 年第 1 期。

[2] 柳友荣：《再论梁漱溟心理学思想》，《心理学报》2000 年第 4 期。

[3] 汪凤炎：《从心理学角度再析理学中的理欲辨》，《心理学探新》2001 年第 2 期。

[4] 刘蔚华：《二程的"理欲"观与弗洛伊德的"超我"说》，《文史哲》2002 年第 3 期。

［5］陆信礼：《梁漱溟的"人类心理学"及其理论意义》，《心理学探新》2002 年第 4 期。

［6］姜飞月：《梁启超心理学思想初探》，《心理学探新》2004 年第 4 期。

［7］任亚辉：《中国传统儒家责任心理思想探究》，《心理学报》2008 年第 11 期。

［8］邱鸿钟：《儒家经典〈大学〉中的积极心理学思想》，《中国健康心理学杂志》2008 年第 3 期。

［9］陈四光、郭斯萍：《"德性之知"的认知思想研究》，《河南师范大学学报》（哲学社会科学版）2011 年第 3 期。

［10］侯广彦：《先秦儒家的积极心理思想管窥》，《青海社会科学》2015 年第 3 期。

［11］侯广彦：《先秦儒家的生态心理思想探微》，《青海师范大学学报》（哲学社会科学版）2016 年第 1 期。

［12］宋晨光、崔光辉：《工夫论：研究梁漱溟心理学思想的新视野》，《心理学探新》2019 年第 5 期。

在上述资料之外，通过文献梳理还发现这一阶段有 8 篇研究生学位论文，这些论文分别为：

［1］刘同辉：《湛若水教育心理思想之研究》，硕士学位论文，上海师范大学教育科学学院，2003。

［2］牛颜：《先秦儒家、道家、法家、兵家管理心理思想评述》，硕士学位论文，贵州师范大学教育学院，2004。

［3］周媛媛：《中国儒家人才管理心理学思想及其现代意义》，硕士学位论文，南京师范大学教育科学学院，2006。

［4］刘洋：《早期儒家的人本思想——以孔子为核心的探讨》，硕士学位论文，曲阜师范大学历史文化学院，2011。

［5］彭利凯：《早期儒家的人本主义心理学思想研究——以孟子为核心的探讨》，硕士学位论文，内蒙古大学哲学学院，2013。

［6］罗楠：《先秦儒家修身思想的积极心理学价值研究》，硕士学位论文，武汉大学哲学学院，2019。

［7］陈四光：《德性之知——宋明理学认知心理思想研究》，博士学位论文，江西师范大学心理学院，2009。

这些论文，分别是对湛若水的教育心理思想、儒道兵法四家的管理心理思想、儒家的人才管理心理学思想、早期儒家的人本思想、儒家的人本主义心理学思想、先秦儒家修身思想的积极心理学价值进行研究的成果，以及对宋明理学的认知心理思想研究的成果。其中内蒙古大学的这篇硕士论文出自马克思主义哲学专业，而曲阜师范大学的这篇硕士论文则出自历史学专业中的中国儒学史方向。此外，陈四光教授的博士学位论文《德性之知——宋明理学认知心理思想研究》被收入杨鑫辉先生主编的"文化·诠释·转换：中国传统心理学思想探新系列"丛书中，并于2012年由山东教育出版社出版。当然，部分高校的论文因时间久远，或是因未能与学术期刊网合作而无法检索查找，故这方面的梳理未必详尽，相信一定还有关于儒家心理学的其他富有价值的研究。

（二）儒家的人格心理研究

关于儒家人格抑或儒家理想人格的研究是国内心理学探索的一个热点。此一主题在20世纪90年代就已显露端倪，到了21世纪则成为儒家心理学研究的一个热门话题，而且21世纪的研究成果数量、质量均有较大提升。具体而言，相关的代表性研究主要可分为以下几个方面。

1. 期刊论文类研究

［1］郭祖仪：《试论孔子理想人格理论对国民素质教育的作用》，《云南师范大学学报》（哲学社会科学版）2000年第2期。

［2］许波：《人本主义健康人格和儒家理想人格的比较研究》，《心理学探新》2001年第1期。

［3］廉茵、燕郅：《张横渠人格结构学说探赜》，《心理学探新》2002年第1期。

［4］龚建平：《论儒家人格心理构成——耻辱感的现代转换及意义》，《人文杂志》2004 年第 1 期。

［5］郑剑虹、黄希庭：《论儒家的自强人格及其培养》，《心理科学进展》2007 年第 2 期。

［6］刘同辉：《王阳明"圣凡平等论"的人格心理学解读》，《上海师范大学学报》（哲学社会科学版）2008 年第 2 期。

［7］汪凤炎、郑红：《孔子界定"君子人格"与"小人人格"的十三条标准》，《道德与文明》2008 年第 4 期。

［8］冯大彪、刘国权：《先秦儒家的人格思想对心理学研究的价值》，《湖北大学学报》（哲学社会科学版）2008 年第 1 期。

［9］龚建平、李晓娥：《儒家人格意识及其现代意义——从现代心理学的"人格"概念谈起》，《西安交通大学学报》（社会科学版）2009 年第 5 期。

［10］胡继明、黄希庭：《君子——孔子的理想人格》，《西南大学学报》（社会科学版）2009 年第 4 期。

［11］胡继明：《孔子理想人格的教育原则和方法》，《吉首大学学报》（社会科学版）2009 年第 2 期。

［12］王谦：《孟子与马斯洛思想中理想人格的比较》，《心理学探新》2009 年第 2 期。

［13］刘超、郭永玉：《孝文化与中国人人格形成的深层机制》，《心理学探新》2009 年第 5 期。

［14］许思安、张积家：《儒家君子人格结构探析》，《教育研究》2010 年第 8 期。

［15］张瑞平、李庆安：《大学生人格特质与主观幸福感的关系：儒家心理资产的中介作用》，《心理科学》2017 年第 3 期。

［16］付希亮：《至人、圣人、真人：马斯洛需求层次论下孔子人格分析》，《人文论丛》2020 年第 2 期。

［17］葛枭语、李小明、侯玉波：《孔子思想中的君子人格：心理学测量的探索》，《心理学报》2021 年第 12 期。

在上述关于儒家人格的心理学论文中，有 6 篇是对孔子的人格思想进行的研究，2 篇是对孟子的人格思想进行的研究，1 篇是关于张载的人格结构学说的研究，1 篇是对王阳明思想的人格心理学的解读，2 篇是关于儒家的人格结构的研究。其中，6 篇为总体意义上的儒家人格研究，2 篇是儒家与人本主义心理学人格的比较研究，1 篇则是从马斯洛需求层次论视角分析孔子的人格。

在上述关于儒家人格的心理学研究中，核心关键词主要包括"理想人格"（5 篇）、"君子人格"（3 篇）、"自强人格"（1 篇）、"人格结构"（2篇）。在这 17 篇论文中，有 3 篇为实证研究，其余皆为理论研究。

2. 硕士及博士论文研究

此一阶段，关于儒家人格心理的研究生学位论文共有 7 篇，其中硕士学位论文 6 篇，博士学位论文 1 篇。这些论文包括：

[1] 童俊：《自恋型人格障碍的儒家文化背景》，硕士学位论文，华中科技大学社会学系，2001。

[2] 李雅琴：《荀子的人性论与人格教育心理思想探析》，硕士学位论文，陕西师范大学教育科学学院，2002。

[3] 徐殿哲：《构建人本主义与儒家模式相结合的当代中国人格模式研究》，硕士学位论文，东北师范大学教育科学学院，2007。

[4] 窦建鹤：《先秦儒家理想人格探析》，硕士学位论文，吉林大学哲学社会学院，2008。

[5] 冯俊：《儒家文化人格的动力学分析》，硕士学位论文，福建师范大学心理学系，2011。

[6] 王煜竹：《基于儒家文化的积极人格与社会适应关系研究》，硕士学位论文，吉林大学哲学社会学院，2019。

[7] 曾红：《传统人格的结构转换和现代延伸》，博士学位论文，南京师范大学教育科学学院，2002。

在上述 6 篇硕士论文中，既有对儒家文化背景下自恋人格障碍的探讨，也有对荀子人格教育心理思想的研究，更有基于人本主义与儒家理论而构建当代中国人格模式的尝试，此外还有对先秦儒家理想人格的探讨。在上述 6 篇硕士学位论文中，仅有 1 篇为实证研究，探讨的主题是儒家文化中的积极人格与社会适应的关系。

在上述 6 篇硕士学位论文中，童俊先生（女）的研究较有代表性。童俊先生以精神分析实践为基础，通过对自恋人格障碍者的临床观察阐释儒家文化背景对自恋人格障碍生成的影响。作者通过临床观察指出，自恋人格障碍与儒家文化的内在本质有必然联系[①]。要之，该论文属于儒家心理思想与精神分析实践相结合的独创性研究，在国内的儒家心理学中属于少有的与实践相结合的研究，值得中国本土心理学者借鉴与学习。

此外，冯俊的硕士学位论文《儒家文化人格的动力学分析》也有一定的代表性。冯俊以海因兹·科赫特的自体心理学为理论基础，通过精神分析方法对儒家的文化人格进行了动力学分析，从人际界限、神入、夸大自体与理想化四个维度分析了儒家的文化人格。在此基础上，论文重点对孔子、海瑞两位儒家代表人物的人格进行了个案分析。该论文的研究结论如下：

（1）儒家文化中的许多重要思想观点，都与自体障碍或者自恋型人格障碍所蕴含的要素相吻合，在儒家文化的土壤里，确实可能滋生出此类的人格障碍。

（2）广义性的自恋特征及自体客体需要不仅普遍地存在于个体身上，是个体人格发展过程中必然面对的问题，同时也普遍地存在于文化领域之中。

（3）从两个历史个案的人格分析研究结果来看，可以得出儒家文化与自恋型人格障碍之间，并不存在因果性的联系，儒家文化人格并非自恋型文化人格。

（4）只要意识到自体客体需要的存在并使其得到适当地满足，以及认可划分人际边界与培养神入能力的重要性，即使是深受儒家文化熏陶的个体，也一样可以让自己的自体走向成熟与健康，而不是陷入

---

① 参见童俊《自恋型人格障碍的儒家文化背景》，硕士学位论文，华中科技大学社会学系，2001。

自体障碍和自恋的泥沼之中。①

在其看来，儒家文化"既可能孕育出界限不清、欠缺神入的自恋型人格，也可以诞生出伟大而又能适应当今时代要求的健康人格"。而两者之间的关键区别在于能否做到"文化自觉"，尤其是"文化心理自觉"②。可见，冯俊的研究某种意义上借鉴了童俊先生探索的主题，是此类研究的进一步具体化。

此外，曾红教授的博士学位论文为理论与实证结合的研究，其所探讨的传统人格不仅限于儒家，还包括了道家、佛家的理想人格。该博士学位论文后被收入杨鑫辉教授主编的"文化·诠释·转换：中国传统心理学思想探新系列"丛书，并于 2011 年由山东教育出版社出版。

（三）儒家的自我研究

关于自我的研究是儒家心理学的一个重要主题。此类研究主要自 21 世纪以后在国内出现，其中代表性的研究成果有：

[1] 刘华：《"自我"的建构：先秦儒家的自我理论》，《南京师大学报》（社会科学版）2005 年第 1 期。

[2] 赵彩花：《论儒家自我调节及其内在机制》，《湖南师范大学社会科学学报》2009 年第 4 期。

[3] 王开元：《知己与成己——试论孔子思想中的自我认知问题》，《安徽大学学报》（哲学社会科学版）2016 年第 4 期。

[4] 翟学伟：《儒家式的自我及其实践：本土心理学的研究》，《南开学报》（哲学社会科学版）2018 年第 5 期。

[5] 段锦云、徐悦、郁林瀚：《中国儒家传统中的自我修为思想：对交换范式的审视与补充》，《心理科学进展》2018 年第 10 期。

---

① 冯俊：《儒家文化人格的动力学分析》，硕士学位论文，福建师范大学心理系，2011，中文摘要。
② 冯俊：《儒家文化人格的动力学分析》，硕士学位论文，福建师范大学心理系，2011，第 45 页。

　　[6] 王继成：《王阳明的自我观及其现代意义研究》，硕士学位论文，南京师范大学教育科学学院，2007。

　　[7] 魏新东：《儒家自我心理学研究》，硕士学位论文，南京师范大学心理学院，2017。

　　可见，这一阶段关于儒家的自我研究，既有本土心理学名家的经典论述，也有后起之秀的尝试性建构，更有来自中国哲学领域的解读。就研究主题而言，既有对儒家自我修为思想的审视与解读，也有对儒家自我调节机制的分析，更有对儒家式自我的本土心理学探索；既有对孔子的自我认知思想、王阳明的自我观的探索，也有对先秦儒家自我理论的建构，以及对儒家自我心理学的整体研究。

　　其中，刘华研究了先秦儒家自我的建构问题，指出"'兴于诗，立于礼，成于乐'，表达了从内在自我向外在自我转换及建构内外整合自我的完整过程"；还指出，儒家视野中的"自我人格整体的建构，须经历从以'诗'所表征的生命意义，走向以'礼'所表征的行为规范，最终达到以'乐'所表征的本真存在的过程"[1]。

　　翟学伟主张关系取向的自我是儒家式自我的典型特征，认为"个体的'现实我'总是需要遵循关系性的'伦理我'"。而儒家对于自我构成的理解，"需要借助于观念与社会等级轴与亲疏远近轴之坐标所建立的自我模式加以确立"，继而才"可以解释大我与小我、公与私、耻感以及人情与面子等现象"[2]。

　　王开元指出，"孔子思想中的自我认知问题并不纯粹是认识论的问题，其还包含功夫论的面向"。"故而在以自身去体认自身时，也成就着自身的德性，即所谓成己。知己与成己并非分离的两个阶段，而是一个一体的过程，反省在其中发挥了重要的作用。"[3]

---

① 刘华：《"自我"的建构：先秦儒家的自我理论》，《南京师大学报》（社会科学版）2005年第1期。

② 翟学伟：《儒家式的自我及其实践：本土心理学的研究》，《南开学报》（哲学社会科版）2018年第5期。

③ 王开元：《知己与成己——试论孔子思想中的自我认知问题》，《安徽大学学报》（哲学社会科学版）2016年第4期。

王继成指出，王阳明的自我观是一种精神自我、一种大我（或真我），同时也是对于理想人格的追求。王阳明所指的"大我"超越了善与恶的对立，也超越了物与我之间的对立；王阳明所说的"真我"即指良知，"真我"的存在状态表现为"未发之中"；王阳明培育自我的路径是"致良知"，具体是通过"去心蔽、复良知"、"在事上磨炼"、知行合一等路径实现"致良知"的目标。①

魏新东通过对儒家"自我"产生的基础与背景进行分析，对儒家自我观的内容、儒家的自我实现、儒家自我观与其他自我观的异同进行了研究，研究指出：儒家的自我观就其内容而言包括"小我"、"大我"与"无我"，就内外自我而言包括独知我与共知我。研究指出，儒家自我实现的目标是成为圣人，儒家自我实现的方法途径是"工夫"。②

（四）《周易》心理学研究

《周易》是儒家心理学研究的一部重要文本③。大体而言，此类研究主要可分为以下三个向度。

1. 《周易》的心理思想研究

《周易》包括两部分，一部分为《易经》，另一部分为《易传》。其中《易经》相传为伏羲或文王所作，而《易传》则是对《易经》的解释。根据传统说法，《易传》为孔子所作，但当代主流观点多认为《易传》出自孔门后学，《易传》本身就包含了后学对于孔子易学思想的记录④。

正因为《周易》在中国文化中占据重要地位，所以对《周易》的心理

① 参见王继成《王阳明的自我观及其现代意义研究》，硕士学位论文，南京师范大学教育科学学院，2007。
② 参见魏新东《儒家自我心理学研究》，硕士学位论文，南京师范大学心理学院，2017。
③ 关于《周易》到底属于儒家还是道家，学界一直有不同的说法。目前主流的观点认为《周易》属于儒家典籍，故本研究也依此进行分类。如崔大华先生即指出，"《易传》尽管在自然观、历史观等方面吸纳了如此重要的道家思想，但从其最终的理论走向、最终要解决的理论主题上观察，仍是儒家思想性质的"。参见崔大华等《道家与中国文化精神》，河南人民出版社，2003，第126页。
④ 陈鼓应先生在《易传与道家思想》一书中认为《易传》为道家著作，体现出稷下道家的影响痕迹。林忠军先生在《周易郑氏学阐微》中则认为易传为孔子后学作品，的确能代表孔子在这方面的思想。

学阐释自然成为儒家心理学研究一个热点。早在 1994 年，燕国材先生就曾发表过《〈周易〉的心理学思想及其在先秦的发展》一文，对《周易》的心理学思想进行过专门探讨。21 世纪以来，关于《周易》心理思想（心理学思想）方面的研究论文不断增多。具体而言，相关的代表性研究主要有：

[1] 毕世响：《〈周易·履〉心理思想探析》，《深圳教育学院学报》（综合版）2000 年第 1 期。

[2] 徐仪明：《〈周易〉"心"范畴心理学疏解》，《周易研究》2005 年第 6 期。

[3] 赵方强：《〈周易〉之组织心理思想初探》，《心理学探新》2006 年第 4 期。

[4] 赵方强：《对〈周易〉的心理学思想研究的几点浅见》，《心理学探新》2007 年第 3 期。

[5] 刘恒：《〈周易〉坤卦"直方大"的心理学含义探微》，《周易研究》2008 年第 6 期。

可见，21 世纪以来相关研究进一步扩展，研究视角也更加开阔，研究的层次也更加丰富和细化。其中既有对《周易》心理学思想的一般性探讨，也有对《周易》心理思想的细化研究，更有对《周易》单卦的心理思想解读。

徐仪明先生指出，《周易》"心"范畴研究既是易学心理学研究的基本进路，同时也关系到中国本土传统心理学话语系统的建立。徐仪明先生在其论文中具体阐释了《易经》的"心"这一范畴所包含的感情心理思想、道德心理思想、差异心理思想及社会心理思想，阐释了《易传》的"心"这一范畴所包含的道德心理思想、联想心理思想以及"洗心"的体认心理思想①。

2. 《周易》的人格心理研究

《周易》的人格心理研究始于 20 世纪 90 年代。王炼曾撰文探讨了

---

① 　徐仪明：《〈周易〉"心"范畴心理学疏解》，《周易研究》2005 年第 6 期。

《周易梅花数》中的人格心理学思想，这是对于周易人格心理思想的早期
探索。进入 21 世纪以后，《周易》中的人格维度作为儒家心理学研究的
一个重点，研究成果数量与质量皆有较大提升。相关的代表性研究主
要有：

[1] 郑剑虹、黄希庭：《论〈周易〉的自强人格及其培养》，《西
南师范大学学报》（人文社会科学版）2004 年第 6 期。

[2] 曾维希、张进辅：《周易人格模型与麦氏人格模型的比较》，
《心理学探新》2006 年第 4 期。

[3] 徐仪明、余海舰：《〈周易〉立心恒志说与儒家理想人格的塑
造》，《齐鲁学刊》2012 年第 3 期。

[4] 黄雨田、汪凤炎：《〈周易〉论君子的人格素养及其形成途
径》，《心理学探新》2013 年第 2 期。

[5] 李笑野：《〈周易〉的人格结构观探索》，《河南社会科学》
2002 年第 1 期。

[6] 李笑野：《〈周易〉"贞"的人格要素论》，《中国文化研究》
2013 年第 3 期。

[7] 李笑野：《〈周易〉"孚"的人格要素论》，《周易研究》2014
年第 1 期。

可见，相关研究既有对《周易》自强人格的探讨，也有对《周易》君
子人格的分析，更有对《周易》理想人格的阐释，以及对于《周易》人格
模型与麦氏人格的比较研究。此外，还有心理学学科外的学者对《周易》
人格结构及《周易》人格要素的研究。

郑剑虹、黄希庭通过研究指出，"《周易》反映了一种自强的人格心理
学思想"，此种自强侧重于个体层面，"体现为持之以恒、谦虚谨慎、坚强
勇敢、诚信、'知几'"等人格特征[①]。黄雨田、汪凤炎探讨了《周易》

---

① 郑剑虹、黄希庭：《论〈周易〉的自强人格及其培养》，《西南师范大学学报》（人文社会
科学版）2004 年第 6 期。

君子人格内蕴的积极人格心理学思想，指出《周易》的君子人格重点包括"仁爱、正义、知礼、知几、自强、谨慎、谦虚、诚信、持之以恒、勇敢"① 等 10 项素养。

3.《周易》与心理分析的交互解读研究

心理分析是精神分析的一个重要分支，创始人为荣格。不同于弗洛伊德的精神分析，荣格的思想体系中包含诸多神秘因素，其学说也吸纳了《周易》、禅宗及道家的思想。在荣格之后，心理分析的后继者利策玛（Ritsema）竭 40 余年心血研究易经，"认为《易经》充满灵性，充满了深刻的心理学意义，包含着目前西方深度潜意识心理学以及分析心理学的深刻道理，并且填补了当代心理学研究的一个重要缺口"② 。自荣格与利策玛之后，《周易》与心理分析的关系逐渐成为国内学界关注的一个焦点。在此方面，代表性的研究有：

[1] 申荷永、高岚：《〈易经〉与中国文化心理学》，《心理学报》2000 年第 3 期。

[2] 申荷永、高岚：《〈易经〉与"心理分析"——重访爱诺思》，《周易研究》2001 年第 3 期。

[3] 唐希鹏：《〈周易〉心理原型解读——"大过"卦与"英雄原型"》，《社会科学研究》2011 年第 6 期。

[4] 李文荣：《〈周易〉哲学视域下的荣格分析心理学研究》，硕士学位论文，山东大学哲学与社会发展学院，2020。

在国内心理学界，较早对周易心理学进行研究的当属申荷永先生。申荷永先生主要通过荣格心理分析理论对《周易》进行心理学诠释，其相关论述在《中国文化心理学心要》及相关著作中均有体现。荣格的思想就类属而言属于精神分析，而精神分析在文学分析领域有较大影响，所以对于《周易》与荣格心理学的交互关系也是文学研究的领地。此外，因荣格在

---

① 黄雨田、汪凤炎：《〈周易〉论君子的人格素养及其形成途径》，《心理学探新》2013 年第 2 期。

② 刘恒：《〈周易〉坤卦"直方大"的心理学含义探微》，《周易研究》2008 年第 6 期。

哲学领域的影响巨大，所以中国哲学领域对《周易》与荣格心理分析的关系也有研究。

（五）中庸心理学研究

"中庸"是中国文化的真精神，是中华文化的智慧所在。经由社会历史的沉淀与传统礼俗的培育，中庸之道、中庸精神已深深地融入中国人的思维习惯与思考模式之中。正因中庸是中国文化的真精神，正因其对中国人思维方式影响深刻，所以中庸心理学自然成为中国本土心理学者探索的一个重要方向。在此方面，杨中芳先生及其团队的研究尤具代表性，杨中芳先生对于中庸心理学的开创、传承及拓展功不可没，而刘昌教授、高志强博士的研究及反思则尤有省思意义。总体而言，国内的中庸心理学研究多是围绕杨中芳先生所开创的主题而展开。可以将相关研究分为以下几个层面。

1. 中庸实践思维研究

中庸实践思维研究由杨中芳先生所开创，相关研究也主要是由杨中芳先生及其学生所展开。《如何理解中国人》（远流出版公司，2001）就曾载有杨中芳先生的《中国人的世界观：中庸实践思维初探》；在北京大学出版社出版的《人格与社会心理学论丛（一）》中，亦载有杨中芳先生的论文《"中庸"实践思维研究——迈向建构一个全新心理学知识体系》。通过中国知网，以"中庸实践思维"为篇名（精确）进行检索（检索日期：2023 年 11 月 18 日），共查到 12 篇论文；以"篇名：中庸思维+主题：心理"（精确）进行检索，共得到论文 5 篇。综合其他路径析出的文献，相关的代表性研究主要有：

[1] 杨中芳：《中庸实践思维体系探研的初步进展》，《心理科学进展》2006 年第 2 期。

[2] 阳中华、邓云龙、陈向一：《中庸实践思维对大学生心理健康教育的借鉴》，《现代大学教育》2013 年第 1 期。

[3] 杨中芳、林升栋：《中庸实践思维体系构念图的建构效度研究》，《社会学研究》2012 年第 4 期。

［4］李启明：《中庸实践思维、心理弹性与社会适应的关系》，硕士学位论文，华中科技大学教育科学研究院，2011。

［5］阳中华：《中庸实践思维与家庭功能和心理健康关系研究》，博士学位论文，中南大学，2012。

可见，中庸实践思维研究方面目前共有博士学位论文 1 篇、硕士学位论文 1 篇，相关的研究主要以实证研究为主。

2. 中庸思维研究

通过中国知网，以"篇名：中庸思维"（精确）进行检索，共检索到 148 篇论文；以"篇名：中庸思维+主题：心理"（精确）进行检索，共得到论文 51 篇（检索日期：2023 年 11 月 18 日）。对于检索结果，分别从期刊论文和硕士学位论文层面进行呈现。

（1）期刊论文

［1］张仁和、黄金兰、林以正：《中庸思维的社会认知结构》，《中国社会心理学评论》2014 年第 2 期。

［2］叶晓璐、张灵聪：《中庸思维对不同情境决策行为的影响》，《中国社会心理学评论》2014 年第 2 期。

［3］杨中芳、阳中华：《夫妻中庸思维差异对成员家庭功能评定的影响》，《中国社会心理学评论》2014 年第 2 期。

［4］杨中芳、丁宇、林升栋、林玮芳：《中庸思维在工作压力源与员工幸福感之间的作用：兼作海峡两岸比较》，《中国社会心理学评论》2014 年第 2 期。

［5］张仁和、林以正、黄金兰：《西方智慧研究新动态与中庸思维的关系》，《中国社会心理学评论》2014 年第 2 期。

［6］阳中华、周家秀、周甄会：《中庸思维对心理健康影响之初探》，《中国社会心理学评论》2014 年第 2 期。

［7］孙旭、严鸣、储小平：《坏心情与工作行为：中庸思维跨层次的调节作用》，《心理学报》2014 年第 11 期。

［8］丁倩、张永欣、魏华、胡伟：《中庸思维与大学生网络成瘾：

社会支持和孤独感的序列中介作用》，《心理与行为研究》2019 年第 4 期。

[9] 沈伊默、马晨露、白新文、诸彦含、鲁云林、张庆林、刘军：《辱虐管理与员工创造力：心理契约破坏和中庸思维的不同作用》，《心理学报》2019 年第 2 期。

[10] 陈佩仪、陈瑜、杨雪岭：《中庸思维对大学生抑郁症状的影响机制：消极认知情绪调节策略的中介作用》，《心理与行为研究》2021 年第 4 期。

[11] 魏华、李倩、周宗奎、丁倩、熊婕：《中庸思维与大学生网络成瘾：同伴冲突和性别的作用》，《心理发展与教育》2021 年第 5 期。

[12] 巩萱萱：《大学生中庸思维与学习倦怠的关系：消极认知情绪调节的中介作用》，《中国健康心理学杂志》2023 年第 11 期。

（2）硕士学位论文

[1] 李艳：《中庸思维对员工合作竞争态度、组织公民行为的影响》，硕士学位论文，南京大学社会学院，2011。

[2] 刘俊：《大学生中庸思维与应对方式、主观幸福感的相关研究》，硕士学位论文，福建师范大学教育学院，2011。

[3] 郭侃：《大学生中庸思维对情绪及其调节的影响》，硕士学位论文，电子科技大学政治与公共管理学院，2012。

[4] 孙飞：《权威领导对员工沉默行为的影响机制——权力距离导向和中庸思维的调节作用》，硕士学位论文，苏州大学心理学系，2012。

[5] 程云菲：《中国大学生中庸思维的现况调查及其与情绪问题的关系研究》，硕士学位论文，南方医科大学公共卫生学院，2013。

[6] 张冬梅：《积极感受源于正确的问题视角：中庸思维的情绪价值研究》，硕士学位论文，曲阜师范大学教育科学学院，2016。

[7] 杨程云：《大学生中庸思维与情绪智力的关系：自我意识的中介作用》，硕士学位论文，天津师范大学心理学院，2018。

[8] 康锦萍：《大学生中庸思维、宽恕与攻击性的关系及其干

预》，硕士学位论文，江西师范大学心理学院，2020。

［9］田晓雪：《贫穷感对风险决策的影响：焦虑情绪与中庸思维的作用》，硕士学位论文，湖南师范大学教育科学学院，2021。

［10］周诗思：《大学生中庸思维与心理韧性的关系：认知重评的中介作用》，硕士学位论文，西华师范大学学前与初等教育学院，2022。

［11］吴申敏：《不合规任务对工作获得感的影响：整体公平感与中庸思维的作用》，硕士学位论文，闽南师范大学商学院，2023。

［12］姜晟：《中庸思维对情绪性进食的影响：有调节的链式中介模型》，硕士学位论文，广州大学教育学院，2023。

［13］杨艳：《不合规任务对员工工作退缩行为的影响——消极情绪的中介作用与中庸思维的调节作用》，云南师范大学教育学部，2023。

可见，相关研究绝大多数为实证研究。研究的主题具体涉及社会认知结构、决策行为、成员家庭功能评定、压力与幸福感、西方智慧研究、心理健康、心情与工作行为、网络成瘾、员工创造力、抑郁症状、学习倦怠、应对方式与幸福感、企业管理、情绪问题、情绪价值、中庸思维与情绪智力的关系、中庸思维与宽恕和攻击性的关系、风险决策、心理韧性、工作获得感、情绪性进食、员工退缩行为。归纳来看，其涉及的主题在企业或组织管理、情绪问题、决策、网络成瘾方面相对较多，此外在学习倦怠、心理健康、攻击性、心理韧性等应用心理方面也有广泛的体现。

3. "中庸+心理学"及其相关研究

这里所说的"中庸+心理学"研究，主要是通过"篇名：中庸+心理学"检索出的相关文献。为了便于归纳整理，此处将其相关研究也一并归在这个类属之下。相关研究主要有：

［1］杨中芳：《传统文化与社会科学结合之实例：中庸的社会心理学研究》，《中国人民大学学报》2009年第3期。

［2］杨中芳：《中庸研究与华人本土心理学》，《中国社会心理学评论》2014年第2期。

［3］韦庆旺、鄢玉婷：《"一分为三"框架下的中庸界定：兼从方

法论角度评当前中庸心理学研究》,《中国社会心理学评论》2014年第2期。

[4] 杨中芳、林升栋《"中庸信念/价值量表"到底在测什么?》,《中国社会心理学评论》2014年第4期。

[5] 胡俏、焦长勇、周美琴、俞金正:《中庸工作重塑研究》,《心理学探新》2017年第5期。

[6] 刘昌:《中庸之可能与不可能:兼论中庸心理实证研究之困境》,《南京师大学报》(社会科学版)2019年第5期。

[7] 高志强:《中庸的文化心理特征及其实践理路》,《心理科学》2021年第4期。

[8] 林升栋:《传统中庸概念的现代心理学研究》,厦门大学出版社,2020。

杨中芳先生长期致力于中庸心理学研究。在杨中芳先生看来,其之所以选择"中庸"进行本土心理学研究,主要是因为:

(1) "中"的概念融合了上古时代各学派的主要精髓;

(2) 影响中国文化至深的儒、释、道三家都以"中"为至道,虽然对"中"的理解及领悟各不相同;

(3) 研究者致力于本土社会心理学研究多年,在观察现时社会中所发生的各种现象,以及聆听人们对现象的理解及解释时,发现"中庸之道"是人们做人处事及解决问题的基本及普遍的原则;

(4) "中庸之道"内涵的一套思维方式,与西方社会心理学研究所内涵者大相径庭,因此值得深入研究,以便将来和现有主流(西方)社会心理学进行对话及互补[①]。

要之,中庸的社会心理学研究主要始于20世纪末。近年来,中庸的社

---

① 杨中芳:《传统文化与社会科学结合之实例:中庸的社会心理学研究》,《中国人民大学学报》2009年第3期。

会心理学研究逐渐成为一个稳健的研究方向。在杨中芳先生看来，中庸的社会心理学研究的首要前提是追求中庸的社会心理学构念化，继而探讨中庸思维在现代人生活中所起的作用以及起什么样的作用。杨中芳先生具体探讨了中庸之社会心理学研究的横向路线与纵向路线。在其看来，横向研究路线包括："中庸"生活哲学研究、"中庸"思维在处理具体事件中的运作、事后反省。纵向路线包括："中庸"生活哲学是否令人们更会运用具"中庸"特色的思维来处理具体事件、处理个别事件的思维与事后反思的纵向关系、事后反思时所涉及的自我修养及提升对"中庸"生活哲学的巩固。^① 在杨中芳先生看来，"中庸实践思维是一套普及于当代华人社会的生存/生活之道"，"是一套文化释意系统"，"在生活中起缓冲作用"。不同于中庸的哲学式研究，"中庸实践思维"研究突出强调中庸思维在生活世界中的作用，侧重可操作路径的实证检验，强调中庸研究的资源共享^②。

杨中芳先生进一步展望了下一阶段中庸心理学研究的四个方向：

（1）继续与老百姓的实际生活结合，走应用路线（消费心理、广告心理、管理心理、临床/咨商心理）。

（2）先将像"构念图"那样的大架构搁置，转而更清晰及准确地去定义自己要研究的中庸构念。

（3）以英文发表于国际期刊，这是现实的价值取向。

（4）培养团队精神及力量，大家定期开会共享信息、达成共识、分工合作，发挥真正的团队精神，让中庸研究呈片状发展。^③

可见杨中芳先生为推动中庸心理学研究所做出的不竭努力，正是在这种矢志探索下，杨中芳先生所带领的团队不断展现出新的影响力。韦兴旺、鄢玉婷为厘清中庸心理学研究中的概念障碍，对"中庸"这一核心概

---

① 杨中芳：《传统文化与社会科学结合之实例：中庸的社会心理学研究》，《中国人民大学学报》2009 年第 3 期。

② 杨中芳：《中庸研究与华人本土心理学》，《中国社会心理学评论》2014 年第 2 期。

③ 杨中芳：《中庸研究与华人本土心理学》，《中国社会心理学评论》2014 年第 2 期。

念进行了重新梳理与阐释。研究指出，"中庸"这一概念内在地包含正、反、中三个向度，认为"中"本身就代表了事务处理、关系协调、致思习惯的一极。研究者引用庞朴先生的观点，指出"事物除了对立的两极之外，在两极之间还有一个'中'。'所谓的中，就是第三者；承认二分又承认中庸，也就在事实上承认了一分为三'"。① 此外，林升栋在其著作《传统中庸概念的现代心理学研究》对中庸概念进行了实证研究。该书是作者在其2005年博士学位论文的基础上修改而成，该著作主要从"寻找中庸自我""建构中庸思维""聚焦主客相融"三个层面进行了分析和假设验证，作者通过对多种构想的验证分析对中庸思维进行了解释。

需要承认，学术繁盛的一个重要标志就是多种声音的存在。杨中芳先生所开创的中庸心理学研究在学科内及学科外确实产生了十分重要的影响，并获得了广泛的认同，但这并不意味着中庸心理学研究只有实证研究一条进路，也并不意味着中庸心理学研究不需要省思。在此方面，刘昌教授的反思尤有代表意义。在刘昌教授看来，"中庸"乃是儒家大传统层面的一个应然理念，但对于日常生活中的绝多数人而言，中庸却难以成为现实的实践指导。正因为日常生活中多数人并不具备自觉的中庸观念，所以大样本的中庸实证研究存在严重的悖论。正是基于此，刘昌教授指出，"中庸心理学研究的方向不在于量化实证研究，而在于质性研究，其主要形式应该是中庸心理的诠释现象学研究"②。

高志强博士将儒家的中庸划分为理想形态的中庸以及现实中庸两种。该研究将中庸的文化心理特征具体归纳为："执两用中的中庸认知，执中致和的中庸情感，刚柔并济的中庸人格。"研究指出，"理想中庸在落实为现实中庸的过程中存在着一定的扭曲和异化"。研究进一步指出，"礼仪制度是中庸实践的客观根据，籍由观照本心所作出的道德判断是中庸实践的主观根据，择善而固执是中庸实践的现实路径"③。

① 参见韦庆旺、鄢玉婷《"一分为三"框架下的中庸界定：兼从方法论角度评当前中庸心理学研究》，《中国社会心理学评论》2014年第2期。
② 刘昌：《中庸之可能与不可能：兼论中庸心理实证研究之困境》，《南京师大学报》（社会科学版）2019年第5期。
③ 高志强：《中庸的文化心理特征及其实践理路》，《心理科学》2021年第4期。

（六）儒家与心理健康的关系研究

对于心理健康思想资源的挖掘，是中国传统心理思想研究最热衷的一个路向。儒家的思想体系中蕴含着心理健康思想，儒家精神同样对心理健康有着促进功能。因此，对于心理健康资源及心理健康功能的挖掘自然成为儒家心理学研究的热点话题。在此方面，代表性研究主要有：

［1］马建新：《基于儒家思想的大学生心理健康教育模式构建》，《江苏高教》2012 年第 6 期。

［2］马建新、刘平昌：《大学生心理健康教育的儒家思想渊源》，《湖北社会科学》2013 年第 3 期。

［3］张华：《儒家身心和谐思想与大学生心理健康教育》，《中华文化论坛》，2013 年第 1 期。

［4］马建新、王竝、赵永兵：《儒家式应对思想在大学生心理健康促进中的运用》，《江苏高教》2022 年第 3 期。

［5］罗鸣春、黄希庭、苏丹：《儒家文化对当前中国心理健康服务实践的影响》，《心理科学进展》2010 年第 9 期。

［6］罗鸣春、常敬、陈家敏：《儒家文化与中国人健康心理的交互建构》，《心理学探新》2020 年第 1 期。

［7］张静：《当代大学生儒道传统价值观与心理健康的关系研究》，博士学位论文，吉林大学哲学社会学院，2009。

［8］王庆亮：《〈中庸〉修身思想及其对心理健康的启示》，硕士学位论文，南开大学周恩来政府管理学院，2011。

［9］张奕：《道家和儒家价值观对生活事件与心理健康之间关系的调节作用研究》，硕士学位论文，北京林业大学人文学院，2015。

［10］柳林：《儒家传统价值观、儒家伦理精神性与心理健康的关系》，硕士学位论文，广州大学教育学院，2017。

可见，相关成果主要包括儒家思想与大学生心理健康教育的关系研究，以及儒家文化、儒家价值观与心理健康的关系研究。就前者而言，马建新对儒家思想与大学生心理健康教育的关系进行了较多探讨。就后者而言，相关研究主要涵盖了当代大学生儒道传统价值观与心理健康的关系研究、儒家文化对当前中国人心理健康服务实践的影响研究、《中庸》修身思想对心理健康的启示研究、儒家文化与中国健康心理的交互建构关系研究、儒道两家价值观对生活事件与心理健康关系的调节作用研究，以及儒家传统价值观、儒家伦理精神性内涵与心理健康的关系研究。

（七）儒家的压力应对研究

"儒家的压力应对"或"儒家式应对"研究是 2010 年以后儒家心理学研究的一个热点主题。此类研究承袭景怀斌教授开创的主题。相关的代表性研究主要有：

> ［1］李廷睿、侯玉波：《儒家式应对的心理结构及其验证》，《湖南师范大学教育科学学报》2012 年第 3 期。
>
> ［2］史梦薇、赵守盈：《儒家思想与压力应对：应激研究的本土心理学视角》，《南京师大学报》（社会科学版）2014 年第 2 期。
>
> ［3］李启明、陈瑶：《儒家式应对代际传递及其对子女心理健康的影响》，《西南交通大学学报》（社会科学版）2021 年第 5 期。
>
> ［4］马建新、王竝、赵永兵：《儒家式应对思想在大学生心理健康促进中的运用》，《江苏高教》2022 年第 3 期。
>
> ［5］史梦薇：《传统儒家的压力应对观及其当下意义》，博士学位论文，南开大学周恩来政府管理学院，2013。

可见，"儒家式应对"是出现得较频繁的一个概念。其中，《儒家式应对的心理结构及其验证》《儒家式应对的代际传递及其对子女心理健康的影响》属于实证研究；《儒家思想与压力应对：应激研究的本土心理学视角》属于理论研究；《儒家式应对思想在大学生心理健康促进中的运用》则属于应用型研究。

史梦薇、赵守盈通过对西方应激研究个体主义范式的批判与反思，阐释了儒家式应对的独特意义。在二者看来，"儒家式应对思想包括对压力的认知以及针对压力的应对行为"。儒家式应对的典型特点是以坦然的态度面对挫折和困苦。一方面"儒家引入'命'的概念来缓解个人面临重大压力时的挫折感";另一方面，儒家通过心性修养与内在超越的路径，实现"心"对"境"的超越。在二者看来，"儒家式应对突破了西方应对观中仅重视非精神性应对方式的局限，融合了精神性与非精神性的应对方式，是源自本土的有效应对方式之一，也是理解中国人民族特性的重要切入点"①。

（八）儒家的情感心理研究

情感心理是儒家心理学研究的另一个侧重点。国内的儒家情感心理研究主要出现在 2000 年以后，相关的代表性研究主要有：

[1] 郭永玉：《先秦情欲论》，《心理学报》2001 年第 1 期。

[2] 彭彦琴：《中国传统情感心理学中"儒道互补"的情感模式》，《心理学报》2002 年第 5 期。

[3] 井婷：《儒家文化中"耻"的心理意蕴及启示》，《哈尔滨师范大学社会科学学报》2011 年第 3 期。

[4] 徐仪明：《论儒家早期情感心理的教化作用及其重要意义》，《孔子研究》2011 年第 6 期。

[5] 陈四光、余仙平：《试论宋明理学情感心理思想》，《江西社会科学》2011 年第 10 期。

[6] 孙俊才、石荣：《儒家文化的情感智慧》，《南京师大学报》（社会科学版）2016 年第 5 期。

[7] 陈四光：《儒家"万物一体"思想探析：来自共情心理研究的启示》，《南京师大学报》（社会科学版）2017 年第 5 期。

[8] 李玮、王振东、蔡宝鸿、杨晓峰、申荷永：《儒家文化中的共情观》，《心理学探新》2017 年第 6 期。

---

① 史梦薇、赵守盈：《儒家思想与压力应对：应激研究的本土心理学视角》，《南京师大学报》（社会科学版）2014 年第 2 期。

可见，相关研究主要以理论探讨为主，研究的主题涉及先秦情欲论、儒道互补的情感模式、儒家文化中"耻"的心理意蕴、儒家早期情感心理的教化作用、儒家文化的情感智慧、宋明理学的情感心理思想、共情心理视角的儒家"万物一体"思想、儒家文化中的共情观。

郭永玉从情、欲、情欲关系、情欲态度四个方面分析了先秦儒、道、墨、法四家的情欲理论。该研究通过比较分析指出，"孔子与荀子的观点较为合情合理又切实可行"；庄子、墨子、孟子的情欲论只能为现代人提供精神参照系但不具有现实的可行性；老子和韩非的情欲思想只是生产力"落后时代的保守政治思想"[1]。

彭彦琴研究了中国传统情感心理学中的儒道互补模式。"所谓儒道互补的情感模式，就是个体的情感由两种类型组合而成，既有儒家重理性认知的道德情感，又有道家重感性体验的审美情感；两种相互独立且相补相成的情感类型可视个体所处的不同环境灵活切换。"该研究指出：首先，理论的发展会要求自身接纳与之完全相左的另一理论；其次，个体处于伦理道德规范的社会环境中或处于本真感性的自然环境中，他/她所掌握的儒家情感或道家情感理论会被选择性地激活，最终内化为个体身上一种互补的情感模式[2]。

此外，徐仪明研究了早期儒家情感心理思想的教化作用，指出忧患意识与和乐精神共同构成儒家理想的人格模式[3]。陈四光比较了孔子之"仁"、宋代儒家"万物一体"思想与西方共情理论的异同，指出，"'万物一体'的心理机制在表面上类似于共情心理，但是二者之间有本质的不同。共情理论更看重实证研究所发现的客观科学规律，而儒家'万物一体'思想带有鲜明的伦理色彩。它从人对自身的感受出发，推及到'万物一体'；进而激发出对万物的情感动机，最终产生亲社会行为"[4]。孙俊才、石荣指出，儒家文化蕴含着丰富的情感知识与智慧，儒家文化的感应性情

① 郭永玉：《先秦情欲论》，《心理学报》2001 年第 1 期。
② 彭彦琴：《中国传统情感心理学中"儒道互补"的情感模式》，《心理学报》2002 年第 5 期。
③ 徐仪明：《论儒家早期情感心理的教化作用及其重要意义》，《孔子研究》2011 年第 6 期。
④ 陈四光：《儒家"万物一体"思想探析：来自共情心理研究的启示》，《南京师大学报》（社会科学版）2017 年第 5 期。

绪觉察、弱认知控制、关系认知、情感精致、情感创造等心理机制，为中国人理解生死及选择生命价值提供了参照①。李玮、王振东、蔡宝鸿、杨晓峰、申荷永通过情绪及认知两种视角研究了儒家的共情观，研究指出，"儒家文化中的'恻隐之心'、'一体之仁'、'忠恕之道'、'絜矩之道'等思想观点在作为人们日常生活中接物待人道德伦理观的同时，在社会交往、理解他人等方面与共情具有相同的心理机制以及心理学原理"②。

（九）儒家的道德心理学研究

道德心理学是心理学与伦理学的一个交叉领域。儒家以其特重道德之故，与道德心理学有着天然的亲近性，而以道德心理学分析并阐释儒家思想则成为学者们关注的一个新视角。具体而言，相关研究主要有：

[1] 王云萍：《道德心理学：儒家与基督教之比较分析》，《道德与文明》2002 年第 3 期。

[2] 曾建平、肖三蓉：《儒家与弗洛伊德的道德心理之简略比较》，《心理学探新》2006 年第 3 期。

[3] 杨韶刚：《儒家伦理的基德和荣格的道德观》，《心理学探新》2007 年第 4 期。

[4] 孙伟：《欲望的克服如何可能？——先秦儒家的道德心理学诠释》，《北京社会科学》2012 年第 6 期。

[5] 刘九勇：《先秦儒家道德三重属性的递进及孟荀的统一——基于道德心理学视角的研究》，《学术探索》2019 年第 11 期。

关于儒家的道德心理学研究既有来自心理学的贡献，更有心理学之外学者的探索。其中，心理学学科的研究主要包括儒家与弗洛伊德道德心理的比较研究、儒家伦理的基德与荣格的道德观研究。心理学之外的研究主要是由伦理学、政治学相关学科的学者进行的，具体的研究主题包括：儒

---

① 孙俊才、石荣：《儒家文化的情感智慧》，《南京师大学报》（社会科学版）2016 年第 5 期。
② 李玮、王振东、蔡宝鸿、杨晓峰、申荷永：《儒家文化中的共情观》，《心理学探新》2017 年第 6 期。

家与基督教道德心理学的比较分析、先秦儒家道德心理学如何克服欲望的诠释、道德心理学视角的先秦儒家道德思想解读。

在心理学领域，曾建平、肖三蓉具体区分了儒家与弗洛伊德精神分析的道德心理之异同，并指出，"儒家与弗洛伊德精神分析理论之间在道德心理的内涵、道德的心理动力作用机制、道德心理对人格的影响等方面均表现了很大差异。但是，它们也在道德自律、道德心理对于健康人格形成等方面有相同之处"①。

（十）儒家心理学的其他研究

儒家心理学的内涵十分丰富与广大，很多研究难以归到上述分类中，故此处暂以"儒家心理学的其他研究"名之。在此方面，相关的代表性研究主要有：

[1] 辛斌：《儒家"乐处"观之深层心理探析》，《湖南师范大学教育科学学报》2005年第4期。

[2] 刘春雷：《先秦儒家人性观对心理学研究的启示》，《学习与探索》2006年第6期。

[3] 李娟、郭斯萍：《理学精神心理学探析》，《江西社会科学》2009年第9期。

[4] 张静、颜冰：《儒家传统价值观对本土化心理咨询与治疗的启示》，《学术交流》2012年第4期。

[5] 李抗、汪凤炎：《人心是何？现代新儒家的心理观》，《心理科学》2018年第6期。

[6] 惠兆阳：《知命与超越——存在心理学视域下的孔子天命观探析》，《哈尔滨工业大学学报》（社会科学版）2022年第3期。

可见，相关研究主题主要包括儒家"乐处"观的深层心理思想、先秦儒家人性观对心理学研究的启示、理学的精神心理学思想、儒家传统价值

---

① 曾建平、肖三蓉：《儒家与弗洛伊德的道德心理之简略比较》，《心理学探新》2006年第3期。

观对本土化心理咨询与治疗的启示、现代新儒家的心理观研究。

此外，惠兆阳从马斯洛存在心理学的角度阐释了孔子的天命观。该研究具体从理论上的可能性、实践上的可行性、孔子的超越体验三个层面探讨了孔子之于存在本体的超越体验。其指出："从存在心理学角度来看，孔子的人性升华过程正是人自我实现的过程，践仁、知天命的路径不仅涵盖了马斯洛自我实现的八条途径，而且还有荣格自性化实现所需要的践仁等道德规范。""孔子的知天命是一种超越的生命精神境界的体验，是对（存在）本体的体悟，是东方古老智慧意义上人生境界的超越。存在心理学只是为探讨知天命提供了一个视角，毕竟儒学与存在心理学存在分野，一个是内圣外王体系，一个是治疗心理疾病体系。"①

除了上述成果，这一阶段的相关研究还体现在一些学位论文中，其中代表性的硕士及博士学位论文有：

[1] 王英：《儒家心性心理学研究》，博士学位论文，吉林大学哲学社会学院，2006。

[2] 谭淑新：《先秦儒家思想对心理咨询与治疗的启示》，硕士学位论文，河北师范大学教育科学学院，2003。

[3] 袁玲红：《论儒、道、佛心性修养学说与西方心理学的碰撞与交融——构建有中国特色的高校大学生心理健康教育模式的思考》，硕士学位论文，江西师范大学政法学院，2004。

[4] 娄冰：《儒家文化下的命运归因、控制感获得及心理调适功能》，硕士学位论文，曲阜师范大学教育科学学院，2019。

[5] 李维巧：《中学生儒家文化视角下积极心理品质与主观幸福感的关系及对比研究》，硕士学位论文，天津师范大学心理学部，2022。

在这几篇学位论文中，共有 4 篇硕士学位论文，1 篇博士学位论文。在这 4 篇硕士学位论文中，2 篇为理论研究，2 篇为实证研究。其中理论研

① 惠兆阳：《知命与超越——存在心理学视域下的孔子天命观探析》，《哈尔滨工业大学学报》（社会科学版）2022 年第 3 期。

究主要探讨先秦儒家思想对心理咨询及心理治疗的启示、儒佛道心性修养说与西方心理学的碰撞交融对大学生心理健康教育模式的启示。两篇实证论文则分别探讨了儒家文化下的命运归因、控制感获得与心理调适功能，儒家文化视角下中学生积极心理品质与主观幸福感的关系。

此外，王英在其博士学位论文《儒家心性心理学研究》中从中国古代生命哲学视角阐释了儒家的心性心理学。作者通过研究指出：儒家的心性学说内在地具有"生命"的特征，有着对于心性的生命隐喻；儒家心性学说的两个传统分别是"忠恕之道"（代表作为《孟子》）与"太极之道"（代表作为《易传》），这两个传统到宋代分别演变为理学和心学。研究指出，"儒家心性学说自朱熹开始，采用了中医学对心性本质的理解。这导致了数百年来中国人心理生活方式的养成"。研究指出，"重建儒家心性心理学要继承对心性本质的这种理解"[1]。作者指出，《儒家心性心理学研究》"是心理学本土化的一次努力"，它为中国本土心理学的创新提供了丰富的资源[2]。

三　代表性学者的研究

进入 21 世纪以来，对于"儒家"的心理学探索愈发呈现多样化的趋势。在此过程中，也产生了一些代表性的学者，他们的研究代表了儒家心理学的实质性进展，对于儒家心理学的未来发展具有重要意义。

（一）景怀斌教授的诠释与建构

景怀斌教授较早致力于儒家心理学研究，不同于 20 世纪八九十年代以中国心理学史为取向的研究范式，景怀斌教授的研究并非止于对儒家心理思想的挖掘梳理，亦非对儒家单一代表人物的心理思想的探索，而是在整体把握儒家思想的基础上探索具体化的研究主题。相关论文主要有：

---

①　王英：《儒家心性心理学研究》，博士学位论文，吉林大学哲学社会学院，2006，第 126 页。

②　王英：《儒家心性心理学研究》，博士学位论文，吉林大学哲学社会学院，2006，第 141 页。

　　[1] 景怀斌:《儒家成德精神动力的心理学分析》,《孔子研究》
2003 年第 3 期。

　　[2] 景怀斌:《"忠恕"与"通情"——两种人际认知方式的过
程与特征》,《孔子研究》2005 年第 5 期。

　　[3] 景怀斌:《儒家式应对思想及其对心理健康的影响》,《心理
学报》2006 年第 1 期。

　　[4] 景怀斌:《儒家思想对于现代心理咨询的启示》,《心理学
报》2007 年第 2 期。

　　[5] 景怀斌:《儒家的人格结构及心理学扩展》,《现代哲学》
2007 年第 5 期。

　　[6] 景怀斌:《孔子"仁"的终极观及其功用的心理机制》,《中
国社会科学》2012 年第 4 期。

　　[7] 景怀斌:《德性认知的心理机制与启示》,《中国社会科学》
2015 年第 9 期。

　　景怀斌教授从心理学视角分析了儒家成德的精神动力。在其看来,对
于"德"的追求构成了历代儒者的探求动力与精神追求。在中国儒学发展
史上,孔子将"天命"作为自身成德的外在本原及终极动力;以际命为自
身提供了心理平衡。到了宋代,为了消除早期儒家思想中的以"德"应
"天"而"天"却无法应验的内在矛盾,宋儒创造出"代天理物"的理
念,以之为儒家成德新的精神动力与解释资源。"周敦颐、二程、张载依
据《易》等开启的本原思维方式,由人在天地万物中的地位、特性切入,
为人的成德找到本性和必然依据。""儒家成德动力思想是由神性到知识、
由外在向内在的方向发展的。"①

　　景怀斌教授还研究了德性认知的心理机制。在其看来,德性认知不同
于道德认知。二者不仅依据不同,而且体证程度也有差异。首先,在依据
层面,"德性认知基于终极信仰,道德认知基于社会规范";其次,在体证
程度方面,"道德认知是所有人都必须或多或少具备的,但德性认知不一

---

① 景怀斌:《儒家成德精神动力的心理学分析》,《孔子研究》2003 年第 3 期。

定。只有认同某种信仰并以此体证生命意义感的人，才会不同程度地体证其终极信仰"。归纳言之，德性认知具有以下几个方面的特点：

第一，德性认知是以信仰的终极本源为依据的。

第二，人性认定及其德性可能性问题。

第三，"问极启性"是德性追求的自我意识觉醒和内在精神动力。

第四，德性认知的实质是基于终极信仰的生命意义的整体反思。

第五，"德性认知"通过"叠套机制"方式发展。

第六，德性认知个体差异性。

总之，德性认知在"本质上是对生命存在价值的体悟与现实"，它既不同于宗教神秘体验，也与现代智力观念及"具身认知"有本质差异[1]。

此外，景怀斌教授还出版了《心理层面的儒家思想》一书。作为中国哲学博士，景怀斌教授长期关注儒家心理学问题，其博士学位论文《孔子人格结构的心理学研究》即是对儒家心理学研究的早期尝试，而《心理层面的儒家思想》则是其在博士学位论文基础上不断修改完善而成。正如作者所言，虽然该书以"心理层面"命名，但不可简单地将其等同于心理学研究。其所言的"心理层面"，特指人之存在的精神形式或精神世界[2]，与之相对应，"心理层面的研究重视心理过程分析，重视从人的生活背景来分析其心理发展和思想变化"[3]。该书的"目的不是使儒家思想成为心理学的理论资源，也不是以心理学的理论生硬地套用到儒家思想"，而是围绕"心理世界的内在机制，讨论儒家思想的逻辑线索、知识结构、气质特征及其现代转换"[4]。该书的研究框架主要包括三部分，分别是"儒家终极观的形成及其精神框架""儒家思想演变的心理动力机制""儒家思想在当下社会的根本性挑战与回应"[5]。该书侧重对儒家学者的心理分析，注重以经

---

① 景怀斌：《德性认知的心理机制与启示》，《中国社会科学》2015 年第 9 期。

② 景怀斌：《心理层面的儒家思想》，中国社会科学出版社，2017，第 20 页。

③ 景怀斌：《心理层面的儒家思想》，中国社会科学出版社，2017，第 30 页。

④ 景怀斌：《心理层面的儒家思想》，中国社会科学出版社，2017，前言第 2 页。

⑤ 景怀斌：《心理层面的儒家思想》，中国社会科学出版社，2017，前言第 2 页。

验原则"确定和分析文本、注重从因果关系角度分析文本","注重问题的意义和形式","注重判断的合理性问题"①。这些既是其研究中遵循的原则，同时也是其研究特点所在。

（二）郭斯萍教授的不竭研索

郭斯萍教授长期从事儒家心理学研究。早在20世纪末21世纪初，郭斯萍教授即师从杨鑫辉先生从事中国心理学史研究，其博士学位论文的研究主题即属于儒家心理学。在此后的二十余年中，郭斯萍教授又发表多篇儒家心理学论文。代表性的论文及著作主要有：

[1] 郭斯萍：《从"心"到"精神"——程朱理学与荣格之自我意识比较》，《江西师范大学学报》2003年第2期。

[2] 郭斯萍、陈四光、党彩萍：《无我之我：试论理学之伦理自我观》，《广州大学学报》（社会科学版）2012年第9期。

[3] 郭斯萍、柳林：《儒家伦理认知思想初探》，《江苏师范大学学报》（哲学社会科学版）2017年第1期。

[4] 郭斯萍、柳林：《试论儒家伦理的精神性内涵及其心理健康价值》，《宗教心理学》第四辑，社会科学文献出版社，2018。

[5] 郭斯萍：《仁者何以不忧？——试论儒家伦理与心身健康》，《南京师大学报》（社会科学版）2018年第3期。

[6] 郭斯萍：《无我之我：程朱理学之精神自我思想研究》，山东教育出版社，2012。

郭斯萍教授的著作《无我之我：程朱理学之精神自我思想研究》是在其博士学位论文《人性的超越——程朱理学之精神自我思想研究》的基础上积数年之功而成。该著作在对西方主流心理学心脑不分、人兽不分、心生不分弊端的批判与反思基础上，通过对心理学与自我关系的探讨，继而阐释理学精神自我思想的内在逻辑、心理功能、基本理论和修炼实践。该

---

① 景怀斌：《心理层面的儒家思想》，中国社会科学出版社，2017，第27~28页。

著作具体通过天理道心、万物之灵、人性本善、孔子的君子自我观、孟子的圣人自我观、孔孟的自我修身观阐释理学精神自我思想的内在逻辑；通过伦理认知、意向过程阐释儒家精神自我思想的心理功能。作者通过研究指出，理学精神自我的基本理论是学以成圣，而理学精神自我的修炼实践则是内外一体①。作者对理学的人性论错误、理学的情欲论错误、理学精神自我思想的弊端进行了反思，并在此基础上阐释了理学的文化价值与心理学意义。

郭斯萍、柳林阐释了儒家社会认知的特殊性，研究指出，"在儒家伦理本位思想的影响下，传统中国人生活方式是以伦理关系和伦理情感为主的，并由此形成超越身体感官的以积极伦理情感为认知主体的知情合一的社会认知形式"②。其指出，伦理认知是儒家所内蕴的不同于西方心理学社会认知的精神性特点。此外，郭斯萍、柳林还探讨了儒家伦理的精神性内涵及其心理健康价值。研究指出，儒家伦理中的心理健康思想可以"使人快乐、健康"，"使人不遭横祸"，而且能够"治病"③。另外，郭斯萍还探讨了儒家伦理对于心身健康的促进意义。研究指出，"儒家认为人的心身健康和伦理是互相影响的，认为'圣贤必不害心疾'，即道德高尚的人是不会患心理疾病的"④。研究指出，儒家思想中的"孔颜之乐""智者乐，仁者寿""仁者无忧""乐以忘忧"等都是儒家思想中有利于心身健康的表述。其论文还通过现代精神性与认知神经科学的相关研究成果论证了儒家伦理对身心健康的积极作用⑤。

（三）高志强博士的精义阐微

由心理学而入中国哲学，再由"中国哲学"而入"中国心理学"，不

---

① 参见郭斯萍《无我之我：程朱理学之精神自我思想研究》，山东教育出版社，2012。

② 郭斯萍、柳林：《儒家伦理认知思想初探》，《江苏师范大学学报》（哲学社会科学版）2017 年第 1 期。

③ 郭斯萍、柳林：《试论儒家伦理的精神性内涵及其心理健康价值》，《宗教心理学》第四辑，社会科学文献出版社，2018。

④ 郭斯萍：《仁者何以不忧？——试论儒家伦理与心身健康》，《南京师大学报》（社会科学版）2018 年第 3 期。

⑤ 此外，郭斯萍教授还与刘昌教授及罗劲教授等共同撰写了《儒道佛与认知神经科学》（科学出版社，2022）一书。

仅是对中国哲学视野的新突破，而且更易体贴"中国心理学"而获得真创见。此是因为，无论是中国哲学、中国古代思想史还是中国古典文献研究，都以"工夫"抑或基本功而见长，很少只知其表层字义，而不知其深层义理。在这个意义上，高志强博士通过"正—反—合"的工夫路径深契儒家思想及心理学之真义，其所进行的儒家心理学研究更具生命意义与社会心理价值。在此方面，高志强博士的代表性论文主要有：

[1] 高志强：《〈论语〉中的归因思想探析》，《心理学探新》2016 年第 1 期。

[2] 高志强：《儒家视野内的怨及其化解》，《心理学探新》2018 年第 3 期。

[3] 高志强：《忧乐圆融：儒家忧乐思想的核心特质》，《心理科学》2018 年第 5 期。

[4] 高志强：《生生：儒家超越死亡焦虑的根本路径》，《心理学探新》2019 年第 2 期。

[5] 高志强：《儒家道德情感论的核心特质及其内在理路》，《心理学探新》2020 年第 2 期。

[6] 高志强：《中庸的文化心理特征及其实践理路》，《心理科学》2021 年第 4 期。

高志强研究了《论语》中的归因思想。作者通过研究指出，《论语》中的归因思想不同于现代心理学对于人们如何归因的研究取向，其重点关注的是人们应当如何归因。在其看来，《论语》中的归因思想主要包括"求诸己的归因思想、求诸天命的归因思想、践礼行为的归因思想、三维信息协同的人际归因思想以及归因偏差思想"。作为"研究儒家社会认知思想的一个有益视角"，《论语》的归因研究构成了探索儒家如何塑造中国人文化心理结构路径的一个切入点。① 在作者看来，《论语》中的这种归因取向主要是由儒家"为生民立命"的文化理想及诉求所决定的。

---

① 高志强：《〈论语〉中的归因思想探析》，《心理学探新》2016 年第 1 期。

高志强研究了儒家视野中的"怨"之情感。在其看来，儒家思想体系中的"怨"可分为个体怨情和社会怨情两个向度。其中"道德人格的缺失是个体怨情产生的根本原因，耽溺于利、为善以求福报和不忘旧恶是个体怨情产生的直接原因"。儒家"化解个体怨情的路径可概括为：求仁而得仁则无怨；忠恕则无怨；安于礼乐则无怨；诗可以怨；以直报怨"。"儒家化解社会怨情的路径可以概括为：闻怨而敬德迁善则民无怨；政均则民无怨；仁政则民无怨。"①

高志强指出，"长期以来，心理学界对忧、乐研究的热点主要集中在感性忧乐层面，而对于德性忧乐及其忧乐之间的圆融贯通问题却缺乏应有的关注"。"儒家忧乐思想的根本形态是德性忧乐，德性忧乐的根据是本心自足之德性。儒家以德性之忧作为德行修养的内在心理动力，德性之乐是在德性彰明过程中本心情感的自然涌现，可以统摄和超越感性忧乐，实现忧乐圆融。"而"变易之道""乐天知命""孔颜乐处""乐以忘忧"则是儒家忧乐圆融思想体系的四重向度②。

高志强阐释了儒家超越死亡焦虑的根本路径。在其看来，以"原始反终""父死子继""慎终追远""存顺没宁""杀身成仁""顺受其正"为代表的生生精神构成了儒家超越死亡焦虑的智慧路径，这些路径可以为当代人克服死亡焦虑提供智慧参考③。

高志强研究了儒家道德情感论的核心特质及内在理路。在其看来，儒家道德情感论的核心特质是直下心源、直契本心。"儒家重视人的情感存在，一方面儒家正视感性情欲的自然合理性，另一方面，儒家从彰显人禽之别的视角出发，籍由反观内省的道德理性，开示了人的情感生活的另一种重要形态——寓于本心的道德情感"，而"由内在自足的本心情感提升和超越有待于外的感性情欲"④ 则是儒家道德情感的特质所在。

高志强博士的博士学位论文为《先秦儒家情论研究》，该研究于2021年获得国家社科基金后期资助项目的支持，相信该著作定会成为儒家心理

① 高志强：《儒家视野内的怨及其化解》，《心理学探新》2018年第3期。
② 高志强：《忧乐圆融：儒家忧乐思想的核心特质》，《心理科学》2018年第5期。
③ 高志强：《生生：儒家超越死亡焦虑的根本路径》，《心理学探新》2019年第2期。
④ 高志强：《儒家道德情感论的核心特质及其内在理路》，《心理学探新》2020年第2期。

学研究的经典之作。

（四）周一骑教授的至理体贴

周一骑教授深得儒家思想之精髓，其研究不仅对儒家思想做出至微的阐说，而且更深切心理学之要旨，对二者进行关系性对解。其专以儒家为对象的心理学研究并不多，且多为合璧之作。其代表性的研究成果有：

[1]周一骑、李英：《儒家关系学说与存在虚空之治疗：来自本土文化的思考》，《南京师大学报》（社会科学版）2014年第2期。

[2]周一骑、李英：《"体贴天理"与具身认知》，《南京师大学报》（社会科学版）2015年第4期。

具体而言，周一骑、李英从本土文化视角研究了儒家关系学说之于"存在虚空"治疗的独到意义。该研究指出，"存在虚空"是当代人存在不得不面对的心灵问题，而存在虚空的一个典型特点是无聊厌倦。存在主义心理学以意义找寻、我—你关系为克服存在空虚的关键法门。在其看来，"存在虚空"问题因关系而生，其根本解决之道同样需要依靠关系。与之相对应，儒家同样重视最真实的生命关系，而儒家所重视的天人关系、人我关系正有助于对"存在空虚"之克服。在其看来：

> 儒家关系学说却从另外一个视角去审视"存在虚空"问题，从问题产生的根源出发……在与他人或他物的关系中，要将彼此置于平等的位置而非利用与被利用的关系，在行使自己意愿的同时也要考虑对方的意愿；在与天命的关系中，要意识到人并非完全屈服于命运，而是在与命运沟通，我们在聆听到命运交予的旨意后，要承担起自己生命的责任[①]。

---

① 周一骑、李英：《儒家关系学说与存在虚空之治疗：来自本土文化的思考》，《南京师范大学学报》（社会科学版）2014年第2期。

作者同样看到，儒家关系学说并非解决当代人"存在虚空"问题的天然良药，要想实现它的价值，必然要对之进行创造性诠释与转化。

周一骑、李英还探讨了儒家体贴天理与西方具身认知的关系。在二者看来，体贴天理及具身认知两者在"重视身体，主张身心不分、人与环境一体"方面是殊途同归的。程颐"以敬体贴天理"的工夫修养可以"补充具身认知理论多于实践的不足"；而能拿出"与人共见的客观证据，令人信服的理论说明"则是具身认知相较于儒家体贴天理的独特优势①。

（五）郝宏伟教授的《儒家心理学思想概论》

《儒家心理学思想概论》是国内第一部"儒家心理学"专著，是我国"儒家心理学"的开山之作。该著作遵循回归原典、古今对比、学以致用的建构原则②，其研究主题包括儒家的人格结构观、儒家的人格类型观、儒家的人格独立观、儒家的情绪心理学思想、儒家的适应策略、儒家的人际关系思想、儒家的心理健康观、儒家的学习心理学思想、儒家的生死心理学思想、儒家的管理心理学思想。作为"儒家心理学"的原初建构，作者承认该著作并非"定型的知识"，③ 承认"儒家心理学"本身的敞开特质，强调"儒家心理学"仍有待进一步完善与拓展。该著作出版距离今天已经十年有余，不知作者是否有后续的相关研究或新作问世；若是能有，相信定会有更多的新意及创见。

（六）李娟博士的《孟庄心性论——中国本土心理学探析》

李娟博士从中国本土心理学视角探讨了孟子和庄子的心性论，出版了《孟庄心性论——中国本土心理学探析》一书。作为心理学专业出身的心理咨询者及教学工作者，李娟博士师从颜炳罡先生攻读中国哲学专业。李娟博士的学位论文题目即为《孟庄心性论》，该书是在其博士论文的基础上完善而成。该书重点对孟子与庄子心性论的重要范畴、孟子道德人性与

---

① 周一骑、李英：《"体贴天理"与具身认知》，《南京师大学报》（社会科学版）2015 年第 4 期。
② 郝宏伟：《儒家心理学思想概论》，广东高等教育出版社，2013，第 10~14 页。
③ 郝宏伟：《儒家心理学思想概论》，广东高等教育出版社，2013，第 20 页。

庄子自然人性、孟子与庄子心性修养方法、孟子与庄子心性修养的最高境界进行了比较，继而阐释了孟子与庄子心性论的现代意义。[①]

四 四十余年来儒家心理学研究总论

四十年余来儒家心理学研究的数量、质量皆有较大提升，研究的主题也更加多元化。四十余年来关于儒家的心理学研究，不仅硕士及博士论文的数量明显增加，而且还产生了一些有分量的著作。就研究队伍的构成而言，既有专业心理学者，也有来自心理学之外的文学、政治学、伦理学、中国哲学等学科的学者。在研究方法层面，20 世纪八九十年代的研究多仅限于思想挖掘及理论探讨，鲜有实证研究；进入 21 世纪以来，逐渐产生了对于儒家心理的实证研究，2010 年以后实证研究成果数量显著增加。但就总体而言，儒家心理学仍以理论研究为主，以实证研究为辅[②]。就儒家心理学理论研究队伍而言，核心研究者多与中国心理学史或中国本土心理学名家有师承或业缘关系。功力深厚的研究者以及做出重要成就的学者，或是杨鑫辉先生的高足，或者是杨中芳先生的弟子，或是葛鲁嘉教授、汪凤炎教授的学生，其中也不乏这些名家的再传弟子。同时也应注意到心理学之外的其他学者的重要贡献，在此方面，徐仪明教授、景怀斌教授从中国哲学而入中国心理学，他们所做出的研究需要心理学学者格外重视。毕竟，学科外的研究功底与研究创造力对于"中国心理学"而言尤其可贵。当然，从心理学而进入中国哲学专业，再从中国哲学专业而进入儒家心理学或中国文化心理学领域，做出创造性成就的概率更大。同时也应注意到，心理学学科内的学者对于儒家心理学也做出了创造性的阐释。此外，童俊先生、冯俊各自结合精神分析进行的儒家人格研究做到了将儒家理论与西方心理学实质理论相结合，此类研究更需要业内学者重视。

截至目前，在儒家心理学方面最有影响力的研究是杨中芳先生所开拓

---

① 此外，杨鑫辉先生主持出版的"文化·诠释·转换：中国传统心理学思想探新系列"丛书中的多部著作是对儒家心理学的探讨，其中不乏高质量的著作。但因该系列丛书涉及的著作较多，故此处不再一一介绍。

② 当然在此方面，中庸心理学研究属于例外。

出的中庸思维研究。中庸思维研究是杨中芳先生所开辟出的全新领域。最初，杨中芳先生所用的表述主要是"中庸实践思维"，此后则逐渐以"中庸思维"为主。杨中芳先生开辟出中庸思维的研究领域，组建了中庸思维的研究团队，而其研究团队成员在学界又培养出更多的中庸思维研究者。在研究路向方面，杨中芳先生的中庸思维研究主要以实证研究为主，在经济、管理领域已产生广泛影响。21 世纪以来，每年都有较多关于中庸思维的管理类论文发表，这些都是中庸思维研究在学科外影响的鲜明体现。在这方面也需注意到刘昌教授对于中庸思维研究的反思，刘昌教授指出了中庸实证研究的局限，并指出中庸心理学研究采取诠释现象学路径或更为可行。

进入 21 世纪以来，儒家心理学研究确实取得许多新的进展。但同时也会发现，一些心理学者或是因为专业的变化，或是因为自身兴趣的转换，或是因客观的不得已而将精力转向其他更具前景的领域。而他们在儒家心理学研究领域做出的贡献只能留待后学细细品味，留待后学从中汲取真精神，继而下苦功夫、做真探索，期望若干年后能有更多后学做出更具开拓意义的儒家心理学研究成果。

附录二
道家心理学的挖掘与阐释

儒、释、道乃是中国文化大传统的根基与主流。正因如此，心理学者自然倾力于从儒、释、道三家典籍中进行中国本土心理学资源的找寻与挖掘。在此三者之中，"道家"作为中国本土自主创生的文化传统，内蕴着"无为""守静""自然""反者道之动""去执""化成心"等智慧思想。在现代西方哲学及现代西方心理学史上，道家思想均产生过重要影响。无论是存在主义哲学家海德格尔，还是心理分析学家荣格，或是精神分析学家弗洛姆，抑或人本主义心理学家马斯洛、罗杰斯，其在思想创造过程中均曾吸纳过道家思想，继而做出创造性的新发展。

自 1977 年"心理学"在我国恢复学科建制以来，矢志开展心理学研究、深化心理学的基础理论就成为众多学者自觉的探索使命。但是由于改革开放之初的条件所限，心理学的外文资料不易获得，加之研究者外文研读能力不足，许多学者自然转向中国古代文献典籍的梳理与阐释研究。在此背景下，系统研究中国古代文献典籍中的心理学思想就成为 20 世纪八九十年代国内心理学者努力的一个重要方向。其中，对道家心理思想的挖掘阐释就成为众多学者致力探索的一个重要领域，这在当时的《中国心理学史》《中国心理学思想史》《心理学通史》等教材及著作中均有体现。此后，伴随着心理学本土化浪潮涌入我国，中国本土心理学研究随之兴起。在中国本土心理学研究的热潮下，挖掘并阐释传统儒、释、道三家的心理思想就成为一种趋势。在此过程中，学者们不断探索出多样化的研究主题。国内学者对于道家心理学的研究可以分为以下几个方面，即道家心理思想研究，道家思想与西方心理学的融通与比较研究，道家人格研究，道家自我观研究，道家思想与心理治疗/心理咨询/心理保健的关系研究，道家心理学思想史范畴体系的构建研究。此外，还有医疗实践领域的道家认知疗法研究。

一　道家心理思想研究

特需说明的是，此处所说的道家心理思想研究，同时涵盖道家"心理思想研究"和道家"心理学思想研究"，而且二者实质是等同的。其中使用"心理学思想研究"提法的学者坚持认为心理学是一门"科学"，承袭了学界惯用的"心理学思想研究"的提法。当然，亦有学者谨慎地保留了"心理思想研究"这样的用法，认为这样更加严谨。国内其他人文社会学科很少使用"学"这一字眼，如"中国伦理思想史""中国教育思想史""中国社会思想史""中国政治思想史""中国经济思想史"等。同时，为了更清晰地呈现国内学者在道家心理思想研究方面的相关成果，本章对已有的道家心理思想研究做了尽可能全面的搜集与梳理。继而在此基础上，剔除实质不相关的论文。同时因初步检索到的文献数量过多，故本研究又特删除期刊档次过低、论述无实质内容、与他人观点过度雷同、篇幅过短的论文。继之，重点对具有代表性的论文、高产学者的论文、期刊档次较高的论文、有创见性的论文进行梳理。分别从对道家心理思想的总体性研究、对道家心理思想的具体化研究两方面呈现研究成果。

（一）道家心理思想的总体性研究

道家心理思想研究是道家心理学的主要研究路径，同时亦是其早期的探索路径。在此方面，早期的研究或是对道家心理思想的总体性探讨，或是对老子、庄子心理思想的总体性研究，体现出典型的中国心理学史的研究范式。这方面的代表性研究主要有：

[1] 曾立格：《先秦道家的心理学思想初探》，《心理学探新》1986年第3期。

［2］余铁城：《庄子心理学思想试探》，《心理学报》1987 年第
3 期。

［3］陈荣：《老子心理思想初探》，《云南师范大学学报》（哲学
社会科学版）1991 年第 4 期。

［4］燕良轼：《〈道德经〉心理学思想：精神节约论》，《湖南师
范大学社会科学学报》1999 年第 1 期。

［5］周冠生：《东方心理学》，上海文化出版社，2003。

由此可见，对于道家心理思想的总体性研究数量相对较少，更多研究
是从某个视角或维度而展开的①。在道家心理思想研究方面，周冠生先生
在其专著《东方心理学》中对老子的心理思想进行了系统的阐释，该著作
主要从老子的朴欲学说、天人合一与老子的朴识心理学、老子与东方学者
的个性观几个方面阐释了老子的心理思想。

（二）道家心理思想的具体研究

对于道家的心理思想进行研究不仅需要总体性的探讨，更需要具体
化的研究。就二者出现的先后顺序而言，前者出现的时间较早，后者出
现的时间较晚。这也正符合学术研究由粗到细、由总体到部分的精研
规律。

具体而言，关于道家心理思想研究的子维度主要包括审美心理思想研
究、管理心理思想研究、艺术心理思想研究、情欲心理思想研究、健康心
理思想研究、责任心理思想研究、守柔思想研究、乐观心理思想研究，当
然还包括老子的学习观、道家的幸福观、道家出世心理等方面的研究。具
体而言，相关的代表性研究主要有：

［1］鲁文忠：《先秦道家审美心理思想初探》，《湖北社会科学》
1988 年第 12 期。

---

① 在当时既有"心理学思想"的用法，亦有"心理思想"的表述。这在某种意义上体现出
学科思想史研究范式与将"心理学"作为"科学"目标间的张力关系。

［2］胡会林：《道家、道教"出世心理"的历史意义与现实意义》，《江西社会科学》1996年第6期。

［3］范庭卫、朱永新：《先秦道家管理心理学思想及其现代价值》，《苏州大学学报》1998年第3期。

［4］范庭卫、朱永新：《道家管理心理思想概要》，《心理科学进展》2003年第1期。

［5］王先霈：《由忘到适——道家艺术心理思想的基调》，《江汉论坛》2004年第4期。

［6］中国昌：《老子学习心理观的风格与特征》，《云南民族大学学报》（哲学社会科学版）2005年第4期。

［7］郭晓飞：《庄子情欲本质及其调节的心理思想管窥》，《心理科学》2007年第1期。

［8］顾娅娣、张君玲：《老子健康心理思想研究》，《中国健康心理学杂志》2010年第11期。

［9］刘恒：《〈老子河上公章句〉的情欲论思想探析》，《宗教学研究》2010年第2期。

［10］叶浩生：《中国古代道家责任心理思想及其现代意义》，《南京师大学报》（社会科学版）2010年第3期。

［11］陈永涌、霍涌泉：《论道家视野中的乐观心理学思想》，《青海社会科学》2014年第3期。

［12］葛鲁嘉、吴晶：《道家幸福观及其心理学价值蕴含》，《苏州大学学报》（教育科学版）2020年第1期。

［13］田锐：《心理弹性视域下老子的守柔思想及其家庭教育意涵》，《心理学探新》2021年第6期。

［14］强海滨：《庄子心理健康思想研究》，硕士学位论文，陕西师范大学教育科学学院，2001。

［15］刘凤美：《论老子的健康心理学思想》，硕士学位论文，山东师范大学教育科学学院，2006。

［16］吴卫国：《论道家心理健康思想及其现代价值》，硕士学位

论文，杭州师范大学政治经济学院，2010。[①]

可见，20 世纪八九十年代的相关研究仍比较少，2000 年以后相关研究逐步增多。相关研究涉及的领域有美学、艺术学、管理学、古代思想史、宗教学等领域。当然更多是由心理学者做出的研究。

近些年来，相关研究数量偏少，代表性的研究有道家幸福观及其心理学价值研究、心理弹性视角下老子守柔思想及其家庭教育意涵。近年来相关研究数量偏少的现象，实质上正反映出道家心理学在研究视角、研究范式、探索路径等方面已开始发生新变化，说明当下的研究已不再限于早期学科思想史的研究范式。

陈永涌、霍涌泉通过"道家对于乐观与人心关系的觉解""忧患心理与乐观"的关系阐释、道家"化忧为乐"的路径三个向度研究了道家的乐观心理学思想。该研究重点指出道家的乐观体现为"至乐无乐"，即将"顺任自然、与天合一、不妄为的生活方式"作为人生的至乐。道家这种乐观特点是主张"无为自然"的生活方式，秉持"安时处顺"的理念[②]。葛鲁嘉、吴晶研究了道家幸福观及其心理价值蕴含。该研究指出，道家的幸福理念体现为道生万物、虚静逍遥、天人合一三重向度，而"重身贵生、知止不殆、返朴归真"则是道家幸福生活的实现方式[③]。田锐研究了心理弹性视域下老子的守柔思想。在其看来，作为积极心理学研究热点的"心理弹性"实质上与老子的"守柔思想"很相近。具体而言，老子的心理弹性思想"强调对心态的弹性调整以及对变化的弹性适应"，体现为"在坚韧中渗透、在温和中顺从、在容纳中消融、在去欲中致静、在处下中利他、在统合中促和"[④]。

强海滨的硕士学位论文《庄子心理健康思想研究》探讨了庄子心理健

---

① 此外，通过文献阅读发现 1 篇硕士学位论文，即《自卑与超越：庄子的补偿心理分析》（刘雪梅，湖南师范大学，1999），该论文属于中国古典文学专业的研究，指导教师为张松辉教授。

② 陈永涌、霍涌泉：《论道家视野中的乐观心理学思想》，《青海社会科学》2014 年第 3 期。

③ 葛鲁嘉、吴晶：《道家幸福观及其心理学价值蕴含》，《苏州大学学报》（教育科学版）2020 年第 1 期。

④ 田锐：《心理弹性视域下老子的守柔思想及其家庭教育意涵》，《心理学探新》2021 年第 6 期。

康思想的哲学基础，继而指出庄子心理健康的标准及心理健康的实现途径。论文具体以庄子的"天""命""德"为概念基点，以安命论与逍遥论为基础，指出庄子心理健康的标准为"顺随自然，保持人与自然的和谐；逍遥超越，实现人与社会的和谐；虚静恬淡，达到人与自我的和谐"。而庄子心理健康的实现途径为"缘督为经、安时处顺、抱神以静、知足无累、逍遥无为"①。

刘凤美将老子的健康心理学思想分为"老子生命观中的健康心理学思想、老子的心理治疗思想、老子的健康生活方式思想"三种类型。该研究具体将老子的健康心理学思想归纳为如下内容：由"道"而衍生的天人相应思想、由"一"而衍生的心身整体思想。老子的心理治疗思想包括治疗者角度的老子"理想人格"思想、来访者角度的老子"自我内求"思想、治疗过程角度的老子的"无为自化"思想。老子的健康生活方式思想包括亲近自然而实现人与自然的和谐、清静自正而实现人与社会的和谐、直觉体验而实现人与自身的和谐②。

吴卫国研究了道家心理健康思想及其现代价值。研究指出，道家心理健康思想包括："顺应自然的行为准则、抱朴守真的价值取向、崇俭抑奢的生活原则、柔弱不争的处事方式、致虚守静的养心方法、超越生死的人生境界"。道家心理健康思想对于调节物我关系、人与人的关系等意义重大，如"物物而不物于物"对于化解人与物的冲突、"为而不争"对于协调人与人的关系、"宠辱不惊"对于个体人格的保持及对自身的超越皆有重要价值③。

二 道家思想与西方心理学的关系研究

道家思想与西方心理学的关系是道家心理学研究的一个热门主题。学

---

① 参见强海滨《庄子心理健康思想研究》，硕士学位论文，陕西师范大学教育科学学院，2001。
② 参见刘凤美《论老子的健康心理学思想》，硕士学位论文，山东师范大学教育科学学院，2006。
③ 参见吴卫国《论道家心理健康思想及其现代价值》，硕士学位论文，杭州师范大学政治经济学院，2010。

者们意在通过对道家思想的探索发现道家思想与西方心理学思想的内在契合及关联之处。相关研究主题包括布洛的"心理距离"说与庄子"心斋"说的比较研究，道家与人本主义心理学的关系研究，荣格心理学与道家思想的关系研究，庄子思想与超个人心理学思想的比较研究，庄子的积极心理学思想。具体而言，代表性的论文有：

[1] 危磊：《布洛的"心理距离"说与庄子"心斋"说之比较》，《社会科学家》2000年第6期。

[2] 吕锡琛：《试论道家哲学对人本心理学的影响——兼论中国哲学的普适价值及东西方文化的融会互补》，《哲学研究》2003年第4期。

[3] 何群群、丁道群：《马斯洛人本主义心理学与中国道家思想》，《心理学探新》2007年第1期。

[4] 柳圣爱：《罗杰斯与老子的人性观比较研究》，《心理学探新》2008年第4期。

[5] 吕锡琛：《从荣格心理学看老子宽容思想的救世价值》，《哲学动态》2010年第9期。

[6] 黎岳庭、王旻：《中国古代道家人本主义思想——丰富和发展21世纪的人格和咨询心理学理论》，《心理学探新》2010年第5期。

[7] 李树军、张鲁宁：《庄子"心斋"、"坐忘"思想与超个人心理学比较研究》，《河南社会科学》2011年第1期。

[8] 李娟：《庄子心性学与超个体心理学的心性修养思想比较》，《山东社会科学》2012年第1期。

[9] 谭娟晖、张敏生：《论庄子哲学中的积极心理学思想》，《湖南社会科学》2013年第1期。

[10] 郭文仪：《荣格与他的"东方"——分析心理学视角下的道家与佛家》，《理论月刊》2014年第7期。

[11] 张瑜、王景阳：《荣格精神分析心理学中的道家思想》，《河北大学学报》（哲学社会科学版）2021年第2期。

[12] 任增辉：《〈庄子·内篇〉的心理分析研究——一种中国式自

性化道路的探索》，硕士学位论文，华南师范大学教育科学学院，2007。

可见，道家思想与西方心理学的关系研究出现的时间相对较晚，自2000年前后开始出现。作为一种探索取向，此类研究成果较少，多数研究者在此方面未能进行连续性的深耕，同时亦鲜有专著或博士学位论文出现。在此方面有连续成果产出的学者较少，其中吕锡琛在此方面成果相对较多。在研究对象方面，相关研究主要围绕老子、庄子展开，而且以庄子为主。在某种意义上或可理解为《庄子》文本中包含的心理思想较《老子》更为丰富，而对于《庄子》的心理思想探索及创造性诠释或是未来道家心理学创新的重点所在。

具体而言，柳圣爱比较了罗杰斯与老子的人性观。在其看来，罗杰斯与老子对人性的相似理解"主要表现在他们对人的基本动机的理解之上，这两个基本动机分别为实现倾向性和复归倾向性"。具体而言，二者都认为"人性是积极的、人性是自主的"，二者都信赖"个体拥有能自主变化和发展能力"，都主张"对人类的信赖进一步带来对人类的尊重"[1]。

张瑜、王景阳研究了荣格精神分析心理学中的道家思想。在其看来，道家对于存在问题的关注为荣格思想提供了灵感来源，成为荣格学术思想的转折点，而"荣格理论中的一系列范畴、概念都被打上东方文化的烙印"[2]。

吕锡琛研究了道家哲学对人本心理学的影响。该研究梳理了马斯洛、罗杰斯、弗洛姆等人本心理学家对中国道家哲学的吸收与借鉴。该研究具体指出，罗杰斯受老子思想启发而创立"以人为中心疗法"，道家思想对马斯洛人格理论生成，以及马斯洛的人生境界追求皆产生重要影响[3]。

任增辉运用诠释学方法对《庄子·内篇》进行了心理分析。在其看来，"《庄子·内篇》所关心的核心问题是自性化的实现，即如何通过系统

---

① 柳圣爱：《罗杰斯与老子的人性观比较研究》，《心理学探新》2008年第4期。
② 张瑜、王景阳：《荣格精神分析心理学中的道家思想》，《河北大学学报》（哲学社会科学版）2021年第2期。
③ 吕锡琛：《试论道家哲学对人本心理学的影响——兼论中国哲学的普适价值及东西方文化的融会互补》，《哲学研究》2003年第4期。

地心理发展和转化过程来实现真我（真正的自己）"①。该研究重点诠释了《庄子·内篇》的自性化主旨、自性化原理以及自性化策略与方法。其中，《庄子·内篇》中的自性化原理包括"情境化的创造性原理、自发性/自然性原理、'无心'、象征性转化原理、自我知识的转化性原理"。"《庄子·内篇》中的自性化策略包括：叙述性自性化策略、象征性转化策略。"②

从下面的引文可以更直观地看出其对《庄子·内篇》自性化实现策略的描绘：

（1）《逍遥游》篇末，通过惠施与庄子的对话阐述了"用大"和"无用之用"的意义，在义理层面提出了恢复心灵自发性和自然性，而且这种象征表达过程（具体参见附录）本身就会产生无意识转化的效果，激活心灵自发性/自然性力量。

（2）《齐物论》在论述语言、是非、对错的相对性时提出："欲是其所非而非所是，则莫若以明"，"是亦一无穷，非亦一无穷也。故若莫若以明"，认为应该居于"彼是莫得其偶"的道枢，"得其环中，以应无穷"，也即是通过恢复心灵自发性，回归"自性"来超脱于是非之外。

（3）《养生主》篇通过"庖丁解牛"论述可如何在养生之道中贯彻自然性和自发性原理提出了"缘督以为经"（顺着自然的理路以为常法）和"安时而处顺"（安于适时而顺应变化）的养生主旨。

（4）《人间世》中，"心斋"的方法，以及"乘物以遨游，托不得已以养中"的主张。

（5）《庄子·外篇》中，"佝偻者承蜩"的故事以象征寓言的形式阐发了与"道"合一的自发、无为精神境界。③

---

① 任增辉：《〈庄子·内篇〉的心理分析研究——一种中国式自性化道路的探索》，硕士学位论文，华南师范大学教育科学学院，2007，中文摘要。

② 参见任增辉《〈庄子·内篇〉的心理分析研究——一种中国式自性化道路的探索》，硕士学位论文，华南师范大学教育科学学院，2007。

③ 任增辉：《〈庄子·内篇〉的心理分析研究——一种中国式自性化道路的探索》，硕士学位论文，华南师范大学教育科学学院，2007，第46~47页。其第四条涉及的《庄子》原文应作"乘物以游心，托不得已以养中"。

三 道家思想的心理功能研究

学界对于道家思想的心理学探索最热衷的一个向度，就是阐释道家思想所具有的心理治疗、心理咨询、心理保健功能，强调道家思想在这几方面所具有的独特价值或功能。具体而言，相关研究主要分为以下几个层面。

（一）道家思想的心理治疗功能研究

探索道家思想的心理治疗与心理咨询功能是学界的一种典型探索取向。在此方面，代表性的论文有：

[1] 郑晓江：《道家与道教精神疗法之现代价值》，《中国道教》1996 年第 4 期。

[2] 张源侠：《心理治疗之道——用中国道家太极理论统合现代心理治疗流派》，《心理科学》1999 年第 4 期。

[3] 刘凤美、李寿欣：《老子的心理学思想在心理治疗三要素中的价值》，《山东师范大学学报》（人文社会科学版）2007 年第 2 期。

[4] 叶加德、毛华配：《道家之"忘"：临床心理学本土化的重要路径》，《医学与哲学》2019 年第 17 期。

[5] 杨树英：《道家的心身观及其与现代心理治疗学的比较》，硕士学位论文，广州中医药大学经济与管理学院，2005。

[6] 吕锡琛等：《道学健心智慧——道学与西方心理治疗学的互动研究》，中国社会科学出版社，2008。

可见，相关研究主要出现于 20 世纪 90 年代中期。21 世纪以来，此方面的研究不断增多。其中既有对道家与道教精神疗法现代价值的探讨，也有用道家太极理论统合现代心理治疗流派的努力，亦有对老子思想在心理治疗中的价值的探讨，当然更有对道家思想在心理咨询或临床心理学本土化中的意义探讨。其中，柳圣爱研究了老子的无知思想与心理咨询的关系。该研究重点强调了老子的"无知"思想所具有的方法论意义，同时指明"无知"亦是心理咨询师所应持有的态度。研究强调，正因"无知"才可以在心理咨询中做到更好地接纳与发掘，才可以更好地避免因咨询师的主观认识阻碍对于来访者心底信息的顺受与采掘①。

杨树英对道家的身心观与现代心理治疗学进行了比较研究。该研究具体对天人合一与心身医学疗法、自然无为与森田疗法、知足不争与理性情绪疗法、致虚守静与放松及静默疗法、以神御形与认知疗法、坐忘与生物反馈疗法、识神及元神与精神分析疗法、微妙玄通与高峰体验、内丹术与人格塑造进行了比较分析②。

吕锡琛等所著的《道学健心智慧——道学与西方心理治疗学的互动研究》一书是道家心理治疗方面的早期探索，是我国道家心理学的早期著作。该著作分别从西方心理学与道学互动的文化背景及哲学基础、道学与西方心理治疗学、道学心理调治智慧的应用研究三个层面进行了架构与阐释。该书首先从现象学和存在主义与道学的相契、现象学对心理学的影响、道学与西方心理治疗学的相契三个层面进行了文化背景与哲学基础阐释。在此基础上，该书又从道学与分析心理学、道学与意义治疗学、道学与人本心理学、道学与认知疗法四个层面阐释了道学与西方心理治疗学的内在契合性。最后，该书又从道学对于调治焦虑/抑郁心理的启示、道学对于调治浮躁心理的启示、道学对于调治自卑心理的启示、道家认知疗法及其操作与实例四个方面进行了道学调治心理问题的应用研究③。

（二）道家思想与心理咨询的关系研究

道家思想与心理咨询的关系，以及道家思想对于心理咨询的启示同样是学界关注的一个主题。在此方面，代表性的研究主要有：

---

① 柳圣爱：《老子的无知思想与心理咨询》，《浙江社会科学》2012年第2期。
② 参见杨树英《道家的心身观及其与现代心理治疗学的比较》，硕士学位论文，广州中医药大学经济与管理学院，2005。
③ 参见吕锡琛等《道学健心智慧——道学与西方心理治疗学的互动研究》，中国社会科学出版社，2008。

［1］曹鸣岐：《道家思想与心理咨询的本土化》，《河南师范大学学报》（哲学社会科学版）2004年第6期。

［2］柳圣爱：《老子的无知思想与心理咨询》，《浙江社会科学》2012年第2期。

［3］郭硕知：《边缘与个体性：道家心理咨询的理论基础》，《大理大学学报》2003年第1期。

［4］齐安甜：《安心立命：道德经与心理咨询》，上海远东出版社，2019。

可见，这方面的研究论文数量不多，但这方面的探索确实值得关注。在这方面，代表性的研究是齐安甜教授所著的《安心立命：道德经与心理咨询》一书。齐安甜教授积二十年之功研究《道德经》的心理学应用价值。在该书中，作者从《道德经》与心理咨询的内在逻辑、《道德经》蕴含的心理咨询之"道"、《道德经》视角的心理健康标准、主流心理咨询理论与《道德经》的契合点、把握心理咨询之"道"等层面进行了建构与阐释。在主流心理咨询理论与《道德经》的契合点方面，作者具体选取了荣格、罗杰斯、弗兰克尔、森田疗法与《道德经》进行了契合性论证；在把握心理咨询之"道"层面，作者具体通过咨询师角度、来访者角度、咨询过程角度论证了《道德经》对于心理咨询的启示[①]。

（三）道家思想的心理保健功能研究

关于道家思想的心理保健功能研究主要可分为心理保健、心理和谐、心理疏导、心理健康四个方面。

1. 心理保健及相关研究

相对于道家思想的心理治疗、心理咨询功能，更多学者关注道家思想的心理保健意义和心理保健功能。在这方面，代表性的研究有：

［1］吕锡琛：《道家抱朴守真价值观的心理保健意义》，《现代大

---

① 参见齐安甜《安心立命：道德经与心理咨询》，上海远东出版社，2019。

学教育》2002 年第 6 期。

[2] 吕锡琛：《论道家人生哲学的心理保健功能》，《心理科学》2002 年第 5 期。

[3] 吕锡琛：《道家思想对于调治焦虑和抑郁心理的启示》，《上海师范大学学报》（哲学社会科学版）2007 年第 1 期。

[4] 彭欣、吕锡琛、严希文：《试论道家思想对心理辅导的启示》，《现代大学教育》2004 年第 3 期。

[5] 杨建萍：《老子心理自卫术的当代意义》，《烟台大学学报》（哲学社会科学版）2001 年第 4 期。

[6] 杨洋：《先秦道家心理保健思想及其现代价值》，《社会科学论坛》（学术研究卷）2007 年第 10 期。

[7] 徐晶：《老子道法自然的心理保健观初探》，《心理学探新》2011 年第 3 期。

可见，相关研究主要集中在 2002~2011 年这一时间段。其中，吕锡琛在此方面有较为丰厚的研究成果，值得重点关注。

2. 心理和谐方面的研究

道家的"和谐思想"或"心理和谐思想"是道家心理学功用研究的另一个重点。在此方面，代表性的成果有：

[1] 刘国清：《道家和谐思想的现代心理学意义》，《新闻爱好者》2010 年第 8 期。

[2] 郭世魁：《无为：庄子的人际心理和谐思想》，《中国宗教》2012 年第 11 期。

[3] 郭世魁：《〈庄子〉中的心理和谐思想》，《中国道教》2012 年第 5 期。

3. 心理疏导方面的相关研究

道家思想的心理疏导、心理压力释放功能同样是道家心理保健功能研究的一个重要方面。这方面的代表性研究主要有：

[1] 经纶:《论〈老子〉〈庄子〉的心理疏导功能》,《广州大学学报》(社会科学版) 2015 年第 10 期。

[2] 林艳萍、张剑伟:《老子思想与青年心理压力释放研究——以广东部分高校青年教师为例》,《江汉论坛》2018 年第 12 期。

上述两文,前者为中国哲学学者为实现新的突破而以中国哲学为根基开展的心理学研究,该研究重点关注了《老子》及《庄子》的心理疏导功能;后者则通过经验调研的方式,考察老子思想在青年释放心理压力方面的功能。

4. 道家思想的心理健康意义研究

道家思想的心理健康观和心理健康意义是道家心理学应用研究的一个重点。在此方面,代表性的研究主要有:

[1] 王晓燕:《庄子心理健康观对现代人的启迪》,《健康心理学杂志》1998 年第 2 期。

[2] 刘国清:《道家、儒家、佛家"健康观"的现代心理学意义》,《新闻爱好者》2010 年第 22 期。

[3] 卢睿昕:《道家思想与运动员心理健康初探》,《中国道教》2020 年第 1 期。

[4] 李晓红:《大学生道家应对思想与心理健康的关系研究》,硕士学位论文,广州大学教育学院,2011。

[5] 张奕:《道家和儒家价值观对生活事件与心理健康之间关系的调节作用研究》,硕士学位论文,北京林业大学人文学院,2015。

[6] 齐安甜:《我心光明:道德经与心理健康》,上海远东出版社,2019。

[7] 毛华配:《道家"忘我"的心理机制及健康促进研究》,中国社会科学出版社,2022。

可见,相关研究主要包括两个方面,一是道家的心理健康观研究,二是道家思想对个体心理健康的作用研究。首先,就道家的心理健康观研究而言，相关研究主要自 20 世纪末出现。作为一种自然的研究偏好，道家心理健康观研究同样是国内学界探索的一个热点。此类研究既与研究者的兴趣偏好有关，也反映了研究者们对于"心理学"的理解。不得不承认，将心理学与心理健康、心理咨询、心理治疗、心理保健相等同，是多数业内学人持有的一种无意识的理解。

就道家思想对个体心理健康的作用研究而言，此类研究属于实践应用类研究。在此方面，毛华配博士的《道家"忘我"的心理机制及健康促进研究》一书是道家心理学的实证研究，重点探讨的是道家"忘我"的心理机制及其对心理健康的促进作用。毛华配博士从忘我与体道、忘我的心理学研究构想、忘我的结构及测量、忘我状态的生理特征、忘我修习对自我意识的影响、忘我修习对认知的影响、忘我对心理健康的促进作用等多个方面进行了研究。该书除了采用调查法，还综合运用了实验法、内省法、脑电技术法等方法[1]，是道家心理学实证研究的重要成果。

此外，齐安甜教授的《我心光明：道德经与心理健康》一书则具体阐释了《道德经》的每一章蕴含的心理健康思想[2]。

四　道家人格研究

人格研究是国内心理学研究的一个重点，道家心理学同样对人格研究格外关注。在此方面，早期的研究成果自 20 世纪 90 年代中期出现，而且以理论探究为主。2010 年以后，关于道家人格的实证研究开始增加。具体而言，代表性的研究主要有：

[1] 卢建有：《老庄人格心理学思想比较评价》，《心理科学》1995 年第 1 期。

[2] 戴桂斌：《儒道理想人格的会通互补及其启示》，《武汉大学学报》（哲学社会科学版）1999 年第 3 期。

---

①　参见毛华配《道家"忘我"的心理机制及健康促进研究》，中国社会科学出版社，2022。
②　参见齐安甜《我心光明：道德经与心理健康》，上海远东出版社，2019。

［3］杨玉辉：《老子与道合一的理想人格》，《西南师范大学学报》（人文社会科学版）2004 年第 6 期。

［4］杨玉辉：《道家的先天人格和后天人格探讨》，《社会科学研究》2005 年第 3 期。

［5］黎岳庭：《和谐领导力之道：道家大五的水善人格》，《清华管理评论》2016 年第 10 期。

［6］郑宗军：《老子的水性人格理论及其现实意义》，《心理学探新》2021 年第 6 期。

［7］涂阳军、郭永玉：《道家人格结构的构建》，《西南大学学报》（社会科学版）2011 年第 1 期。

［8］涂阳军、郭永玉：《"道"性、"水"性、人性、中国人人格》，《心理学探新》2011 年第 4 期。

［9］涂阳军、郭永玉：《道家人格的测量》，《心理学探新》2014 年第 4 期。

［10］涂阳军、郭永玉：《道家人格在对抗死亡焦虑中的作用》，《心理与行为研究》2014 年第 1 期。

［11］涂阳军：《道家人格在缓冲老年人负性情绪中的中介作用》，《中国老年学杂志》2015 年第 9 期。

［12］涂阳军、郭永玉：《道家人格量表题项版的编制与反思》，《中国社会心理学评论》2016 年第 2 期。

［13］陈昌文：《道教人格史研究》，博士学位论文，四川大学哲学系，1999。[1]

［14］李敏荣：《道家人格结构及测量》，硕士学位论文，华中师范大学心理学院，2007。

［15］杨玉辉：《道家人格研究》，巴蜀书社，2010。

［16］涂阳军：《道家人格：概念、测量、功能与反思》，中国社会科学出版社，2012。

---

[1] 该博士学位论文是宗教学专业的研究，探讨的主题为道教人格史。

可见，道家人格研究既有理论探讨，也有实证研究，而且尤以实证研究为多。卢建有较早对老子、庄子的人格心理学思想进行了比较。此外，早期较具有代表性的学者为杨玉辉，后期较有代表性的研究者则是涂阳军、郭永玉。其中，涂阳军、郭永玉的研究以实证研究为主，主要涉及道家人格的测量、道家人格量表的编制、道家人格在对抗死亡焦虑中的作用、道家人格在缓解老年人负性情绪中的作用。

杨玉辉研究了老子与道合一的理想人格。研究指出，老子与道合一的理想人格主要包括五个基本特征："自然无为的生活准则、清虚静泰的精神状态、质朴节俭的生活方式、柔顺不争的处世态度、慈爱和善的道德情操。"其中，无为和虚静是老子思想中实现理想人格的原则与方法。① 杨玉辉研究了道家的先天人格与后天人格，指出道家先天人格的特点为"自然淳朴、宁静自由、性命合一、和顺自然、人我和同"，后天人格的特点是"人为失度、躁动抑郁、身心失调、违逆自然、人我失和"。研究指出，从后天向先天的复归是实现健全人格的基本方法②。

杨玉辉的《道家人格研究》一书是国内较早探讨道家人格的理论专著。杨玉辉教授在博士期间专门从事道教人学研究，此后曾在西南师范大学心理学博士后流动站跟随黄希庭先生从事博士后研究。正是在此期间，作者将"道家人格研究"作为博士后研究课题。从内容看，《道家人格研究》一书具体对道家人格的世界观、道家人格的人之本质观、道家人格的人性观与价值观基础、道家人格的基本特征、先天人格与后天人格的关系、实现道家人格的基本原理、实现道家人格的基本方法进行了研究，并对道家人格与儒家、佛教及基督教人格进行了比较研究。最后，该书还对道家人格的基本性质、道家人格在中国历史上的地位和作用、道家人格的现代价值进行了阐释③。

涂阳军、郭永玉研究了道家的人格结构。作者不仅阐释了道家思想文化对中国人人格生成的影响，还借由对道家人性论的分析，最终构建了道

① 杨玉辉：《老子与道合一的理想人格》，《西南师范大学学报》（人文社会科学版）2004年第6期。
② 杨玉辉：《道家的先天人格和后天人格探讨》，《社会科学研究》2005年第3期。
③ 参见杨玉辉《道家人格研究》，巴蜀书社，2010。

家人格结构的理论模型。该研究指出，道家理想人格结构是"以'道'之'自然本真'为核心且一以贯之的有层级的有机整体"①。

涂阳军的《道家人格：概念、测量、功能与反思》一书是对道家人格的实证研究。该书是在其博士学位论文的基础上完善而成。该著作不仅对道家人格进行了理论探索，厘清了"道家人格"的相关概念，而且重点对道家人格的测量进行了细致系统的设计，在此基础上指明道家人格所具有的缓解负性情绪、对抗死亡焦虑、应对人生挫折的三项功能。该著作还从儒家互补的角度对道家人格研究进行了反思②。

五 道家的自我研究

无论是人格还是自我，皆是心理学探讨的重要主题。道家的自我研究同样是国内心理学者进行探索的重要主题③。早在 20 世纪 80 年代，国内以中国心理学史为指向的探索中便有对先秦道家自我意识的研究。近年来，不仅有关于道家自我的理论研究，也有基于道家哲学与佛教哲学的生命超越意义的量表研究。在此方面，代表性的研究有：

[1] 刘述均：《试论先秦道家关于自我意识的思想》，《心理学探新》1984 年第 1 期。

[2] 徐萍萍、马向真：《论老子道德观视阈下人的自我和谐》，《学术交流》2010 年第 5 期。

[3] 王鑫强、井贤严：《自我超越生命意义量表的结构与信效度研究——基于道家哲学和佛教哲学的分析与思考》，《心理技术与应用》2017 年第 2 期。

---

① 涂阳军、郭永玉：《道家人格结构的构建》，《西南大学学报》（社会科学版）2011 年第 1 期。
② 参见涂阳军《道家人格：概念、测量、功能与反思》，中国社会科学出版社，2012。
③ 特需说明的是，无论是道家的人格研究，还是道家的自我研究都是多学科研究的主题，其他学科如中国哲学、中国伦理学、中国教育学、中国古代思想史等在此方面皆有较多研究。此处笔者则重点从众多文献中将属于心理学的研究提取出来。

六　道家认知疗法研究

通过中国知网，以"道家认知疗法"为篇名进行检索（配合"精确"），共检索出论文 52 篇（检索日期：2023 年 11 月 22 日）。大体而言，这方面的研究主要包括三种类型。一是中国道家认知疗法的介绍研究[①]。二是理论研究。这方面的研究包括"中国道家认知疗法"对老庄哲学身心修养模式的发展[②]，对"道家认知疗法"的商榷与反思研究[③]，森田疗法与道家认知疗法的比较研究[④]。三是临床实践研究。中国道家认知疗法对治的症状涵盖焦虑障碍[⑤]、大学生心理健康[⑥]、脑卒中后抑郁[⑦]、老年抑郁症[⑧]、冠状动脉粥样硬化性心脏病患者 A 型行为[⑨]、冠心病患者纤溶激活系统[⑩]、早期高血压[⑪]、脑卒中偏瘫恢复期患者情绪障碍[⑫]、脑梗死患者认知

[①] 张亚林、杨德森：《中国道家认知疗法——ABCDE 技术简介》，《中国心理卫生杂志》1998 年第 3 期；杨德森、张亚林、肖水源等：《中国道家认知疗法介绍》，《中国神经精神疾病杂志》2002 年第 2 期。

[②] 胡凯、肖水源：《"中国道家认知疗法"对老庄哲学身心修养模式的发展》，《湖南医科大学学报》（社会科学版）1999 年第 2 期。

[③] 周和岭、樊嘉禄、何成森等：《对"道家认知疗法"的商榷》，《医学与哲学》2001 年第 8 期。

[④] 朱金富：《森田疗法与道家认知疗法的比较》，《中国行为医学科学》2003 年第 6 期。

[⑤] 张亚林、杨德森、肖泽萍：《中国道家认知疗法治疗焦虑障碍》，《中国心理卫生杂志》2000 年第 1 期。

[⑥] 黄薛冰、张亚林、杨德森：《中国道家认知疗法对大学生心理健康的预防干预》，《中国心理卫生杂志》2001 年第 4 期。

[⑦] 王俊平、许晶：《道家认知疗法治疗脑卒中后抑郁的临床研究》，《中国行为医学科学》2005 年第 6 期。

[⑧] 杨加青、赵兰民、买孝莲：《中国道家认知疗法并用盐酸米安色林与单用盐酸米安色林治疗老年抑郁症的对照研究》，《中国神经精神疾病杂志》2005 年第 5 期。

[⑨] 朱金富：《道家认知疗法对冠状动脉粥样硬化性心脏病患者 A 型行为的干预作用》，《中国临床康复》2006 年第 38 期。

[⑩] 朱金富、杨德森、肖水源等：《道家认知疗法对冠心病患者纤溶激活系统的影响》，《中国心理卫生杂志》2006 年第 12 期。

[⑪] 王国强、张亚林、黄国平等：《合并道家认知疗法治疗早期高血压的随机对照研究》，《中国临床心理学杂志》2007 年第 3 期。

[⑫] 周海云、席静雯、王春玉：《作业疗法结合道家认知疗法治疗脑卒中偏瘫恢复期患者情绪障碍的临床研究》，《中华物理医学与康复杂志》2007 年第 9 期。

功能障碍①、企业员工工作倦怠②。此外，Doris F. CHANG、Iris Yi MIAO、曹玉萍探讨了中国道家认知疗法给华裔美国人带来的适应性挑战，探讨了针对华裔美国人在中国道家认知疗法之本土化方面的改进措施③。

此外，通过中国知网检索到的相关硕士及博士学位论文共有 7 篇，其中 1 篇为博士学位论文，6 篇为硕士学位论文，这些论文分别为：

[1] 周亮：《道家认知疗法治疗焦虑性神经症的理论与临床研究》，博士学位论文，中南大学，2003。

[2] 颜小勇：《中国道家认知疗法对焦虑大学生干预的研究》，硕士学位论文，江西师范大学教育学院，2004。

[3] 熊毅：《道家认知疗法的理论与方法研究》，硕士学位论文，广州中医药大学经济与管理学院，2009。

[4] 李梅枝：《道家认知疗法对神经症患者家属心理健康的影响》，硕士学位论文，中南大学，2011。

[5] 张江春：《对道家认知疗法的评述及相关实证研究》，硕士学位论文，黑龙江中医药大学，2014。

[6] 徐婷：《中国道家认知疗法对企业员工职业倦怠的干预研究》，硕士学位论文，新乡医学院心理学系，2015。

[7] 袁梦蝶：《道家认知疗法对大学生抑郁情绪的干预》，硕士学位论文，华中师范大学心理学院，2017。

可见，道家认知疗法对治的症状具体包括焦虑性神经症、焦虑情绪、抑郁情绪、心理健康、职业倦怠。其中，周亮在其博士学位论文中，从精神病学与精神卫生学专业角度，进行了道家认知疗法治疗焦虑性神经症的

---

① 王雅芹、宋玉成、何任：《中国道家认知疗法对脑梗死患者认知功能障碍的防治作用》，《护理学杂志》2009 年第 1 期。
② 潘伟颖、徐光兴、曾凡林等：《道家认知疗法和穴位按摩改善企业员工工作倦怠的效果》，《中国心理卫生杂志》2010 年第 9 期。
③ Doris F. CHANG、Iris Yi MIAO、曹玉萍：《追本溯源：中国道家认知疗法在美国的本土化》，《中国临床心理学杂志》2019 年第 3 期。

理论与临床研究。该研究首先编制了精神超脱量表，继而进行了信度与效度检验，此后通过随机对照的方式对道家认知疗法与药物疗法的效果进行了检验。

七　道家心理学的其他研究

特需承认，一些关于道家心理学的文献无法被归入上述分类中，所以此处特以"其他研究"名之。其中，代表性的研究有：

[1] 杨蠡：《"天人合一"的心理化道路——庄子心理哲学略论》，《山西师大学报》（社会科学版）1992 年第 3 期。

[2] 吴康：《老子心态及其社会心理价值》，《湖南社会科学》1992 年第 1 期。

[3] 谢阳举：《孔子的人际心理逻辑及庄子的反思》，《人文杂志》1995 年第 6 期。

[4] 周敏娟、姚立旗、徐继海：《道家思想对老人心理及主观幸福度影响》，《中国心理卫生杂志》2002 年第 3 期。

[5] 周一骑：《老子学说对现代认知科学的启示——〈老子〉第一章新解》，《西北民族研究》2010 年第 2 期。

[6] 郭庆科、张舒：《道家哲学与社会病态心理的消解》，《齐鲁学刊》2013 年第 6 期。

[7] 经纬：《构建道家心理学思想史范畴体系之尝试——以〈老子〉〈庄子〉为中心》，《西南交通大学学报》（社会科学版）2016 年第 2 期。

[8] 高志强：《道家情感论及其内在理路探析》，《兴义民族师范学院学报》2019 年第 5 期。

[9] 朱炜：《从"听之以心"到"听之以气"——论〈庄子〉"凝神"的审美心理内涵》，《社会科学家》2022 年第 6 期。

可见，相关研究既有对庄子心理哲学的探讨，也有对庄子之于孔子人际心理逻辑的反思；既有对庄子的审美心理思想的诠释，也有对老子心态的社会心理价值阐释；既有对道家思想对老年人心理及主观幸福度的影响研究，也有对道家哲学之于病态心理的消解作用研究，还有对道家心理学思想史范畴体系的构建尝试。

其中，周一骑探讨了老子学说对现代认知科学的启示。通过全新的解读，指出《老子》第一章探讨的核心内容是"待人处事之道"，"要点是凭敏锐的感觉应对复杂的人事"。其中，尤其强调要凭感觉行事，获得精准的感觉，也即"玄同"。"玄同是贴近对方，与之同步并相机行事的过程。""玄同是相机行事的过程"，强调"当面临微妙而不明朗的形势时（妙），应沉潜、静伏、警醒、踌躇、玩味、蓄势待发，不宜轻举妄动（无欲）；形势一旦明朗（徼），便应当机立断，果决处置（有欲）"①。

经纶以《老子》和《庄子》为中心尝试构建道家心理学思想史。该研究侧重构建"以'道'、'德'为根源，以'和'为核心的'生'、'技'、'情'、'故'、'顺'、'性'、'美'、'乐'等范畴体系"②。

高志强探究了道家情感论及其内在理路。在其看来，"道家情感论建基于对情感异化的批判"。研究指出，道家的情感论可归结为无情、任情与安情三种类型，其中"无情论旨在涤除异化情感，从而使充满生命活力的性命之情朗现于心；任情论主张纯任性命之情，以达至无所待而逍遥之情感境界；安情论是道家情感论的终极旨归，主张超越狭隘的个体视域，将性命之情的安顿置于宇宙视域，以进至群己和谐共存、天人逍遥共生之情感境界"③。

八 四十余年来道家心理学的研究评论

早期的道家心理学研究以挖掘阐释道家心理思想为主，此后逐渐探索更加细致的研究主题，如道家思想与西方心理学的关系、道家的心理功

---

① 周一骑：《老子学说对现代认知科学的启示——〈老子〉第一章新解》，《西北民族研究》2010 年第 2 期。
② 经纶：《构建道家心理学思想史范畴体系之尝试——以〈老子〉〈庄子〉为中心》，《西南交通大学学报》（社会科学版）2016 年第 2 期。
③ 高志强：《道家情感论及其内在理路探析》，《兴义民族师范学院学报》2019 年第 5 期。

能、道家的人格、道家的自我观等都构成道家心理学研究的重点。当然，受关注最多的主题是道家的心理健康、心理保健、心理治疗及心理咨询功能。虽然关于道家的心理学研究已有较多论文成果，但相关著作却并不多，博士论文也比较少见。目前在道家心理学方面有较多论述或有标志性成果的主要有吕锡琛、杨玉辉、涂阳军、经纶、周一骑、毛华配、齐安甜、任增辉等学者。此外，高志强博士也有道家情感论方面的研究成果。在相关著作中，有 2 本著作为实证研究，3 本著作为理论研究，2 本著作为理论与应用相结合的研究。这些著作研究的主题包括道家人格、老子的心理思想、道家与心理治疗、道家与心理咨询、道家与心理健康以及道家的"忘我"机制。

关于道家的心理学研究，不仅有专业心理学者参与，美学、艺术学、管理学、古代思想史、宗教学、中国古典文学、中国哲学、护理学、中医医史文献等领域的学者亦参与其中。在精神病学及精神卫生学的临床实践领域，相关学者更是运用传统道家思想创造出道家认知疗法。道家认知疗法不仅限于理论探讨层面，更被真实地运用到神经症以及负性情绪的治疗实践中。在精神病学及精神卫生学中有大量关于道家认知疗法临床实践效果的探讨。道家认知疗法确实需要引起中国本土心理学者的研究和关注，毕竟这是最有真实生命力及实践影响力的本土心理学方法及本土心理治疗实践。

总之，目前的道家心理学研究取得较多成果，其中不乏独到的创见。但是也需承认，道家心理学研究还有待进一步深化。期待未来能够建构出更具本土意义及理论深度的研究成果。

附录三

佛教心理学的多学科探索

对于中国传统思想的心理学探索，早期学者多围绕儒家及道家文本展开，更多进行的是儒家及道家的心理思想阐释，或儒家、道家思想与西方心理学的比较研究。在相当长的一段时间内，学院派心理学者对于佛教心理思想的探索都相对较少，即便有对佛家心理思想的阐释也多围绕本土化的禅宗而展开。不得不承认，20世纪八九十年代学院派心理学者对于佛教心理学的探索都相对较少。2000年以后，佛教心理学研究不断增加，尤其是2010年以后增加更为明显。在此方面，彭彦琴教授及其团队围绕唯识学所进行的佛教心理学研究堪称此方面的代表。

同时亦应看到，在心理学之外，众多学科的学者亦持续进行佛学思想与心理学的交互诠释与比较研究。为了更加直观地呈现国内学者的佛教心理学研究成果，本研究特对不同学科的成果加以梳理。希望通过此种梳理为后来者提供参考线索，同时也希望能为中国本土心理学下一步的深耕及创造提供鸟瞰之图景。

一 学院派心理学者的探索

佛家是我国文化大传统的三大路向之一。正因如此，关于佛家或佛教的心理学研究自然成为中国心理学史、中国心理学思想史及中国本土心理学理论探索的一个重要向度。通过梳理文献可以发现，相关研究主要自20世纪90年代末开始出现，近年来相关研究成果不断增加。为了更清晰地呈现学院派心理学者的佛教心理学研究，此部分主要从以下几个方面进行梳理。

（一）佛教的心理治疗思想或心理治疗功能研究

特需承认的是，虽然佛教思想中包含着堪与西方心理学相比拟的智慧果实，但由于多种原因，国内心理学界对于佛教思想的心理学探索相对较晚。在此方面，佛教的心理治疗思想或心理治疗功能研究，是学院派心理学者最为关注的一个主题。相关研究阐释的既有总体意义上的佛教思想，也有佛教不同宗派的心理思想，其中最受关注的则是"禅宗"[①]。在此方面，代表性的研究主要有：

[1] 刘华：《佛教禅学的精神治疗心理学思想》，《安徽师范大学学报》（人文社会科学版）2000 年第 1 期。

[2] 王求是、刘建新：《不思善恶，本性自现——禅宗的心性思想与罗杰斯的心理治疗理论之比较》，《宗教学研究》2007 年第 3 期。

[3] 熊韦锐、于璐：《禅宗心性学说中的心理治疗思想探究》，《心理学探新》2010 年第 2 期。

[4] 姚萍：《佛教思想对心理治疗观的影响》，《中国临床心理学杂志》2012 年第 5 期。

[5] 石文山：《佛教般若思想的心理治疗意蕴》，《心理学探新》2013 年第 3 期。

[6] 阮氏桃：《禅宗与现代心理疗法》，硕士学位论文，华中师范大学心理学院，2007。[②]

[7] 刘波：《佛教与人本主义关于"自我"的心理治疗思想探析》，硕士学位论文，吉林大学哲学社会学院，2015。

[①] 这些年来，国内有大量关于"正念""内观"的译著、专著、期刊论文及学位论文出版、发表，但由于"正念""内观"研究为国外学者所发明，此方面的研究暂未收录在本章之中。特注明。

[②] 本部分所收入的佛教心理学研究成果中，共有 4 篇越南留学生的硕士及博士学位论文，但因为这几篇学位论文为我国学者指导完成，所以此处一并收入到相关研究的分类中。

众所周知，心理治疗、心理咨询、心理保健、心理健康乃是业内学者最喜探究的"心理学"之"用"。这种"用"本身即体现了业内学者对于"心理学"的无意识理解，而此种视角自然成为本土心理思想诠释最受关注的一个层面。对于佛教的心理思想研究，同样无法避免此种惯习之影响。

在此方面，刘华总结了佛教禅学精神治疗心理学思想的六个要点，分别为信仰的确立、感性的体证、自我的回归、生活的践行、小我的消解与大我的建构、解脱与超越。作者同时指出，这是不同于西方精神治疗心理学的"信仰-超越"模型[①]。

熊韦锐、于璐研究了禅宗心性学说中包含的心理治疗思想。研究指出，禅宗的"人性假设是人的当下自性是清净、空寂的；其病因理论认为人们的烦恼、苦难都是由于自心的执著导致；其治疗的方法核心是破除我法二执；其治疗的基本程序包括明心见性与修心养性两个阶段；其具体技术是禅定、正念、看话等方法"[②]。

姚萍指出佛教具有减轻人们精神痛苦的作用，认为这是佛教与心理动力治疗、其他心理治疗的不同之所在。该研究通过心理治疗实践的具体案例，指出在心理治疗过程中渗入佛教"接受放下"的人生态度，能够更好地帮助来访者[③]。

石文山探讨了佛教般若思想的心理治疗意蕴。其指出，"当事人的心理困扰皆因无明妄执所致，因而藉由般若智慧对世事的如实观照，破除个体的妄想执著，使其回归当下的现实生活，承担起本有的责任，则为心理治疗的核心所在"。研究指出，"从心理治疗的视角来看，在佛教的般若思想中，其实蕴涵着一种藉由认知领悟而实现心理转化历程的基本观念"。其研究进一步指出，"在具体形态上，般若智慧主要以否定性方式，通过对绝对的、静止的和片面的形而上学思维的批判，破除众生的各种无明妄念，使其能如实地觉知世事的无常变幻，从而放下执著，成就自在无碍的

① 刘华：《佛教禅学的精神治疗心理学思想》，《安徽师范大学学报》（人文社会科学版）2000 年第 1 期。
② 熊韦锐、于璐：《禅宗心性学说中的心理治疗思想探究》，《心理学探新》2010 年第 2 期。
③ 姚萍：《佛教思想对心理治疗观的影响》，《中国临床心理学杂志》2012 年第 5 期。

生命"①。

此外，刘波对佛教与人本主义关于"自我"的心理治疗思想进行了比较研究。论文以自我为核心，从理论和疗法两个层面将佛教的断除我执与人本主义心理学的自我实现思想进行了对比。研究指出，佛教和人本主义心理学的"根本目标是一致的，只是在方法和道路上有所差异"。具体而言，该研究"基于'断除我执'的心理治疗思想的探讨发现：五取蕴所蕴含的心理治疗思想与《金刚经》中'应无所住而生其心'的教义本质上也和森田疗法的'顺其自然，为所当为'的治疗原则是一致的。十二缘起的根源'无明缘行'……治疗思想在于对习性反应的觉知。这种对习性反应的了了分明、精确感知、有意识的觉察正是佛教经典《大念处经》中四念处的修行方法之一，而现代心理疗法中的正念疗法也是起源于《大念处经》"②。

（二）佛教的心理健康价值或功能研究

佛教的心理健康价值或心理健康功能同样是学界关注的一个重点，在此方面代表性的论文主要有：

[1] 刘国清：《道家、儒家、佛家"健康观"的现代心理学意义》，《新闻爱好者》2010 年第 22 期。

[2] 薛慧敏：《佛教徒皈依原因、宗教性差异调查与佛教心理保健功能探析》，硕士学位论文，吉林大学哲学社会学院，2011。

[3] 陈春国：《佛教禅宗对维护心理健康的价值》，硕士学位论文，华中师范大学心理学院，2014。

[4] 杨冀东：《佛教身份影响信仰者的情绪体验及心理健康》，硕士学位论文，西北师范大学心理学院，2015。

[5] 黎钰林：《禅宗心理健康教育意蕴与当代价值研究》，博士学

---

① 石文山：《佛教般若思想的心理治疗意蕴》，《心理学探新》2013 年第 3 期。
② 刘波：《佛教与人本主义关于"自我"的心理治疗思想探析》，硕士学位论文，吉林大学哲学与社会学院，2015，第 37 页。

位论文，湖南师范大学教育科学学院，2021。

可见，这方面代表性的研究主要以研究生学位论文为主，探讨的主题包括佛教信仰及佛教禅宗的心理健康价值。

（三）佛教心理思想的理论阐释

学院派学者关于佛教心理思想的理论阐释，主要体现在禅宗的心理学思想研究、唯识心理学研究、佛教心理学的总体性研究以及西方心理学与佛教思想的交互诠释及影响研究等方面。

1. 禅宗的心理学思想研究

禅宗是在我国最终得以成功本土化的佛教流派，也是在我国古代知识分子中最具影响力的佛教流派。对于禅宗的心理学思想研究是早期佛教心理学思想研究最为关注的一个主题。这方面代表性的研究成果主要有：

[1] 霍大同：《关于禅定的一个心理学阐释》，《佛学研究》，中国佛教文化研究所，2003。

[2] 麦劲恒、范向阳：《禅宗公案中的心理学元认知现象研究》，《宗教学研究》2013 年第 1 期。

[3] 吕艳敏：《禅修与心理咨询师的个人成长》，硕士学位论文，华中师范大学心理学院，2006。

[4] 王新生：《禅宗公案的心理分析研究》，硕士学位论文，华南师范大学心理系，2008。

[5] 胡秀红：《禅宗教育心理思想特色及其现代意义》，硕士学位论文，贵州师范大学教育科学学院，2009。

[6] 霍树云：《论禅定与心理分析》，硕士学位论文，山西大学教育科学学院，2011。

[7] 粟伟：《禅宗心理思想与存在心理思想比较研究》，硕士学位论文，云南师范大学教育科学与管理学院，2011。

[8] 阮氏美仙：《〈坛经〉心理道路研究》，博士学位论文，华中师范大学心理学院，2014。

　　[9] 徐光兴:《东方人的心理疗法：禅的智慧与启示》，上海科学技术出版社，2004。

　　[10] 〔美〕张源侠:《空镜救心——中国禅与现代心理诊疗》，中国戏剧出版社，2005。

　　[11] 徐光兴:《心理禅——东方人的心理疗法》，文汇出版社，2007。

　　可见，相关研究主题主要涵盖了禅定、禅修、禅宗公案、《坛经》、禅宗等方面，其中既有对禅宗与心理分析的关系研究，也有禅宗心理思想与存在心理思想的比较研究；既有对禅宗的教育心理思想、元认知现象研究，也有关于禅修对心理咨询师成长的作用研究。其中，霍大同先生"根据西方心理学理论，对禅定的心理变化与机能的反映做了研究，认为禅定的原理有类似于显象管屏面的作用，来自于像源区的意识，投射在类似于视网膜上的结构，产生了膜内外的能量差，它激活了系统，从而产生了禅定的心理与生理状态的变化。是记忆相与幻相和理想相共同组成了一个机制。它的原理与西方的佛洛依德的精神分析理论有一定的共同之处"①。

　　吕艳敏指出，禅修在道德训练、定力增强、感受敏锐性、动机转向、自我觉察力的精练、智慧的提升等方面对心理咨询师的成长有重要影响②。霍树云通过"禅定的佛学内涵与心理分析中的'安其所安'""禅定中的'止'与心理分析中的'安其不安'""禅定中的'观'与心理分析中的'明其心性'"分析了禅定与心理分析内容的联系。在此基础上，作者从心身关系、个体与集体的关系两个层面对禅定与心理分析的内容进行了哲学思考③。

　　栗伟对禅宗心理思想与存在心理思想进行了比较。该论文着重从自由与自由选择、自我意识与悟、存在感与非存在感、禅宗的迷与悟、布根塔尔的"本真状态"与禅宗"本心自性"、佛家的人生之苦与存在焦虑、人

---

① 霍大同:《关于禅定的一个心理学阐释》，《佛学研究》，中国佛教文化研究所，2003。
② 参见吕艳敏《禅修与心理咨询师的个人成长》，硕士学位论文，华中师范大学心理学院，2006。
③ 参见霍树云《论禅定与心理分析》，硕士学位论文，山西大学教育科学学院，2011。

与世界的三种关系模式和禅宗的三重境界、禅宗心理思想的乐观与存在心
理思想的悲观、禅宗之人生意义与存在主义之人生价值等方面对禅宗心理
思想和存在心理思想进行了比较，并对二者的概念内涵、产生背景、哲学
基础思想、具体内容进行了比较①。

徐光兴教授在《东方人的心理疗法：禅的智慧与启示》一书中，从禅的
真谛、禅的文化心理探源、东西方心理疗法的比较、禅与科学、禅的生活疗
法、《十牛图》对心理疗法的启示、寓言禅对于中国禅的心理疗法等方面对
禅的心理治疗内涵、功能及方法进行了研究。徐光兴教授在《心理禅——东
方人的心理疗法》一书中，又从禅的文化根源、禅的自然真谛、《十牛图》
的心理解说、禅与现代科学之关联、禅与精神分析学之比较、禅的心理治疗
境界、禅的生活疗法、禅的智慧疗法等八个方面对禅及禅的心理疗法进行了
论述和阐释。此外，张源侠先生通过"禅的精神分析""以心传心：现代心
理动力学之核""认知疗法之祖：'善知识开真法'""格式塔疗法：西方
禅""人本主义心理疗法：通向禅的道路"对中国禅在现代心理诊疗中的
意义、功能及方法进行了阐释。

2. 唯识心理学研究

对于唯识学的心理学研究，是佛教心理学最具有亮点的一个主题，同
时也是最具理论深义的主题。实际上，早在 20 世纪末我国的心理学者即已
开始意识到唯识学的心理学意蕴，只是在当时这样的认识较为少见。2010
年以后，对于唯识学的心理学研究逐渐多了起来，唯识心理学的价值也逐
渐受到学界的重视。在这方面，代表性的研究主要有：

[1] 杨鑫辉、刘华：《唯识心法之认识结构论》，《心理学探新》
1999 年第 3 期。

[2] 阮勇：《佛教唯识论与西方心理学》，硕士学位论文，华中师
范大学心理学院，2006。

[3] 林烈群：《佛教唯识学与荣格理论的比较研究及其对心理健

---

① 参见栗伟《禅宗心理思想与存在心理思想比较研究》，硕士学位论文，云南师范大学教育
科学与管理学院，2011。

康的意义》，硕士学位论文，华南师范大学心理系，2008。

　　［4］陶丽霞：《佛学唯识论中的心理学问题》，硕士学位论文，浙江大学理学院，2010。

　　［5］刘佳明：《佛教唯识学中认知理论的探析与构建》，硕士学位论文，江西师范大学心理学院，2014。

　　［6］孙春晖：《从唯识学到唯识心理学——中国本土心智系统学说》，硕士学位论文，苏州大学教育学院，2018。

　　［7］石文山：《法相唯识学认知思想研究》，巴蜀书社，2019。

　　可见，杨鑫辉先生、刘华教授较早对佛教唯识学进行了心理学研究，对唯识心法中的末那识、阿赖耶识进行了系统探讨。两位学者通过研究指出，唯识学的第六识指人的一般心理过程、一般意识，第七识则指人的自我意识，第七识（末那识）构成了人生烦恼的汇聚之所。"唯识学的核心是阿赖耶识，阿赖耶识又名藏识"，取含藏、摄集之意。阿赖耶识处于人的认识体系的顶端，一方面阿赖耶识自我产生，同时其他几识都依赖于阿赖耶识而产生①。

　　陶丽霞探讨了佛学唯识论中的心理学问题。论文从佛学唯识论的意识模型、唯识学与心理学术语和研究成果的比较、注意力训练效果的研究、唯识学的方法论问题四个层面进行了探讨。研究指出，"唯识学意识模型对于意识流的描述相似于信息论"。不同之处在于，唯识学意识模型"几乎完全采取了第一人称的分析手段。而心理学更重视第三人称的信息加工流程"。研究还指出，"通过训练注意力……能去除糟糕的心理活动习惯从而感觉更舒服"②。

　　刘佳明对唯识学的认知结构观、认知实质观、认知超越观进行了探讨。研究指出，"八识心王"是对认知结构的构建，其中"心所"是认知发生时伴随的心理活动，而"种子"则是潜在的心理势能；论文通过对认知生起、对象、层次以及能力的论证，阐释了"唯识无境"的观点；此

---

　　① 杨鑫辉、刘华：《唯识心法之认识结构论》，《心理学探新》1999年第3期。
　　② 陶丽霞：《佛学唯识论中的心理学问题》，硕士学位论文，浙江大学理学院，2010，第29~30页。

外，论文对"转识成智"之于认知的超越及实际应用也进行了分析①。

孙春晖从唯识学、唯识心理学角度探讨了中国本土的心智系统学说。作者通过研究得出如下结论：

（1）唯识学中蕴含着内容丰富、概念严谨、体系完整的心理学思想，从多种视角对心智系统进行了全方位的分析。

（2）唯识学的理论观点能够与现代心理学和认知神经科学等领域的研究相兼容。

（3）唯识心理学是一门以心智系统为研究对象，以三科、八识、百法等理论体系为框架，以现象学为范式，以禅定为根本方法的中国本土心理学。

（4）唯识心理学对于心理学内部两种主义的统一，以及对于自然心智和人工心智的统一而言都有重要的意义和价值。②

石文山教授的著作重点探讨了以五位百法、四分三量为基础的认知体系论，以心识三能变为框架的认知建构论，以法相三性为核心的具身认知论，以瑜伽止观为研究方法的认知实证论。在法相唯识学"心识别能变的认知建构论"部分，该书具体对心识的初能变、心识的二能变、心识的三能变、心识的生起与显现、法相唯识学与认知科学的比较进行了阐释。在"以法相三性为核心的具身认知论"部分，该书通过法相的依他起性、法相的遍计所执性、法相的圆成实性、法相唯识学与认知科学的具身认知比较等方面进行了分析。在"以瑜伽止观为研究方法的认知实证论"部分，该书对瑜伽止观的修习基础、瑜伽止观的具体操作、法相唯识学与认知科学的实证研究比较等方面进行了阐释③。

3. 佛教心理学的总体性研究

除了对禅宗、唯识学的研究，心理学界进行更多的是对佛教心理学的

---

① 参见刘佳明《佛教唯识学中认知理论的探析与构建》，硕士学位论文，江西师范大学心理学院，2014。

② 参见孙春晖《从唯识学到唯识心理学——中国本土心智系统学说》，硕士学位论文，苏州大学教育学院，2018。

③ 参见石文山《法相唯识学认知思想研究》，巴蜀书社，2019。

总体性研究，对"佛教"或"佛家"之名的使用也不一。这方面代表性的研究主要有：

[1] 马冰洁、商卫星：《佛教的顿悟心理思想》，《内蒙古师范大学学报》（哲学社会科学版）2007年第6期。

[2] 任俊：《佛教对当代心理学发展的影响》，《宗教学研究》2007年第3期。

[3] 燕国材：《佛教心理学的基本范畴》，《南通大学学报》（社会科学版）2012年第1期。

[4] 高志强：《佛学情论及其内在理路探析》，《心理学探新》2017年第2期。

[5] 孙春晖、冯成志：《基于佛家五蕴学说的心智主体五层次模型》，《心理科学》2018年第4期。

[6] 郭晓飞：《佛教的善的思想的心理诠释》，《心理学探新》2020年第4期。

[7] 张志芳：《"心王"与"禅定"：佛教心理学的研究对象与方法论》，硕士学位论文，苏州大学教育学院，2010。

[8] 李清清：《佛教"四念处"理论的心理学解读与实证研究》，硕士学位论文，苏州大学教育学院，2019。

可见，上述研究既有对佛教心理学基本范畴及佛教心理学研究对象与方法论的探讨，也有对佛教顿悟心理思想、佛教情论、佛教"四念处"的心理学解读；既有关于佛教对当代心理学发展之影响的探讨，也有对佛教五蕴学说的心智主体模型研究。其中，高志强博士研究了佛学情论及其内在理路，并将佛学情论分为情的生成论、情的类型论以及情的解脱论三种类型。在情的生成论方面，研究指出，佛学认为情是多种因素因缘和合的产物；"在情的类型方面，佛学以贪、嗔、痴为基点，对消极情绪和情感进行了系统探讨，并关注了忿、恨、恼、疑、嫉等消极情绪和情感，为了对治消极情绪和情感，佛学还深入探讨了无贪、无嗔、无痴以及惭愧和四无量心等积极情绪与情感；在情的解脱方面，佛学以三法印为理论基础，以四谛为理论框架，以中道行为基本原则，以'戒、定、慧'三学为修行法门，以期用佛法的智慧化解消极情绪和情感，涵育积极情绪和情感"①。

张志芳探讨了佛教心理学的研究对象和方法论。研究指出，佛教心理学的心理观是身心不二论，佛教心理学的研究对象是心王和心所，佛教心理学的研究方法是禅定体证。研究指出，"佛教认为心理只是'一心'，是动态的整体，是刹那生灭的……与八识心法相应的五遍行心所，是最基本的五种心所，是人类心理活动中最基本、最普遍的心理活动"②。研究还进一步指出，"佛教心理学作为中国人文主义心理学的重要组成部分，其禅定体证法优于儒家静观与道家存想体证法，凸显在具体实施过程和最终抵达境界上"③。

4. 西方心理学视角下的佛教思想研究

在此方面，既有对超个人心理学与佛教涅槃说相通之处的探讨，也有从佛学视角进行的具身认知研究。这方面代表性的论文主要有：

[1] 詹伟鸿：《超个人心理学的基本思想与佛教涅槃说的相通之处》，《甘肃社会科学》2006 年第 5 期。

[2] 石文山、叶浩生：《具身认知：佛学的视角》，《心理学探新》2010 年第 5 期。

（四）佛教心理的调查及实操类研究

不同于前两者，此类文献主要为实证调查及心理干预的实践操作类研究。通过文献梳理可以发现，相关的代表性研究主要自 2000 年以后开始出现。其中既有佛教之于缓解少数民族信众心理压力的研究，也有佛教对地震灾区老年人心理健康状况的调查研究；既有藏传佛教心理调节功能对灾

---

① 高志强：《佛学情论及其内在理路探析》，《心理学探新》2017 年第 2 期。

② 张志芳：《"心王"与"禅定"：佛教心理学的研究对象与方法论》，硕士学位论文，苏州大学教育学院，2010，第 58 页。

③ 张志芳：《"心王"与"禅定"：佛教心理学的研究对象与方法论》，硕士学位论文，苏州大学教育学院，2010，第 59 页。

后心理危机干预的意义研究，也有唯识学之精进的结构与作用研究；既有对佛教徒的心理幸福感及自我仪式研究，也有关于禅修对注意和心理表象的影响研究。这方面代表性的研究主要有：

[1] 植凤英、张进辅：《小乘佛教与傣族人心理压力的应对——以景洪市勐罕镇曼乍村为个案》，《广西民族研究》2009 年第 3 期。

[2] 王婷、韩布新：《佛教信仰与地震灾区老年人的心理健康状况》，《中国老年学杂志》2009 年第 10 期。

[3] 蓝李焰：《论藏传佛教心理调节功能与灾后心理危机干预》，《宗教学研究》2011 年第 3 期。

[4] 任俊、黄璐、张振新：《冥想使人变得平和——人们对正、负性情绪图片的情绪反应可因冥想训练而降低》，《心理学报》2012 年第 10 期。

[5] 李庆安、艾力、定明、李远红、张龙萍：《唯识学之精进的结构与功能——以对主观幸福感的影响为例》，《心理科学》2013 年第 2 期。

[6] 陈亭名：《云南省佛教信徒心理幸福感及相关问题研究》，硕士学位论文，云南师范大学教育科学学院，2012。

[7] 田爱琴：《中学生唯识精进的发展研究》，硕士学位论文，北京师范大学心理学院，2012。

[8] 张龙萍：《大学生压力知觉与主观幸福感的关系：唯识精进的调节作用》，硕士学位论文，北京师范大学心理学院 .2012。

[9] 阮氏钏：《佛教信仰者自我意识的研究》，硕士学位论文，福建师范大学教育学院，2012。

[10] 王舒纯：《禅修对注意和心理表象的影响的实证研究——基于汉传佛教止观技术》，硕士学位论文，苏州大学教育学院，2019。

（五）代表性学者的研究

在国内心理学界，佛教心理学方面最具代表性的研究是由彭彦琴教授、张海滨博士、李炳全教授做出的。彭彦琴教授从心理学专业出发而着力阐释佛教唯识心理学；张海滨博士从心理学专业而进入宗教学专业学习，并在心理学领域开疆拓土；李炳全教授则重点进行禅宗的心理学思想诠释研究。

1. 彭彦琴教授的佛教心理学研究

彭彦琴教授早年从事中国心理学史及中国心理学思想史研究，并在美学心理方面造诣颇深。此后，彭彦琴教授经过不断摸索而转向佛教心理学研究，通过多年深耕而做出标志性成就。彭彦琴教授不仅从心理学内部开拓出"佛教心理学"这一研究方向，而且先后指导多名硕士研究生从事这方面的研究，通过师徒传承建构起相对稳定的研究团队。在此方面，彭彦琴教授的相关代表性论文主要有：

[1] 彭彦琴、张志芳：《"心王"与"禅定"：佛教心理学的研究对象与方法》，《西北师大学报》（社会科学版）2009 年第 6 期。

[2] 彭彦琴、胡红云：《现象学心理学与佛教心理学——研究对象与研究方法之比较》，《南京师大学报》（社会科学版）2010 年第 4 期。

[3] 彭彦琴、胡红云：《佛教禅定：心理学方法论研究的一种新视角》，《心理学探新》2011 年第 4 期。

[4] 彭彦琴：《佛教禅定：中国本土心理学研究方法的典型代表》，《苏州大学学报》（教育科学版）2015 年第 3 期。

[5] 彭彦琴、江波、杨宪敏：《无我：佛教中自我观的心理学分析》，《心理学报》2011 年第 2 期。

[6] 彭彦琴、沈建丹：《自悯与佛教慈悲观的自我构念差异》，《心理科学进展》2012 年第 9 期。

[7] 赵艳蓉、彭彦琴：《佛教幸福感的心理学解读：基于中西比较的视角》，《心理学探新》2014 年第 5 期。

[8] 彭彦琴、李清清：《佛教五蕴系统——一种信息加工模型》，《心理科学》2018 年第 5 期。

[9] 彭彦琴、徐佳佳：《舍受：一种被忽视的佛教情绪理论》，《苏州大学学报》（教育科学版）2019 年第 2 期。

　　[10] 彭彦琴：《禅修研究的误区及心理机制纠偏》，《南京师大学报》（社会科学版）2020 年第 1 期。

　　可以发现，彭彦琴教授对于佛教心理学有着明确的意识与建构定位，对于佛教心理学的研究对象、研究方法都有较为系统的探索，对于现象学心理学与佛教心理学的关系、佛教的自我观、佛教的悲悯观、佛教幸福感、佛教情绪理论、禅修的心理机制均有研究。

　　彭彦琴、胡红云研究了佛教禅定作为心理学方法论的内涵及意义。论文"结合佛教禅定的内证实践，系统阐述了禅定过程中的研究对象（识蕴）、研究方法（止观）等诸方面的内容和特点"。其研究指出，"佛教禅定作为一种佛家认知宇宙实相及自我意识的研究方法与操作技术，为中国人文主义心理学研究提供了一种觉知自我意识的极有效方法"。研究还指出，"佛教禅定的心理学方法论研究是有别于其他文化形态方法论研究的一种独特证知方法，是对西方心理学方法论研究的一种补充与超越"[1]。

　　彭彦琴、江波、杨宪敏指出"无我"是佛教心理学的核心，是佛教心理学对于自我本质的独特见解。其研究指出，"末那识是自我产生的根源，东方式禅定是自我研究的方法"，自我的实质是五蕴和合的幻相，无我本质上是假我与真我的统一。"佛教心理学以'无我'揭示了自我的真谛，是对西方心理学自我研究范式的一种补充与超越。"[2]

　　彭彦琴教授探讨了佛教禅定作为中国本土心理学方法的独特内涵。在其看来，佛教禅定是"是中国本土心理学体系构建的关键一环"。不同于西方心理学的研究方法，"佛教禅定具有'内求'及'证知'的内证特色"，其还指出，"'修定'是提升心理功能的必备前提；'观慧'则是心理功能实现突破的关键所在"[3]。

　　彭彦琴、徐佳佳研究了佛教中"舍受"这一被忽视的情绪理论。在二

---

① 彭彦琴、胡红云：《佛教禅定：心理学方法论研究的一种新视角》，《心理学探新》2011 年第 4 期。
② 彭彦琴、江波、杨宪敏：《无我：佛教中自我观的心理学分析》，《心理学报》2011 年第 2 期。
③ 彭彦琴：《佛教禅定：中国本土心理学研究方法的典型代表》，《苏州大学学报》（教育科学版）2015 年第 3 期。

者看来，

佛教心理学中的"舍受"不同于西方心理学对于情绪的两极划分，"舍受"突出关注情绪的中间状态。研究指出，舍受"是通过系统训练建立起的一种高级情绪反应机制，以及由此产生的效价偏高、唤醒度较低的沉着平静的情绪状态"。研究指出，通过对"舍受"的重新定义可以发现，"舍受"是"一套完整且行之有效的、区别于西方正念训练的传统佛教训练方法"。同时作者还指出，"舍受并非中性情绪，它是建立个体灵活认知机制的重要组成，是一种不易实现的心理状态"。通过舍受之训练，能够克服个体情绪的惯性反应本能①。

2. 张海滨博士的佛教心理学研究

张海滨博士本科阶段为心理学专业，硕士期间师从陈兵先生从事佛教心理学研究，此后回归心理学领域，并在佛教心理学领域开拓出一条稳健的研究道路。在这方面，张海滨博士后的相关论文主要有：

[1] 张海滨：《胡塞尔现象学心理学与佛教心学的比较》，《社会科学研究》2011 年第 3 期。

[2] 张海滨：《存在－超个人心理学视角下的佛教自我理论》，《西南民族大学学报》（人文社会科学版）2014 年第 11 期。

[3] 张海滨：《荣格分析心理学与佛教唯识学的比较研究》，《宗教心理学》2017 年第 0 期。

[4] 张海滨：《佛教禅观视域中的存在性心理治疗的理论预设》，《宗教学研究》2020 年第 2 期。

[5] 张海滨：《佛教与心理治疗》，《法音》2016 年第 5 期。

[6] 张海滨：《佛教对婚恋心理的分析与反思》，《法音》2017 年第 4 期。

[7] 张海滨、岑福江：《净土宗念佛仪式的心理分析》，《法音》2020 年第 10 期。

---

① 彭彦琴、徐佳佳：《舍受：一种被忽视的佛教情绪理论》，《苏州大学学报》（教育科学版）2019 年第 2 期。

可见，张海滨博士的佛教心理学研究并非止于佛教心理思想阐释，而是侧重与西方心理学的比较融通。其研究的主题包括佛教心学与胡塞尔现象学心理学的比较、存在—超个人心理学视角下的佛教自我理论、荣格分析心理学与佛教唯识学的比较、佛教禅观视域下存在性心理治疗理论、佛教与心理治疗的关系、佛教对婚恋心理的分析、净土宗念佛仪式的心理分析。

张海滨通过本质与实相、现象与心、直观与禅观三个层面对胡塞尔现象学心理学与佛教心学进行了比较分析。在其看来，胡塞尔现象学心理学与佛教心学都有对意识主题的探讨。"胡塞尔现象学心理学通过对意识的直观分析，探讨的是人的意识的普遍本质"，"佛教通过禅观修行，探索的是心的体性"。该研究更是具体指出，"用佛教禅定的标准衡量，胡塞尔所说的'直观'……依然属于'散心'。"而佛教禅观则以禅定训练为基础，其"专注的程度要远远高于普通意识状态，更能发挥潜在的直觉功能"①。

张海滨从存在—超个人心理学的角度探讨了佛教的自我理论。研究指出，"佛教对自我的探索建立在深度禅观所获得的超验体验基础上，其立义侧重于探讨人的存在本质。这种对自我的探寻，也可以看作是一个找寻'真我'的过程"。"从佛教心学的角度看，弗洛伊德所说的人格之我，荣格所说的自性，人本主义心理学的自我实现，以及存在心理学提到的存在，都是'我执'的体现。而'我执'正是产生一切烦恼的根源。"研究还进一步指出，佛教心学"通过观察'无常'获得对'涅槃'真我的觉悟，领悟'无我'和'假我'的中道，破除对'我'的限定……恰恰构成一个完整而独具特色的存在—超个人意义上的心理治疗路线"②。

张海滨从"佛教禅观对存在的心理分析""存在性意义上的佛教心理病理学""佛教心理治疗的基本假设"三个层面阐释了佛教禅观之存在性心理治疗的理论预设。研究指出，"佛教认为'无常'是生命存在意义上最根本的矛盾和荒谬。从'无常'角度看，生命的现象界中并无可独立存在、自在不变的'感受'，这与生命在精神不同层次中所界定、固化的

---

① 张海滨：《胡塞尔现象学心理学与佛教心学的比较》，《社会科学研究》2011 年第 3 期。

② 张海滨：《存在—超个人心理学视角下的佛教自我理论》，《西南民族大学学报》（人文社会科学版）2014 年第 11 期。

'我'之体验构成矛盾，由此成为存在性焦虑的根源"。"通过对'无常'的禅观，领悟到关于'我'的体验都是各种因缘构成的、刹那生灭，即'无我'（空）、非永恒、自在的实体，从而缓解乃至超越这种存在性的焦虑，这无疑具有重要的心理治疗意义。"①

3. 李炳全教授的佛教心理学研究

李炳全教授早年从事文化心理学研究，后逐渐转向对本土禅宗的心理学研究。近年来，其在六祖慧能的心理学研究方面取得显著成果，其相关研究主要有：

[1] 李炳全、叶枝青、张旭东：《六祖惠能的偈语中的心学思想探究》，《心理学探新》2018 年第 4 期。

[2] 李炳全、张旭东：《惠能的"心"之本体论思想及其心理学理论价值》，《南京师大学报》（社会科学版）2019 年第 3 期。

[3] 李炳全、杨慧、张旭东：《六祖惠能的积极心理学思想蕴涵》，《心理学探新》2020 年第 1 期。

[4] 李炳全、张旭东：《惠能"心量广大"的文化心理学解读》，《心理学探新》2021 年第 1 期。

李炳全、张旭东研究了惠能的"心"之本体论思想及其心理学理论价值。在其看来，"惠能所开创的禅宗实际上是一种心理学理论和心灵修炼的理念和方法，他对'心'的界定是一种心理哲学的本体论，可作为心理学元理论"。该研究指出，"六祖惠能的世界观是以心为中心的本体论，兼顾主体的内外要素，强调整体系统地考察主体的心的建构活动。这就为心理学提供了新的世界观和新思想。它告诉我们，心理学应采用交互隐喻，重点探讨主体的动念、认知、建构和智慧。"②

李炳全、杨慧、张旭东从"自性成佛与积极心理品质""顿悟与积极认知""'无念、无相、无住'与积极人生态度""自性自渡与积极自我"

---

① 张海滨：《佛教禅观视域中的存在性心理治疗的理论预设》，《宗教学研究》2020 年第 2 期。

② 李炳全、张旭东：《惠能的"心"之本体论思想及其心理学理论价值》，《南京师大学报》（社会科学版）2019 年第 3 期。

"'人人皆可成佛'的积极人性观"五个层面分析了六祖惠能的积极心理学思想。在其看来，惠能所言的妄念对应了心理学中的认知歪曲，顿悟对应了积极心理学的认知转变；而惠能所言的无念对应了积极心理学"无念"的积极心态，无相对应了积极心理学中的活好自己，无住则对应了积极心理学中的包容洒脱①。

二 哲学、宗教学及民族学领域的研索

关于佛教与心理学的关系在国内及国外学术界都是一个重要主题。在此方面应承认：佛教思想首先影响了西方哲学及西方心理学，继而西方哲学、西方心理学学者陆续开展了对二者关系的研究。此后，国内的哲学、宗教学、文学、心理学等专业的学者也陆续展开这方面的研究。就西方而言，荣格很早就借鉴了佛教思想，继而开拓出心理分析的新境界。在这方面，荣格所著的《东洋冥想的心理学——从易经到禅》一书在我国有多个译本。此外国内学者还翻译了铃木大拙、弗洛姆、马蒂诺合撰的《禅宗与精神分析》一书，该书同样有多个译本。江亦丽、蓝莲花先后翻译了美国学者阿德米拉·莫阿卡宁所著的《荣格心理学与藏传佛教：东西方的心灵之路》一书（商务印书馆，1996、1999；世界图书出版公司，2015）。董建中翻译了美国学者罗伯特·兰甘所译的《正念生命中重要之事：佛学与精神分析的对话》（东方出版中心，2011）。吴燕霞、曹凌云翻译了美国学者巴里·马吉德的《平常心：禅与精神分析》（东方出版中心，2011）。张天布等翻译了美国学者杰瑞米·D. 萨弗兰所著的《精神分析与佛学：展开的对话》（东方出版中心，2012）。朱一峰翻译了 Christopher K. Germer 和 Ronald D. Siegel 编著的《心理治疗中的智慧与慈悲——在临床实践中深化正念》（中国轻工业出版社，2017）一书。这些译著在客观上对佛教心理学研究起到一定的促进作用。

在我国，关于佛教的心理思想探索出现得较早，而且早期多为美学②

---

① 李炳全、杨慧、张旭东：《六祖惠能的积极心理学思想蕴涵》，《心理学探新》2020 年第 1 期。

② 参见桑建中《禅悟：一种心理现象》，《学海》1992 年第 4 期；宇丹：《从佛家的"悟"说到审美心理体验》，《思想战线》1994 年第 4 期。

及中国文学领域①的研究。21 世纪以来，相关研究逐渐增多，哲学、宗教学领域的研究不断涌现。在当前的佛教心理学研究中，既有学院派心理学学者的参与，也有哲学及宗教领域学者的助阵。一方面，哲学及宗教领域的学者相对更谙熟佛学典籍，故其研究更易契合佛学真义。另一方面，哲学及宗教学领域的学者为了进一步开拓学科的新领域，故对佛教的心理思想阐释及佛教心理学的理论建构就成为其探索的新向度。在此方面不得不承认，哲学及宗教学领域的学者在此方面成绩斐然。

（一）唯识学与禅宗的心理学研究

唯识学与禅宗是佛教心理思想研究中最受关注的两个诠释资源，哲学及宗教学领域的学者在这两个方面同样有重要的研究成果。

1. 对于唯识学的佛教心理学研究

哲学及宗教学领域对于佛教心理学研究关注更多的似乎是唯识学，禅宗的思想研究相比之下受到的关注更少。这方面代表性的研究主要有：

[1] 林国良：《唯识学的认知理论》，《社会科学》2000 年第 5 期。

[2] 吴可为：《心理学、认识论还是本体论——对大乘唯识学的整体界定》，《浙江学刊》2001 年第 4 期。

[3] 郭健：《阿赖耶识、元神与集体无意识》，《贵州社会科学》2006 年第 2 期。

[4] 林国良、管文仙：《荣格心理学与佛教唯识学思想之异同》，《上海大学学报》（社会科学版）2008 年第 3 期。

[5] 肖建原：《大乘唯识能成立之心理相》，《河南师范大学学报》（哲学社会科学版）2011 年第 2 期。

[6] 肖建原：《大乘唯识心理观之辨析》，《思想战线》2012 年第 6 期。

---

① 参见陈金宽《禅宗〈坛经〉心理学思想研究》，《郑州大学学报》（哲学社会科学版）1995 年第 5 期。

［7］肖建原：《佛教五重唯识心理观的认识论辨析》，《人文杂志》2015 年第 1 期。

［8］张海滨：《荣格人格心理学与唯识学的比较研究》，硕士学位论文，四川大学宗教所，2005。

［9］惠兆阳：《根身与唯识——基于荣格心理分析思想的〈成唯识论〉的现代审视》，博士学位论文，黑龙江大学哲学学院，2022。

通过上述文献可以发现，相关研究既有对佛教唯识学心理学意蕴的专门阐释，也有对荣格心理分析与唯识学的比较研究。在上述研究中，肖建原教授在唯识心理学方面的研究成果相对较多，研究的主题也较为集中。

此外，惠兆阳的博士论文从荣格心理学视角下的"八识分析""唯识'我'观分析""心所法""转识成智分析"四个方面，对荣格心理学与唯识学进行了比较研究。研究指出，"唯识学是一门建立在根、境、识一体同步演进之上的无意识本体心理学"，"是一门探索自我本质的心理学"，是为佛法修持服务并为探索自我本质服务的心理学，"是一门通过转识成智的方式实现自性的理论与实践结合的心理学"。研究指出，"唯识学与荣格的心理学具有很高的契合度，但它在多方面都超越了荣格心理学。唯识学对现代心理学的发展具有很高的借鉴价值。但同时，我们应该看到唯识学仅是基于个人经验的反思，所以对唯识学的借鉴，还是要经过进一步检验"①。

2. 对于禅宗的佛教心理学研究

对禅宗的佛教心理学研究，一直是心理学、哲学、宗教学关注的相对稳定的研究主题。这方面代表性的研究主要有：

［1］梁海虹：《对禅宗"终极解脱"的心理学分析》，《西北大学学报》（哲学社会科学版）2005 年第 3 期。

［2］湛空：《心理学视角下的〈坛经〉心性思想》，《宗教心理学》2018 年第 0 期。

---

① 惠兆阳：《根身与唯识——基于荣格心理分析思想的〈成唯识论〉的现代审视》，博士学位论文，黑龙江大学哲学学院，2022。

［3］李慧：《论禅宗心性论——从心理治疗角度探析》，硕士学位论文，郑州大学哲学系，2011。

可见，其中既有对禅宗终极解脱思想的心理学分析，也有对禅宗心理思想的阐释，其中，心理治疗依然是解读的重要维度。李慧的硕士学位论文从心理治疗的角度探讨了佛教心性论思想。论文从"禅宗心性论阐析""心理治疗与禅宗心性论的渊源""禅宗心性论的心理治疗视角分析""当代心理治疗对禅宗心性论的启发"四个角度进行了分析。研究指出，"从跨文化因素的比较研究来看，禅宗心性论的思想与现代健康理念是相通的……禅与心理治疗都是减轻来访者的困扰、精神创伤，改善其精神面貌，禅侧重于本体的、灵魂的拯救，心理治疗侧重于对象的、躯体的治疗，两者的糅合共同促进身心健康的全面治疗"①。

（二）佛教自我观的心理学研究

自我观是佛教心理学关注的一个重点，佛教心理学突出阐释佛教的"无我"思想。需要意识到，对于佛教的"无我"思想不可作简单的理解，从心理学角度可以得出深刻的领悟。在此方面，代表性的研究主要有：

［1］陆沉：《自我揭秘：弗洛伊德的心理分析与佛家对心的探求》，《四川大学学报》（哲学社会科学版）2001年第3期。

［2］王英：《藏传佛教"无我"论及其现代意义》，《青海民族研究》2002年第4期。

［3］陈兵：《无我观与自我意识的建立》，《法音》2007年第12期。

［4］董西彩：《"自我"与"无我"——心理学与佛学的自我观比较之研究》，硕士学位论文，四川大学宗教所，2005。

［5］李娜：《原始佛教"无我"思想再讨论》，硕士学位论文，山东大学哲学与社会学院，2013。

---

① 参见李慧《论禅宗心性论——从心理治疗角度探析》，硕士学位论文，郑州大学公共管理学院，2011。

[6] 郑小璐：《精神分析与佛学自我观的比较研究》，硕士学位论文，安徽大学哲学系，2014。

可见，其中既有对心理学与佛学自我观的总体性关系探索，也有对精神分析与佛教自我观的具体比较；既有对藏传佛教、原始佛教"无我"观的分析，也有对无我观之于自我意识确立意义的阐释。具体而言，董西彩从传统心理学与佛教自我观、后现代关系心理学派与佛教自我观、超个人心理学与佛教自我观三个层面对心理学与佛学的自我观进行了比较①。此外，郑小璐在对佛学与精神分析自我观分别进行阐释的基础上，对精神分析与佛学的自我观进行了比较。其论文具体从作为表象的自我、认识本真自我的方法、自我的深层结构、自我发展的具体目标四个层面对二者进行了比较。对应"作为表象的自我"，分别体现为镜像自我与假我；对应"认识本真自我的方法"，二者分别体现为抑制的解除与开悟；对应"自我的深层结构"，二者分别体现为集体潜意识与阿赖耶识；对应"自我发展的终极目标"，二者分别为个体化与明心见性。最后，论文对精神分析与佛学在反消费文化下的对话与互补进行了分析②。

（三）关于多民族地区的佛教心理研究

关于多民族地区佛教的心理功能及心理作用研究，是宗教学及民族学关注的一个重要方面。不同于上述文献，此类研究虽然有理论探讨，但更多为调查型研究，更加关注佛教心理的经验层面。在此方面，代表性的研究主要有：

[1] 桑杰端智：《藏传佛教心理学内涵与文化更新》，《西北民族大学学报》（哲学社会科学版）2005 年第 1 期。

[2] 才华加：《藏传佛教的心理净化与引导功能——从五戒十善

---

① 参见董西彩《"自我"与"无我"——心理学与佛学的自我观比较之研究》，硕士学位论文，四川大学宗教所，2005。
② 参见郑小璐《精神分析与佛学自我观的比较研究》，硕士学位论文，安徽大学哲学系，2014。

与出离心谈起》,《青海师范大学学报》(哲学社会科学版) 2014 年第
3 期。

[3] 陈国典、刘诚芳:《藏传佛教朝圣者自我的探析》,《西南民
族大学学报》(人文社科版) 2010 年第 4 期。

[4] 赵兴民、陈国典、范寅莹:《藏传佛教朝圣者的心理压力分
析》,《社会科学研究》2011 年第 6 期。

[5] 姚学丽:《城镇和牧区蒙古族藏传佛教心理现状调查研
究——以巴音郭楞蒙古自治州为例》,《西北民族大学学报》(哲学社
会科学版) 2009 年第 1 期。

[6] 杨文法:《论藏传佛教信仰对藏族社会心理与行为的影响》,
《西南民族大学学报》(人文社会科学版) 2011 年第 2 期。

可见,相关研究主要自 21 世纪开始。在理论研究层面,其中既有对藏
传佛教心理学内涵的探讨,也有对藏传佛教心理净化及心理引导功能的分
析。在调查研究层面,既有对藏传佛教朝圣者的自我分析、心理压力分
析,也有对蒙古族藏传佛教心理现状的调查研究,更有对藏传佛教信仰对
藏族社会人们心理与行为的影响研究。

(四) 代表性学者的研究

宗教学领域的学者对我国佛教心理学的研究有着突出的贡献,我国最
早的佛教心理学专著即出现于宗教学领域。陈兵先生、尹立教授在此方面
的研究成果较为显著。

1. 陈兵先生的《佛教心理学》

国内最早以"佛教心理学"命名的著作乃是由四川大学的陈兵先生所
撰的《佛教心理学》,该书先后在苏州的弘化社 (2003)、南方日报出版社
(2007)、陕西师范大学出版社 (2015) 印刷及出版。

陈兵先生以深厚的佛学功底,积数十年之功,对佛教心理学进行了系
统的建构及精细入微的阐释。在《佛教心理学》一书中,陈兵先生具体从
"佛教与心理学""心——多功能多层次的集起""心识与业的生起""心、
身、境不二论""心之体性""认知之检讨""自我与人格""欲、爱、苦

乐""老、病、死及宗教信仰心理""自治其心，自净其意""明心见性之
道""定心""修行偏差的针治""清净心""佛教心理学的现代应用"等
层面进行了诠释和分析。陈兵先生所著的《佛教心理学》一书被誉为"迄
今为止中国心理学者第一部最全面、系统研究佛教心理学的专著"①。

2. 尹立教授的佛教心理学研究

尹立教授博士期间师从陈兵先生进行佛教心理学研究，并于 2003 年出
版专著《精神分析与佛学的比较研究》。此后，尹立教授到华南师范大学
心理学博士后流动站从事研究，其对佛教心理学的研究进一步细化与深
化。这些年来，其代表性的研究主要有：

[1] 尹立、许孟青：《佛教的"我"与"无我"》，《宗教学研
究》2006 年第 4 期。

[2] 尹立、申荷永：《言语道断，回头是岸——片论佛教禅宗与
拉康派精神分析的实践风格》，《宗教学研究》2007 年第 2 期。

[3] 尹立：《无意识与阿赖耶识——佛教与精神分析片论》，《西
南民族大学学报》（人文社科版）2007 年第 3 期。

[4] 尹立：《藏传无上瑜伽生起次第修行的心理分析——以萨迦
道果法生起次第为主》，《宗教学研究》2013 年第 2 期。

[5] 尹立：《〈无上金刚乘前行讲义〉中皈依法的心理分析》，
《宗教学研究》2015 年第 3 期。

[6] 尹立：《萨迦派金刚萨埵忏悔法的精神分析初探》，《宗教学
研究》2018 年第 4 期。

[7] 尹立：《精神分析与佛学的比较研究》，巴蜀书社，2003。

尹立教授在《精神分析与佛学的比较研究》一书中从"佛教与精神分
析简介""心灵的结构——无意识""生命的原动力——性欲论""名言戏
论——语言观""我的幻象——主体性""佛学与精神分析结合的初步探
索""精神分析对传统宗教与邪教的解读"等方面对佛学与精神分析的关

---

① 参见陈兵《佛教心理学》，陕西师范大学出版社，2015。

系进行了比较，继而更深入地阐释了佛学的心理学蕴涵。

（五）佛教心理学的其他研究

上述是对哲学、宗教学、民族学领域佛教心理学的研究成果的基本分类，但是任何分类都有其局限性，都会有难以被归纳的具体研究遗漏在外。对于遗漏在外的研究，此处暂且以"其他研究"指代。这方面的研究主要有：

[1] 周军：《缘起与践履——浅谈佛教有关道德实践心理机制的思想》，《宗教学研究》2005 年第 1 期。

[2] 王萌：《太虚的心理学研究及其意义》，《西南民族大学学报》（人文社科版）2005 年第 4 期。

[3] 高颖：《原始佛教的心理思想》，《宗教学研究》2007 年第 1 期。

[4] 高颖、Mary Phillips：《藏传佛教对西方心理学的影响》，《中国藏学》2010 年第 1 期。

[5] 刘峰：《论太虚大师的佛教心理学思想》，《中国宗教》2012 年第 11 期。

[6] 杨维中：《佛教在精神分析与心理治疗中的意义》，《南京大学学报》（哲学·人文科学·社会科学版）2013 年第 3 期。

[7] 郭文仪：《荣格与他的"东方"——分析心理学视角下的道家与佛家》，《理论月刊》2014 年第 7 期。

[8] 原春燕：《佛教调心理论与心理健康》，硕士学位论文，山东大学哲学与社会发展学院，2009。

[9] 原军超：《认知科学与藏传佛教心理学思想之比较研究》，硕士学位论文，西南民族大学藏学院，2013。

[10] 毕静明：《明真法师佛教心理学思想研究》，硕士学位论文，湖南师范大学，2014。

[11] 刘皓文：《佛教心理治疗视域下的自我认同研究》，硕士学位论文，贵州大学哲学与社会发展学院，2018。

可见，上述研究中既有对太虚大师、明真法师的佛教心理学思想研究，也有对原始佛教、藏传佛教的心理学思想研究；既有对佛教在精神分析及心理治疗中的意义阐释，也有对佛教调心论之于个体心理健康意义的研究。此外，相关的研究主题还涵盖了佛教关于道德实践心理机制的思想阐释、荣格分析心理学视角下的道家及佛家思想研究，以及佛教心理治疗视域下的自我认同研究。

三　医学领域的相关研究

关于佛教的心理思想或心理功能研究不仅是学院派心理学及宗教学领域的主题，而且同样是医学实践工作者的领地。具体而言，医学实践工作者的研究更多关注实践，关注佛教的心理治疗及心理保健的功能及效果。关于佛教的心理治疗功能和心理卫生价值，是医疗实践领域关注的一个现实性主题。大体而言，相关研究可分为心理治疗与心理保健研究、中医心理学领域的研究两种类型。

（一）心理治疗及心理保健类研究

心理治疗及心理保健是医疗工作者基于工作实践而进行的主题研究，此类研究成果成为医疗领域佛教心理研究的主流。在这方面，代表性的研究主要有：

[1] 黄国胜：《佛教与心理卫生》，《健康心理学杂志》1998 年第3 期。

[2] 黄国胜：《佛教心理治疗对强迫症的疗效观察》，《健康心理学杂志》2000 年第 3 期。

[3] 张纪梅、许树村、常存库：《佛教——一种特殊方式的心理治疗》，《医学与哲学》2002 年第 7 期。

[4] 张粹然：《禅宗与心理治疗》，《成都大学学报》（社会科学版）2004 年第 1 期。

[5] 张天布：《驻相与阻抗——精神分析学心理治疗与禅宗参悟

的异曲同工》,《中国心理卫生杂志》2005 年第 7 期。

　　[6] 张天布:《禅宗参话头在精神动力学心理治疗解决阻抗中的整合运用》,《中国心理卫生杂志》2007 年第 12 期。

　　[7] 程志立、张其成:《禅宗牧牛图对现代心理治疗技术的启示》,《医学与哲学》(人文社会医学版)2010 年第 3 期。

　　[8] 张鳅元、杨韶刚、王兴华、申荷永:《恶与菩提心:佛教慈悲观在心理治疗中的运用》,《心理学探新》2015 年第 4 期。

　　[9] 许又新:《佛教:心理治疗的一个参考》,《中国心理卫生杂志》2015 年第 1 期。

　　[10] 李建伟、王立娜、王英;《佛教与心理治疗的融合——佛教的禅修方法在心理治疗中的运用》,《医学与哲学(A)》2015 年第 11 期。

　　[11] 魏莉、李良松:《论佛家哲学观对抑郁症自我调节的启示》,《医学与哲学》2020 年第 10 期。

　　[12] 黄国胜:《佛教与心理治疗》,宗教文化出版社,2002。

　　相关研究最早出现于 20 世纪末,并作为一个研究领域一直持续至今。医疗实践及心理治疗实践领域的工作者更为关注治疗及保健效果,所以对于佛教心理治疗功能及效果的探讨则是其最关注的主题。因为聚焦于心理治疗实践,所以佛教与精神分析的关系探讨自然成为其研究关注的重点。就研究对象而言,"禅宗"仍是相关研究中被关注最多的主题。就研究者而言,黄国胜、张纪梅、张天布在此方面的成果相对较为集中。

　　《佛教与心理治疗》一书是医学领域的佛教心理学著作。在该书中,黄国胜先生具体从佛教原理、心理学基础、心理障碍、心理治疗、作业疗法、静心疗法、领悟疗法七个方面探讨了佛教与心理治疗的关系,阐释了佛教中的心理治疗资源。在"作业疗法"部分,作者分别从持戒、行善、忍、精进、森田疗法、工娱治疗、生活技能训练七个方面进行了探讨;在"静心疗法"方面,作者分别从瑜伽、佛教禅定、默照禅、看话禅、念佛、冥想、催眠、放松训练八个方面进行了探讨;在"领悟疗法"方面,作者分别梳理并阐释了天台宗、华严宗、禅宗、精神分析、分析心理学、存在主义、人本主义中的治疗资源①。

（二）中医领域的佛教心理学研究

在中医领域同样有对佛教心理学的探讨，相关的代表性研究主要有：

[1] 邓来送、邓莉：《佛教与中医心理学》，《五台山研究》2002年第4期。

[2] 张纪梅：《以心起灭天地　以心普度众生——略论佛教对中国人心理的模塑》，《健康心理学杂志》2004年第1期。

[3] 阎瑜：《傣族佛教礼仪、节日以及习俗中的心理调适功能研究》，硕士学位论文，云南中医学院，2014。

[4] 罗清峰：《傣族佛教心理调适方法与中医心理学心理调适方法的相关性研究》，硕士学位论文，云南中医学院，2015。

可见，此类研究既有对佛教与中医心理学关系的探讨，也有对佛教之于中国人心理形塑意义的研究，体现了中医领域试图通过实践拓展自身研究边界的努力。此外，上述两篇硕士学位论文是由云南中医学院的秦竹老师所指导，论文完成时间分别为2014年和2015年，两篇论文均是以"傣族佛教"为对象进行的研究。

四　三十余年来我国佛教心理学研究总论

关于佛教的心理学研究既有专业心理学者的参与，也有宗教学领域学者探索，亦有美学、中国哲学、民族学、精神治疗及中医学等学科的研究。总体来说，佛教心理学的相关研究主要自20世纪90年代末开始出现，到21世纪初呈现较多成果。在心理学领域，张源侠先生几乎最早从事禅与心理治疗的研究，而杨鑫辉先生与刘华教授则几乎最早在心理学领域从事唯识心理学研究。

———————————

① 参见黄国胜《佛教与心理治疗》，宗教文化出版社，2002。

宗教学领域的佛教心理学研究可以比肩甚至超过专业心理学领域的研究成果，其研究更为专注、系统，体现出不断拓展自身生命力的坚持与努力。在宗教学领域，相关研究取得进展离不开专业研究者的贡献，佛教界人士试图将佛教与心理学相结合，体现了宗教学者及佛教界人士拓展佛教研究领域及发掘佛学之"用"的努力。其中，与"心理学"之"用"相结合，则是佛教、佛学领域矢志努力的一个最重要的方向。在佛教心理学领域，专以"佛教心理学"为名的著作是由宗教学学者创作的，相关著作及论文也颇多，反映出宗教学领域佛教心理学研究的盛况。除了陈兵先生、尹立教授的佛教心理学著作外，刘耀中和李以洪先生的《荣格心理学与佛教》（东方出版社，2004）、惟海所著的《五蕴心理学：佛家自我觉醒自我超越的学说》（宗教文化出版社，2006）、释淳法和刘凤珍著的《佛教与心理健康》（云南民族出版社，2005）、马超所著的《禅门境界论：平常心——佛家的十堂心理辅导课》（中国财富出版社，2012）、刘天君所著《禅定中的思维操作：剖析佛家气功修炼的心理过程》（人民体育出版社，1994）都是这方面的成果。相较于儒家、道家心理学研究，心理学学科外的其他学者做出的佛教心理学成果更为丰厚。佛教界人士及宗教学者对于心理学之"用"的积极探求，反映了宗教学及佛教界人士积极弘扬佛教用世价值的努力，体现了他们为证明佛教或佛学之"用"的付出。

佛教心理学研究关注最多的资源有两种，一是本土化的禅宗，二是唯识学。禅宗是本土化了的佛教，更容易入门、易懂，更契合中国人的心灵与致思特点，故国内学者最喜探讨禅宗。热衷探求并努力诠释禅宗，在某种意义上说明禅宗对于中国人精神生活的影响之深，同时也说明禅宗简单性的特点更契合中国思想重了悟的致思方式。进入21世纪以来，学者们也开始认识到唯识学的精义及价值，认识到唯识学在心理学方面的精微义理，在这方面的研究成果也在不断丰富，并有可能取得突破性的进展。

在具体的研究主题方面，许多学者都对精神分析与佛教思想的关系进行过探讨，也有很多研究对荣格的分析心理学与佛教思想进行了重点比较。就前者而言，它体现了学者们试图探索佛教之"用"的努力。就后者而言，则是佛学首先影响了荣格的分析心理学；此后又由于荣格分析心理学的影响，更多学者开始从事佛学与荣格心理学的比较研究。

特需说明的是，一些学者为了更深入地进行佛教心理学研究而出入心理学与佛学专业，这为交叉研究提供了现实可能。其中，张海滨博士本科所学专业为心理学，硕士专业为宗教学，其后则在西南民族大学从事心理学教学及研究。尹立教授跟随陈兵先生攻读宗教学专业博士，此后又到华南师范大学心理分析博士后流动站从事博士后研究。这些都体现了相关学者将心理学与佛学相结合的努力。同时也可以看到，很多宗教学者为了从事佛教心理学研究而不懈自学心理学专业知识。当然更加可贵的是，专业心理学学者为了实现中国本土心理学的发展而静心钻研佛学典籍。此种研究的难度，似乎要比宗教学者学习心理学的难度更大。然而即便如此，依然有心理学者在不停地付出努力。

同时也不容否认，在佛教心理学领域也存在着比附式研究，存在着简单比附西方心理学思想的倾向。实际上，佛教或佛学中的西方心理学思想研究，与佛学和西方心理学的比较研究是不同的。单纯从佛学典籍中找寻与西方心理学相类似的思想在研究的早期是必要的，但是一味地刻意找寻或有简单比附之嫌。与之不同，佛教或佛学与西方心理学的比较研究，或更能得出精细入微的创见。当然，更有意义的则是能结合中国自身的文化传统，结合现实民众心理而进行本源性的理论建构。

参考文献

一 著作类

[1] 〔英〕安东尼·吉登斯:《现代性与自我认同》,赵旭东、方文译,生活·读书·新知三联书店,1998。

[2] 〔英〕安东尼·吉登斯:《现代性的后果》,田禾译,译林出版社,2000。

[3] 〔英〕安东尼·吉登斯:《失控的世界:全球化如何重塑我们的生活》,周红云译,江西人民出版社,2001。

[4] 〔德〕乌尔里希·贝克:《风险社会》,何博闻译,译林出版社,2004。

[5] 〔英〕齐格蒙特·鲍曼:《全球化:人类的后果》,郭国良等译,商务印书馆,2013。

[6] 〔法〕谢和耐:《中国社会史》,黄建华、黄迅余译,江苏人民出版社,2010。

[7] 〔法〕H.孟德拉斯:《农民的终结》,李培林译,社会科学文献出版社,2005。

[8] 〔美〕曼纽尔·卡斯特主编《网络社会:跨文化的视角》,周凯译,社会科学文献出版社,2009。

[9] 〔挪威〕托马斯·许兰德·埃里克森:《全球化的关键概念》,周云水等译,译林出版社,2012。

[10] 〔美〕E.希尔斯:《论传统》,傅铿、吕乐译,上海人民出版社,1991。

[11] 〔美〕雷蒙德·保罗·库佐尔特、〔美〕艾迪斯·W.金:《二十世纪社会思潮》,张向东等译,中国人民大学出版社,1991。

[12] 〔美〕康拉德·菲利普·科塔克:《文化人类学:欣赏文化差异》，周云水译，中国人民大学出版社，2012。

[13] 〔英〕W. C. 丹皮尔:《科学史及其与哲学和宗教的关系》，李珩译，商务印书馆，1975。

[14] 〔美〕保罗·法伊尔阿本德:《反对方法》，周昌忠译，上海人民出版社，2007。

[15] 〔以〕尤瓦尔·赫拉利:《人类简史》，林俊宏译，中信出版集团，2017。

[16] 〔美〕切斯特·何尔康比:《中国人的德性——西方学者眼中的中国镜像》，王剑译，陕西师范大学出版社，2007。

[17] 〔美〕托马斯·H. 黎黑:《心理学史》，李维译，浙江教育出版社，1998。

[18] 〔美〕J. P. 查普林、〔美〕T. S. 克拉威克:《心理学的体系和理论》（上），林方译，商务印书馆，1983。

[19] 〔美〕J. P. 查普林、〔美〕T. S. 克拉威克:《心理学的体系和理论》（下），林方译，商务印书馆，1984。

[20] 〔美〕B. R. 赫根汉:《心理学史导论》，郭本禹等译，华东师范大学出版社，2004。

[21] 〔美〕杜·舒尔茨:《现代心理学史》，沈德灿等译，人民教育出版社，1981。

[22] 〔美〕加德纳·墨菲、〔美〕约瑟夫·柯瓦奇:《近代心理学历史导引》，林方、王景和译，商务印书馆，1982。

[23] 〔美〕E. G. 波林:《实验心理学史》，高觉敷译，商务印书馆，1981。

[24] 〔美〕韦恩·瓦伊尼、〔美〕布雷特·金:《心理学史:观念与背景》，郭本禹等译，世界图书出版公司，2009。

[25] 〔美〕詹姆斯·F. 布伦南:《心理学的历史与体系》，郭本禹、魏宏波、吕英军、王东等译，上海教育出版社，2011。

[26] 〔美〕戴维·霍瑟萨尔、郭本禹:《心理学史》，郭本禹、魏宏波、朱兴国、王申连等译，人民邮电出版社，2011。

[27] 〔奥地利〕阿弗雷德·阿德勒:《自卑与超越》，李青霞译，沈阳出

版社，2012。

[28] 〔瑞士〕卡尔·古斯塔夫·荣格：《未发现的自我》，张敦福、赵蕾译，国际出版公司，2001。

[29] 〔美〕卡伦·霍妮：《我们内心的冲突》，杨立华译，人民邮电出版社，2015。

[30] 〔美〕卡伦·霍妮：《我们内心的冲突》，李娟译，长江文艺出版社，2016。

[31] 〔苏〕阿·米·鲁特凯维奇：《从弗洛伊德到海德格尔——存在精神分析评述》，吴谷鹰译，东方出版社，1989。

[32] 〔美〕古尔德：《弗兰克尔：意义与人生》，常晓玲、瞿凤臣、肖晓月译，中国轻工业出版社，2000。

[33] 〔美〕罗洛·梅：《存在之发现》，方红、郭本禹译，中国人民大学出版社，2008。

[34] 〔美〕Lawrence A. Pervin、〔美〕Oliver P. John：《人格手册：理论与研究》，黄希庭主译，华东师范大学出版社，2003。

[35] Robert Plomin 等：《行为遗传学》，温暖等译，华东师范大学出版社，2008。

[36] 〔美〕马斯洛：《人性能达的境界》，林方译，云南人民出版社，1987。

[37] 〔美〕马斯洛：《科学心理学》，林方译，云南人民出版社，1988。

[38] 〔美〕亚伯拉罕·马斯洛：《动机与人格》，许金声等译，中国人民大学出版社，2012。

[39] 〔美〕乔治·A. 凯利：《个人结构心理学》（第一卷），郑希付译，浙江教育出版社，2001。

[40] 〔英〕达纳·佐哈、〔英〕伊恩·马歇尔：《灵商：人的终极智力》，王毅、兆平译，上海人民出版社，2001。

[41] 〔美〕威廉·赖特：《基因的力量》，郭本禹译，江苏人民出版社，2001。

[42] 〔德〕E. 胡塞尔：《现象学与哲学的危机》，吕祥译，国际文化出版公司，1988。

[43] 〔德〕埃德蒙德·胡塞尔：《逻辑研究》（第二卷第二部分），倪梁康

译，上海译文出版社，1999。

[44] 〔美〕威廉·詹姆士：《实用主义》，陈羽伦、孙瑞禾译，商务印书馆，1979。

[45] 〔德〕卡尔·雅斯贝尔斯：《生存哲学》，王玖兴译，上海译文出版社，2005。

[46] 〔德〕汉斯-格奥尔格·加达默尔：《哲学解释学》，夏镇平、宋建平译，上海译文出版社，2004。

[47] 刘小枫选编《舍勒选集》（上），上海三联书店，1999。

[48] 倪梁康：《现象学的始基——对胡塞尔〈逻辑研究〉的理解与思考》，广东人民出版社，2004。

[49] 倪梁康：《现象学及其效应——胡塞尔与当代德国哲学》，生活·读书·新知三联书店，2005。

[50] 刘放桐：《新编现代西方哲学》，人民出版社，2000。

[51] 高宣扬：《弗洛伊德传》，作家出版社，1986。

[52] 徐克谦主编《中国传统思想与文化》，广西师范大学出版社，2007。

[53] 余英时：《中国思想传统的现代诠释》，江苏人民出版社，1995。

[54] 费孝通：《乡土中国 生育制度》，北京大学出版社，1998。

[55] 费孝通：《费孝通九十新语》，重庆出版社，2005。

[56] 费孝通：《费孝通全集》（第二卷），内蒙古人民出版社，2009。

[57] 费孝通：《费孝通全集》（第四卷），内蒙古人民出版社，2009。

[58] 谢遐龄主编《中国社会思想史》，高等教育出版社，2003。

[59] 翟学伟：《人情、面子与权力的再生产》，北京大学出版社，2005。

[60] 翟学伟：《中国人的脸面观：形式主义的心理动因与社会表征》，北京大学出版社，2011。

[61] 阎云翔：《私人生活的变革：一个中国村庄里的爱情、家庭与亲密关系 1949—1999》，龚小夏译，上海书店出版社，2006。

[62] 朱晓阳：《罪过与惩罚——小村故事：1931-1997》，天津古籍出版社，2003。

[63] 刘少杰：《后现代西方社会学理论》，社会科学文献出版社，2002。

[64] 程光泉：《全球化与价值冲突》，湖南人民出版社，2003。

[65] 杨国枢：《中国人的心理与行为：本土化研究》，中国人民大学出版社，2004。

[66] 黄光国：《知识与行动：中华文化传统的社会心理诠释》，心理出版社，1998。

[67] 黄光国：《儒家关系主义》，北京大学出版社，2006。

[68] 黄光国：《社会科学的理路》，中国人民大学出版社，2006。

[69] 潘菽：《心理学简札》（上），人民教育出版社，1984。

[70] 高觉敷主编《中国心理学史》，人民教育出版社，1985。

[71] 杨鑫辉：《中国心理学史研究》，江西高校出版社，1990。

[72] 杨鑫辉：《中国心理学史论》，安徽教育出版社，2002。

[73] 燕国材：《中国心理学史》，浙江教育出版社，1998。

[74] 车文博主编《中外心理学比较思想史》（第3卷），上海教育出版社，2009。

[75] 葛鲁嘉：《心理文化论要——中西心理学传统跨文化解析》，辽宁师范大学出版社，1995。

[76] 葛鲁嘉：《新心性心理学宣言——中国本土心理学原创性理论建构》，人民出版社，2008。

[77] 葛鲁嘉：《心理资源论析：心理学的历史、现实和未来的形态》，中国社会科学出版社，2010。

[78] 葛鲁嘉：《哲学形态的心理学——哲学心理学与心理学哲学》，上海教育出版社，2014。

[79] 葛鲁嘉：《心理学本土化——中国本土心理学的选择与突破》，上海教育出版社，2014。

[80] 申荷永：《中国文化心理学心要》，人民出版社，2001。

[81] 汪凤炎、郑红：《中国文化心理学》，暨南大学出版社，2004。

[82] 郝宏伟：《儒家心理学思想概论》，广东高等教育出版社，2013。

[83] 景怀斌：《心理层面的儒家思想》，中国社会科学出版社，2017。

[84] 周冠生：《东方心理学》，上海文化出版社，2003。

[85] 吕锡琛等：《道学健心智慧——道学与西方心理治疗学的互动研究》，中国社会科学出版社，2008。

［86］涂阳军：《道家人格：概念、测量及反思》，中国社会科学出版社，2012。

［87］齐安甜：《安心立命：道德经与心理咨询》，上海远东出版社，2019。

［88］齐安甜：《我心光明：道德经与心理健康》，上海远东出版社，2019。

［89］毛华配：《道家"忘我"的心理机制及健康促进研究》，中国社会科学出版社，2022。

［90］杨广学：《庄子真义》，天地出版社，2023。

［91］黄国胜：《佛教与心理治疗》，宗教文化出版社，2002。

［92］陈兵：《佛教心理学》，陕西师范大学出版社，2015。

［93］石文山：《法相唯识学认知思想研究》，巴蜀书社，2019。

［94］李景林：《教化的哲学——儒学思想的一种新诠释》，黑龙江人民出版社，2006。

［95］李零：《丧家狗——我读论语》，中华书局，2022。

［96］张立文：《正学与开新——王船山哲学思想》，人民出版社，2001。

［97］张立文、彭永捷编《圣境——儒学与中国文化》，人民出版社，2005。

［98］张岱年：《中国哲学大纲》，商务印书馆，2015。

［99］陈鼓应：《庄子今注今译》，中华书局，1983。

［100］（宋）林希逸：《庄子鬳斋口义校注》，中华书局，1997。

［101］王博：《庄子哲学》，北京大学出版社，2004。

［102］傅佩荣：《傅佩荣解读庄子》，线装书局，2006。

［103］（清）王夫之：《老子衍、庄子通、庄子解》，中华书局，2009。

［104］（宋）吕惠卿撰，汤君集校《庄子义集校》，中华书局，2009。

［105］（晋）郭象注，（唐）成玄英疏《庄子注疏》，中华书局，2011。

［106］（清）王先谦撰《庄子集解》，中华书局，2012。

［107］（清）刘凤苞撰，方勇点校《南华雪心编》，中华书局，2013。

［108］（宋）褚伯秀撰《庄子义海纂微》，华东师范大学出版社，2014。

［109］郑开：《庄子哲学讲记》，广西人民出版社，2016。

［110］（清）林云铭著，张京华点校《庄子因》，华东师范大学出版社，2011。

［111］钱穆：《庄老通辨》，生活·读书·新知三联书店，2002。

［112］钱穆：《庄子纂笺》，生活·读书·新知三联书店，2010。

[113] 钱穆：《双溪独语》，九州出版社，2012。

[114] 钱穆：《中国学术思想史论丛》（一），生活·读书·新知三联书店，2009。

[115] 钱穆：《中国学术思想史论丛》（二），生活·读书·新知三联书店，2009。

[116] 钱穆：《中国学术思想史论丛》（三），生活·读书·新知三联书店，2009。

[117] 牟宗三：《才性与玄理》，吉林出版集团有限责任公司，2010。

[118] 崔大华等：《道家与中国文化精神》，河南人民出版社，2003。

[119] 陈鼓应：《易传与道家思想》，生活·读书·新知三联书店，1996。

[120] 林忠军：《周易郑氏学阐微》，上海古籍出版社，2005。

[121] 刘劭：《人物志》，梁满仓译注，中华书局，2014。

[122] （明）凌蒙初：《初刻拍案惊奇》，浙江文艺出版社，2018。

[123] 杨国枢、黄光国、杨中芳主编《华人本土心理学》，重庆大学出版社，2008。

[124] 高尚仁、杨中芳编《中国人·中国心》（传统篇），远流出版公司，1991。

[125] 杨中芳、高尚仁编《中国人·中国心》（发展与教学篇），远流出版公司，1991。

[126] 杨中芳：《如何研究中国人：心理学本土化论文集》，桂冠图书股份有限公司，1997。

二　期刊类

[1] 陈金宽：《禅宗〈坛经〉心理学思想研究》，《郑州大学学报》（哲学社会科学版）1995 年第 5 期。

[2] 陈四光：《儒家"万物一体"思想探析：来自共情心理研究的启示》，《南京师大学报》（社会科学版）2017 年第 5 期。

[3] 陈永涌、霍涌泉：《论道家视野中的乐观心理学思想》，《青海社会科学》2014 年第 3 期。

[4] 董琴、戴晓阳：《人格特征基因研究进展》，《中国心理卫生杂志》

2006 年第 12 期。

[5] 费孝通：《试谈扩展社会学的传统界限》，《北京大学学报》（哲学与社会科学版）2003 年第 3 期。

[6] 高媛媛：《西方心理学的多元文化论视角下的本土心理学研究》，《山东教育学院学报》2006 年第 5 期。

[7] 高志强：《〈论语〉中的归因思想探析》，《心理学探新》2016 年第 1 期。

[8] 高志强：《佛学情论及其内在理路探析》，《心理学探新》2017 年第 2 期。

[9] 高志强：《儒家视野内的怨及其化解》，《心理学探新》2018 年第 3 期。

[10] 高志强：《忧乐圆融：儒家忧乐思想的核心特质》，《心理科学》2018 年第 5 期。

[11] 高志强：《生生：儒家超越死亡焦虑的根本路径》，《心理学探新》2019 年第 2 期。

[12] 高志强：《道家情感论及其内在理路探析》，《兴义民族师范学院学报》2019 年第 5 期。

[13] 高志强：《儒家道德情感论的核心特质及其内在理路》，《心理学探新》2020 年第 2 期。

[14] 高志强：《中庸的文化心理特征及其实践理路》，《心理科学》2021 年第 4 期。

[15] 葛鲁嘉：《新心性心理学的理论建构——中国本土心理学理论创新的一种新世纪的选择》，《吉林大学社会科学学报》2005 年第 5 期。

[16] 葛鲁嘉：《理论心理学研究的本土根基》，《苏州大学学报》（教育科学版）2016 年第 1 期。

[17] 葛鲁嘉、吴晶：《道家幸福观及其心理学价值蕴含》，《苏州大学学报》（教育科学版）2020 年第 1 期。

[18] 郭硕知：《道教文化与心理健康研究刍议》，《心理学探新》2018 年第 5 期。

[19] 郭斯萍、柳林：《试论儒家伦理的精神性内涵及其心理健康价值》，《宗教心理学》（第四辑），社会科学文献出版社，2018。

[20] 郭永玉：《先秦情欲论》，《心理学报》2001 年第 1 期。

[21] 黄光国：《全球化与本土化：论心理学本土化的意涵》，《阴山学刊》2010 年第 1 期。

[22] 黄雨田、汪凤炎：《〈周易〉论君子的人格素养及其形成途径》，《心理学探新》2013 年第 2 期。

[23] 霍大同：《关于禅定的一个心理学阐释》，《佛学研究》，中国佛教文化研究所，2003。

[24] 惠兆阳：《知命与超越——存在心理学视域下的孔子天命观探析》，《哈尔滨工业大学学报》（社会科学版）2022 年第 3 期。

[25] 金克木：《传统思想文献寻根》，《传统文化与现代化》1995 年第 6 期。

[26] 景怀斌：《儒家成德精神动力的心理学分析》，《孔子研究》2003 年第 3 期。

[27] 景怀斌：《德性认知的心理机制与启示》，《中国社会科学》2015 年第 9 期。

[28] 经纶：《构建道家心理学思想史范畴体系之尝试——以〈老子〉〈庄子〉为中心》，《西南交通大学学报》（社会科学版）2016 年第 2 期。

[29] 孔宪铎等：《基因与人格——试述基因为人格特征的原动力》，《文史哲》2006 年第 3 期。

[30] 〔英〕莱斯利·斯克莱尔：《全球化社会学的基础》，《社会学研究》1994 年第 2 期。

[31] 李炳全：《文化心理学与本土心理学的辨析》，《肇庆学院学报》2006 年第 6 期。

[32] 李炳全、张旭东：《惠能的"心"之本体论思想及其心理学理论价值》，《南京师大学报》（社会科学版）2019 年第 3 期。

[33] 李炳全、杨慧、张旭东：《六祖惠能的积极心理学思想蕴涵》，《心理学探新》2020 年第 1 期。

[34] 李玮、王振东、蔡宝鸿、杨晓峰、申荷永：《儒家文化中的共情观》，《心理学探新》2017 年第 6 期。

[35] 李振纲、王素芬：《化解"成心"对生命的遮蔽——解读〈齐物论〉的主题》，《河北师范大学学报》（哲学社会科学版）2009 年第 2 期。

[36] 刘昌：《中庸之可能与不可能：兼论中庸心理实证研究之困境》，《南京师大学报》（社会科学版）2019 年第 5 期。

[37] 刘恒：《〈周易〉坤卦"直方大"的心理学含义探微》，《周易研究》2008 年第 6 期。

[38] 刘华：《佛教禅学的精神治疗心理学思想》，《安徽师范大学学报》（人文社会科学版）2000 年第 1 期。

[39] 刘华：《"自我"的建构：先秦儒家的自我理论》，《南京师大学报》（社会科学版）2005 年第 1 期。

[40] 柳圣爱：《罗杰斯与老子的人性观比较研究》，《心理学探新》2008 年第 4 期。

[41] 柳圣爱：《老子的无知思想与心理咨询》，《浙江社会科学》2012 年第 2 期。

[42] 吕锡琛：《试论道家哲学对人本心理学的影响——兼论中国哲学的普适价值及东西方文化的融会互补》，《哲学研究》2003 年第 4 期。

[43] 彭彦琴：《中国传统情感心理学中"儒道互补"的情感模式》，《心理学报》2002 年第 5 期。

[44] 彭彦琴、胡红云：《佛教禅定：心理学方法论研究的一种新视角》，《心理学探新》2011 年第 4 期。

[45] 彭彦琴、江波、杨宪敏《无我：佛教中自我观的心理学分析》，《心理学报》2011 年第 2 期。

[46] 彭彦琴、胡红云：《内证：中国人文主义心理学之独特研究方法》，《自然辩证法通讯》2012 年第 2 期。

[47] 彭彦琴：《佛教禅定：中国本土心理学研究方法的典型代表》，《苏州大学学报》（教育科学版）2015 年第 3 期。

[48] 彭彦琴、徐佳佳：《舍受：一种被忽视的佛教情绪理论》，《苏州大学学报》（教育科学版）2019 年第 2 期。

[49] 彭彦琴：《中国心性心理学的确立与体系构建》，《西北师大学报》（社会科学版）2020 年第 4 期。

[50] 任其平：《宾斯万格的存在分析观论评》，《南京师大学报》（社会科学版）2008 年第 5 期。

[51] 任其平：《论宾斯万格存在分析学的理论特征》，《华东师范大学学报》（教育科学版）2013 年第 1 期。

[52] 史梦薇、赵守盈：《儒家思想与压力应对：应激研究的本土心理学视角》，《南京师大学报》（社会科学版）2014 年第 2 期。

[53] 石文山：《佛教般若思想的心理治疗意蕴》，《心理学探新》2013 年第 3 期。

[54] 孙俊才、石荣：《儒家文化的情感智慧》，《南京师大学报》（社会科学版）2016 年第 5 期。

[55] 田锐：《心理弹性视域下老子的守柔思想及其家庭教育意涵》，《心理学探新》2021 年第 6 期。

[56] 涂阳军、郭永玉：《道家人格结构的构建》，《西南大学学报》（社会科学版）2011 年第 1 期。

[57] 王开元：《知己与成己——试论孔子思想中的自我认知问题》，《安徽大学学报》（哲学社会科学版）2016 年第 4 期。

[58] 韦庆旺、鄢玉婷：《"一分为三"框架下的中庸界定：兼从方法论角度评当前中庸心理学研究》，《中国社会心理学评论》2014 年第 2 期。

[59] 翁乃群：《全球化背景下的文化研究及其思考》，《社会学研究》1999 年第 6 期。

[60] 熊韦锐、于璐：《禅宗心性学说中的心理治疗思想探究》，《心理学探新》2010 年第 2 期。

[61] 徐仪明：《〈周易〉"心"范畴心理学疏解》，《周易研究》2005 年第 6 期。

[62] 徐仪明：《论儒家早期情感心理的教化作用及其重要意义》，《孔子研究》2011 年第 6 期。

[63] 杨鑫辉、刘华：《唯识心法之认识结构论》，《心理学探新》1999 年第 3 期。

[64] 杨中芳：《传统文化与社会科学结合之实例：中庸的社会心理学研究》，《中国人民大学学报》2009 年第 3 期。

[65] 杨中芳：《中庸研究与华人本土心理学》，《中国社会心理学评论》2014 年第 2 期。

[66] 杨玉辉：《老子与道合一的理想人格》，《西南师范大学学报》（人文社会科学版）2004 年第 6 期。

[67] 杨玉辉：《道家的先天人格和后天人格探讨》，《社会科学研究》2005 年第 3 期。

[68] 姚萍：《佛教思想对心理治疗观的影响》，《中国临床心理学杂志》2012 年第 5 期。

[69] 曾建平、肖三蓉：《儒家与弗洛伊德的道德心理之简略比较》，《心理学探新》2006 年第 3 期。

[70] 张海滨：《胡塞尔现象学心理学与佛教心学的比较》，《社会科学研究》2011 年第 3 期。

[71] 张海滨：《存在-超个人心理学视角下的佛教自我理论》，《西南民族大学学报》（人文社会科学版）2014 年第 11 期。

[72] 张海滨：《佛教禅观视域中的存在性心理治疗的理论预设》，《宗教学研究》2020 年第 2 期。

[73] 张恺郎：《心理学本土化与本土心理学述评》，《社会心理科学》2007 年第 5、6 期。

[74] 张晓丹：《文化全球化语境中的心理学研究的前瞻》，《辽宁师范大学学报》（社会科学版）2003 年第 5 期。

[75] 张秀琴、叶浩生：《本土心理学评析》，《心理学探新》2008 年第 1 期。

[76] 张瑜、王景阳：《荣格精神分析心理学中的道家思想》，《河北大学学报》（哲学社会科学版）2021 年第 2 期。

[77] 翟学伟：《儒家式的自我及其实践：本土心理学的研究》，《南开学报》（哲学社会科版）2018 年第 5 期。

[78] 赵旭东：《超越本土化：反思中国本土文化建构》，《社会学研究》2001 年第 6 期。

[79] 郑剑虹、黄希庭：《论〈周易〉的自强人格及其培养》，《西南师范大学学报》（人文社会科学版）2004 年第 6 期。

[80] 郑荣双：《国外本土心理学研究进展》，《心理科学进展》2002 年第 4 期。

[81] 郑荣双、车文博：《本土心理学特征论析》，《心理学探新》2003 年

第 3 期。

[82] 周晓虹:《本土化和全球化:社会心理学的现代双翼》,《社会学研究》1994 年第 6 期。

[83] 周一骑:《老子学说对现代认知科学的启示——〈老子〉第一章新解》,《西北民族研究》2010 年第 2 期。

[84] 周一骑、李英:《儒家关系学说与存在虚空之治疗:来自本土文化的思考》,《南京师范大学学报》(社会科学版) 2014 年第 2 期。

[85] 周一骑、李英:《"体贴天理"与具身认知》,《南京师大学报》(社会科学版) 2015 年第 4 期。

三 学位论文类

[1] 董西彩:《"自我"与"无我"——心理学与佛学的自我观比较之研究》,硕士学位论文,四川大学宗教所,2005。

[2] 冯俊:《儒家文化人格的动力学分析》,硕士学位论文,福建师范大学心理系,2011。

[3] 惠兆阳:《根身与唯识——基于荣格心理分析思想的〈成唯识论〉的现代审视》,博士学位论文,黑龙江大学哲学学院,2022。

[4] 霍树云:《论禅定与心理分析》,硕士学位论文,山西大学教育科学学院,2011。

[5] 李慧:《论禅宗心性论——从心理治疗角度探析》,硕士学位论文,郑州大学公共管理学院,2011。

[6] 栗伟:《禅宗心理思想与存在心理思想比较研究》,硕士学位论文,云南师范大学教育科学与管理学院,2011。

[7] 刘波:《佛教与人本主义关于"自我"的心理治疗思想探析》,硕士学位论文,吉林大学哲学社会学院,2015。

[8] 刘凤美:《论老子的健康心理学思想》,硕士学位论文,山东师范大学教育科学学院,2006。

[9] 刘佳明:《佛教唯识学中认知理论的探析与构建》,硕士学位论文,江西师范大学心理学院,2014。

[10] 吕艳敏:《禅修与心理咨询师的个人成长》,硕士学位论文,华中师

范大学心理学院，2006。

[11] 强海滨：《庄子心理健康思想研究》，硕士学位论文，陕西师范大学
教育科学学院，2001。

[12] 任增辉：《〈庄子·内篇〉的心理分析研究——一种中国式自性化道
路的探索》，硕士学位论文，华南师范大学教育科学学院，2007。

[13] 孙春晖：《从唯识学到唯识心理学——中国本土心智系统学说》，硕
士学位论文，苏州大学教育学院，2018。

[14] 陶丽霞：《佛学唯识论中的心理学问题》，硕士学位论文，浙江大学
理学院，2010。

[15] 童俊：《自恋型人格障碍的儒家文化背景》，硕士学位论文，华中科
技大学社会学系，2001。

[16] 王继成：《王阳明的自我观及其现代意义研究》，南京师范大学教育
科学学院，2007。

[17] 王英：《儒家心性心理学研究》，博士学位论文，吉林大学哲学社会
学院，2006。

[18] 魏新东：《儒家自我心理学研究》，硕士学位论文，南京师范大学心
理学院，2017。

[19] 吴卫国：《论道家心理健康思想及其现代价值》，硕士学位论文，杭
州师范大学政治经济学院，2010。

[20] 杨树英：《道家的心身观及其与现代心理治疗学的比较》，硕士学位
论文，广州中医药大学经济与管理学院，2005。

[21] 张志芳：《"心王"与"禅定"：佛教心理学的研究对象与方法论》，
硕士学位论文，苏州大学教育科学学院，2010。

[22] 郑小璐：《精神分析与佛学自我观的比较研究》，硕士学位论文，安
徽大学哲学系，2014。

[23] 邹世斌：《庄子哲学心范畴研究》，硕士学位论文，湖南师范大学哲
学系，2018。

四 辞典类

[1]《汉语大辞典简编》（上），汉语大词典出版社，1998。

后　记

　　本研究意在系统反思中国本土心理学在发展过程中挖掘、梳理、诠释"传统思想"的方式及侧重点，意在通过这种梳理及反思为中国本土心理学的发展提供一种新的思考路径。

　　本书的题目是《传统思想与中国本土心理学的发展研究》。但"传统思想"本身就是一个涉及范围极广的概念，"传统思想"本身包含诸多内容，所以这一题目决定了不可随意起论，更不可脱离中国本土心理学已有的研究成就、研究探索而空泛言之。尤为关键的是，需要系统梳理我国学者在这四十余年的历程中在对传统思想的挖掘、诠释及建构方面做出的研究、取得的代表性成果。因之，本研究从儒家、道家、佛家三个向度梳理了我国学者在这四十余年的历程中做出的重要研究。本人深信，若是缺乏对这些方面的系统梳理，则本书对于"传统思想与中国本土心理学的发展研究"就只能是空泛的论说。因此，为了梳理我国学者在儒家心理学、道家心理学、佛教心理学方面做出的探索、已经取得的成就、研究的重点及主题，本人历时半年多撰写了附录的内容。对于附录的内容，本人多次梳理、添加、整合，再梳理、再添加、再整合。但由于归纳法本身不可穷尽所要归纳的资料，加之本人在搜集、梳理过程中存在疏漏，相信一定有其他重要的研究被遗漏。对于遗漏的重要研究，本人只能深表歉意。

　　然而即便如此，本人仍感觉有必要进行此番梳理工作，继而为后来者提供借镜。就实质而言，附录的内容属于"综述"，但本人的写作目的是尽量清晰完整地"呈现"四十余年来国内学者在这几个方面所做出的代表性成果，所以附录的写作特点又不属于典型的综述。考虑到这部分内容的规范性以及其在文稿整体中的协调性问题，故最终选择将这部分内容作为书稿的附录。此外，文稿还将此前本人发表在《心理学探新》（2020 年第 5 期）中的一篇文章放在了第五章第一部分，采用的是之前未曾删减的稿本；将原本发表在《江汉学术》（2017 年第 1 期）的论文作为本书的第六章，并在该章的脚注中添加了论证资料。

在当下，中国本土心理学研究热潮的退去已是一个客观的现实。即便如此，仍需意识到，对中国人文社会科学学术实践主体性的探索依然任重而道远。我国的人文社会科学需要构建自己的话语体系，需要以开放的心态进行自主性的知识建构，继而体现中国文化及学术的自信。在今日心理学本土化浪潮退去的背景下，我们依然需要意识到，中国心理学需要研究真学问，需要探索真学术，需要有独立思考的精神，同时也需要去除对西方话语体系及知识体系的盲目依附。我们需要构建基于中国文化精髓的自主性知识话语体系。当然本人深信，已有多位学者在此方面做出了深入细致的探索，相信未来会有更多学人在这方面做出创造性的成就，同时也相信我国心理学者在不久的将来定会创造出更有突破性的成果。

本书稿虽然已经完成，但难免会有浅陋、粗糙、偏颇之处。对于书中可能存在的种种不足，还请学界前辈、同侪及后进不吝赐教。

图书在版编目（CIP）数据

传统思想与中国本土心理学的发展研究／奚彦辉著．
北京：社会科学文献出版社，2025.3. -- ISBN 978-7
-5228-5004-7

Ⅰ. B84

中国国家版本馆 CIP 数据核字第 20252CX754 号

传统思想与中国本土心理学的发展研究

著　　者／奚彦辉

出 版 人／冀祥德
责任编辑／胡百涛
文稿编辑／田正帅
责任印制／岳　阳

出　　版／社会科学文献出版社·人文分社（010）59367215
　　　　　地址：北京市北三环中路甲 29 号院华龙大厦　邮编：100029
　　　　　网址：www. ssap. com. cn
发　　行／社会科学文献出版社（010）59367028
印　　装／三河市龙林印务有限公司

规　　格／开　本：787mm×1092mm　1/16
　　　　　印　张：17.75　字　数：280 千字
版　　次／2025 年 3 月第 1 版　2025 年 3 月第 1 次印刷
书　　号／ISBN 978-7-5228-5004-7
定　　价／138.00 元

读者服务电话：4008918866